JN418123

신도의 공동생활/성서의 기도서

디트리히 본회퍼 지음
정지련 · 손규태 옮김

대한기독교서회

신도의 공동생활 / 성서의 기도서

2010년 10월 15일 초판 1쇄
2025년 12월 30일 초판 12쇄

지은이/디트리히 본회퍼
옮긴이/정지련 · 손규태
펴낸이/서진한
펴낸곳/대한기독교서회
편집책임/하미자

등록/1967년 8월 26일 제1967-000002호
주소/서울시 강동구 성내로 16(성내동)
전화/편집 553－0873～4 영업 553－3343
팩스/편집 3453－1639 영업 555－7721
e-mail/editor@clsk.org
http://www.clsk.org

facebook.com/clskbooks
instagram.com/clsk1890

책번호/1694
ISBN 978－89－511－1306－2 94230
978－89－511－1300－0 (세트)

Gemeinsames Leben
Das Gebetbuch der Bibel
by Dietrich Bonhoeffer
tr. by Chung, Chi Lyun / Shon, Kyoo Tae

*책값은 뒤표지에 있습니다.

신도의 공동생활 / 성서의 기도서

디트리히 본회퍼 전집 제5권(Dietrich Bonhoeffer Werke, DBW 5)

신도의 공동생활(Gemeinsames Leben)

성서의 기도서(Das Gebetbuch der Bibel)

편집자: Eberhard Bethge, Ernst Feil,
Christian Gremmels, Wolfgang Huber,
Hans Pfeifer, Albrecht Schönherr,
Heinz Eduard Tödt(†),
Ilse Tödt

차례

신도의 공동생활

성서의 기도서

-시편 개론-

간행사

디트리히 본회퍼는 신앙고백적인 삶을 산 신앙인이었다. 본회퍼는 '예수 그리스도는 오늘 우리에게 누구인가'를 묻고 그 물음에 정직하게 고백하고, 고백한 그대로 살았던 그리스도의 증인이었다. 그가 사형당한 플로센뷔르크에는 "형제들 가운데 예수 그리스도의 증인 디트리히 본회퍼는 1906년 2월 4일 브레슬라우에서 출생하여 1945년 4월 9일 플로센뷔르크에서 그의 삶을 마치다"라고 새겨져 있다. 본회퍼가 1945년 처형된 후 미국의 라인홀드 니버는 본회퍼를 순교자라고 칭하면서 그의 삶은 "현대의 사도행전"이라고 말하였다.

본회퍼는 제2차 세계대전 이후 새로운 신학 형성에 크게 기여했고, 그리스도인과 교회에 예수 그리스도를 따라 바르게 사는 제자의 길과 성도의 공동체인 교회의 참모습을 가르쳐 주었다. 그는 그리스도인이 된다는 것은 "기도하는 것과 사람들 사이에 정의를 행하는 것"이라고 말하였다. 본회퍼 신학은 한마디로 정의와 평화를 위한 기독교의 책임과 의무를 강조한 것이다.

본회퍼가 우리에게 큰 감명을 주는 것은 그의 신학만 아니라 그리스도를 위한 그의 삶과 죽음 때문이다. 그의 신학은 그의 순교자적 죽음으로 말미암아 더욱 빛나게 되었다. 본회퍼가 그렇게 죽었기 때문에 오늘날 그의 신학이 이렇게 살아 있다.

본회퍼 책들은 그리스도의 제자로서 바르게 살려는 전세계 사람들에게 귀감이 되고 있으며, 한국에서도 1970년대 군부 독재시절 민주화 투쟁을 하다가 감옥에 갇힌 젊은이들에게 큰 용기와 희망을 주었다.

그동안 독일에서는 그의 저서들이 단행본으로 출판되었고 그 밖에 그의 강연, 설교, 편지 등을 묶어 디트리히 본회퍼 총서(Dietrich Bonhoeffer Gesammelte Schriften I-VI)를 출판하였다. 그 후 독일에서 1986년부터, 본회퍼가 쓴 모든 글을 묶어 16권으로 디트리히 본회퍼 전집(Dietrich Bonhoeffer Werke)을 출판하였다.

한국에서는 10년 전부터 본회퍼 전집 16권 중에서 학문적인 저서 8권을 번역하여 출판하기로 결정하고, 이번에 한국판 본회퍼 선집 『성도의 교제』, 『행위와 존재』, 『창조와 타락』, 『그리스도론』, 『나를 따르라』, 『신도의 공동생활/성서의 기도서』, 『윤리학』, 『저항과 복종』을 발간하게 되었다. 한편, 이번 선집에는 본회퍼가 주고받은 편지, 설교, 강연, 시, 희곡 등이 들어 있는 전집의 다른 책들은 포함하지 않았다.

이 책들을 출판함으로써 한국 신학계와 교회에 새로운 이정표와 신앙의 길을 제시하는 계기가 될 것이다. 출판을 위해 수고한 번역자들과 이 선집을 발간해 준 대한기독교서회에 감사한다.

이번에 새롭게 번역된 본회퍼의 저서들이 '교회를 교회 되게' 하며, 그리스도인들에게 '올바른 그리스도의 제자의 길'을 수행하는 데 도움이 되기를 바란다. 본회퍼의 책을 읽는 독자들의 과제는 한국 사회에서 사랑과 정의와 평화를 실천하는 일이다.

2010. 10. 3

유석성(한국본회퍼학회 회장 · 서울신학대학교 총장)

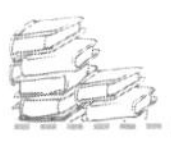

편집자 서문

I

역설적인 말처럼 들리겠지만, 『신도의 공동생활』은 나치의 '국가비밀경찰' 덕분에 출판될 수 있었다. 비밀경찰은 1937년 9월 말 고백교회의 다른 시설들과 함께 – 본회퍼가 책임자로 있으면서 목사후보생들과 함께 공동생활을 실천에 옮기려 했던 – 핑켄발데(Finkenwalde)의 목사후보생 훈련원과 "형제의 집"(Bruderhaus)을 폐쇄했다. 그러나 이러한 폐쇄조치는 오히려 본회퍼에게 – 그리스도인의 공동생활에 대한 책을 저술하려는 – 동기를 부여해 주었다.[1] 베트게는 이렇게 말한다. "3년 전만 해도 본회퍼는 핑켄발데 시절의 삶을 글로 남기라는 권유를 일언지하에 거절했었다." 본회퍼는 "실험적으로 쓴 초안들이 아직 출판할 정도는 아니라고" 생각했던 것 같다.[2] 그는 우선 개신교회가 너무 등한시했던 분야의 경험들을 수집하려 했다. 그는 이를 서문에서 다음과 같이 요약한다. 즉 말씀

1) 이 문제 전체에 대해서는 DB 481–762. 특히 527–539 참조.

2) E. Bethge, Nachwort(1979) zu GL, 110f.

아래서 공동생활을 영위한다는 것은 "사적 영역의 문제가 아니라 교회에 부과된 과제"라는 것이다. 또한 이러한 과제를 실천적으로 검증해 보는 것은 "교회의 동참 의지"를 일깨우려는 목적을 갖고 있었다. 왜냐하면 이 과제에는 "모든 책임적 위치에 있는 사람들의 사려 깊은 동역"이 절실하게 필요했기 때문이다. 본회퍼는 핑켄발데를 "단지" 이러한 과제에 대한 "개별적 기여"로 이해했다.[3] 사실 다른 이들도 이 문제를 인식했었다. 예를 들자면, 한스 요아킴 이반트(Hans Joachim Iwand)도 이미 1937년에 그가 지도했던 훈련원 후보생들에게 "그리스도교적 삶의 공동체성"에 관해 설교하곤 했었다.[4]

『신도의 공동생활』이 출판된 동기와 기간과 상황은 매우 특이하다. 베트게의 기억에 의하면, "본회퍼는 약 100페이지에 달하는 이 책을 단숨에 써내려갔다고 한다. 그것도 1938년 9월과 10월 괴팅엔(Götingen)의 헤르츠베르크 란트슈트라세에 있는 그의 쌍둥이 누이 자비네 라이프홀츠(Sabine Leibholz)의 집에서 보낸 4주간의 휴가 중에 말이다. 나는 바르트의 교의학(I/2)을 읽으려 했고, 그는 매제의 책상에 앉아서 쓰고 또 써내려갔다. 물론 취미 생활을 즐기기 위해 글쓰기가 중단된 적도 있었다. 매일 한 시간씩 테니스를 쳤고, 때로는 칼 필립 엠마누엘 바흐(Phillip Emanuel Bach 요한 세바스티안 바흐의 차남 – 역자 주)의 음악을 주로 연주하는 카셀 음악제에도 참석했으며, 그곳에서 개최된 메르츠도르프의 클라비코드 경연대회에도 나갔다. 물론 다른 이유들 – 매일같이 주데텐(Sudeten 체코와 독일 사이에 동서로 뻗은 산지로서 독일인들이 많이 살고 있었다. – 역자 주) 지방의 절박한 위기를 전하는 영국의 라디오방송 뉴스를 듣는 일, 그리고 고백교회의 모든 활동을 중지시켰던 위협적인 폐쇄조치들에 관해 베를린과 가족, 그리고 형제회(Bruderrat)와 통화하는

3) 참조. 본서의 공동체 단락.

4) Han Joachim Iwand, Von der Gemeinschaft christlichen Lebens, 1937.

일 – 때문에도 집필이 중단되곤 했다.… 대다수의 목사들이 결국 히틀러에게 충성을 서약했을 때 고백교회 전체는 가장 심각한 위기에 빠져 있었다. 당시 교회의 공식 행정부는 히틀러의 오스트리아 침공 이후 목사들에게 총통의 생일선물로 충성서약을 강요했다. 본회퍼는 훈련원 후보생들과 함께 목회자 회의에서 충성서약에 강력하게 반대했지만 허사로 끝나고 말았다."[5] 체코 위기에 대한 독일 개신교 임시지도부(Vorläufige Kirchenleitung der deutschen Evangelischen Kirche)의 기도서를 예배 중에 고백하는 것에 수많은 사람이 거부의사를 표출했던 9월에는 고백교회의 상황이 적나라하게 드러날 수밖에 없었다.

같은 시간에 가족 영역에서도 상황은 극단으로 치닫고 있었다. 1938년 9월 8일 '비(非)아리아인' 그리스도교인 – 당시에는 차별적 용어로 사용되었다. – 이었던 라이프홀츠(Gehard Leibholz)는 본회퍼의 쌍둥이 누이인 아내 자비네와 함께 스위스로 갔다가 그곳에서 다시 영국으로 피신했다. 유대계 시민에 대한 여권 발급조건이 까다로워지는 것을 염두에 두었기 때문이다. "무엇보다도 매부 한스 폰 도나니(Hans von Dohnanyi)가 주도적으로 참여했던 히틀러 체제 전복 시도들이 이 시기에 진행되고 있었다."[6]

이렇듯 정치적으로나 교회적으로, 그리고 개인적으로 긴장이 최고조에 달한 상황 속에서도 본회퍼는 최선의 집중력을 가지고 이 작은 책 『신도의 공동생활』의 집필에 매진했다. 본회퍼는 이러한 시기에 독일에서 예수 그리스도의 교회로 존재해야 한다는 고백교회의 주장이 – 말씀으로부터 나오는 공동체와 말씀 아래 있는 공동체로서 늘 새롭게 부름 받고 강해지며 위로받지 못한다면 – 공허한 구호에 그칠 수밖에 없다고 확신했다.[7] 『신도의 공동생활』은 이러한 문제에 기여하려는 시도로 이해될

---

5) E. Bethge, Nachwort(1979) zu GL, 108f.

6) 앞의 책, 110.

수 있다. 본회퍼는 이 책에서 성서의 형상들과 자극들, 그리고 경건사적 특성들과 사회심리학적 인식들을 거대한 구성력을 통해 전체로 형성해 갔다. 본회퍼는 낭만적인 열광주의와 철저하게 거리를 둠으로써 모든 생동적인 공동체 정신을 규정하는 신앙의 헌신성과 형제에 대한 섬김의 의지를 받아들일 수 있었다. 그러나 우리는 1945년 이후 '공동생활'을 주제로 쓴 개개의 문헌들이 때로는 본회퍼의 이 책을 열광주의적으로 이해하도록 만드는데 일조했다는 사실을 간과해서는 안 된다. 따라서 편집자 후기에서는 이 책을 본회퍼의 전체 저서 속에서 해명했다.

『신도의 공동생활』의 1~3판은 1939년 뮌헨의 카이저 출판사에서 당시 투르나이젠(Eduard Thurneysen)에 의해 발간된 『오늘의 신학적 실존』(Theologische Existnz heute)의 61번째 책으로 출간되었다. 이 책은 1년만에 4판이 출간되었다. 1940년 알베르트 렘프(Albert Lempp) 개신교 출판사가 몇몇 오자만을 수정하고 – 다른 부분은 그대로 놔둔 채 – 이 판을 단행본으로 출간했다. 5판은 전후 1949년에 다시 뮌헨의 카이저 출판사에서 출간되었다. 1980년 동독에서는 4판이, 1986년 서독에서는 21판이 출간되었다. 이러한 사실은 『신도의 공동생활』이 오늘날까지도 지속적인 영향력을 갖고 있음을 입증해 주는 것이다.[8)]

---

7) 참조. 1936 GS II, 230.

8) 번역판들은 다음과 같다. 프랑스어판 1947년(1984년 2판), 네덜란드어판 1952년(1981년 4판), 영어판 1954년(1976년 22판), 덴마크어판 1958년, 중국어판 1958년, 일어판 1960년(1968년 2판), 핀란드어판 1962년, 포르투갈어판 1962년(1982년 2판), 한국어판 1964년, 스페인어판, 1966년(1985년 3판), 이탈리아어판 1969년(1979년 8판), 아프리카어판 1970년, 스웨덴어판 1971년(1984년 2판), 노르웨이어판 1979년.

II

우리는 본회퍼 전집(DBW)의 틀 안에서 본 판에 본회퍼의 시편 주석을 덧붙였다. 이 성서 연구는 사실 시편 이해를 위해 『신도의 공동생활』의 두 번째 부분에서 다루어진 것을 확대한 것이다. 이 책은 본회퍼 자신이 발간한 마지막 저서다. 이 책에는 "성서의 기도서. 시편 개론"이란 제목이 붙어 있으며, 1940년 선교와 성서 전문 출판사(Verlag für Missions- und Bibelkunde Bad Salzuflen)에서 발간한 『성서 안으로』(Hinein in die Schrift)의 여덟 번째 책으로 출간되었다. 이 책의 저술 시기는 알 수 없다. 본회퍼가 오스트포메른(Ostpommern)의 부목사 시절 시편을 열심히 연구했기 때문에, 이 책도 아마 그때 – 1940년 초 – 저술되었을 것이라고 추측할 뿐이다.

본회퍼 자신이 선택했던 표지의 그림은 보름스 대성당(1483)에 있는 다윗 왕 상이었다. 본회퍼는 하나님께서 시편을 통해 교회에, 그것도 한 유대인 왕의 입을 빌려 구속력 있게 말씀하신다는 사실을 부각시키려 했다. 당시 이것은 신학적으로나 정치적으로 매우 민감한 진술이었다.

『나를 따르라』와 『신도의 공동생활』이란 책 때문에 제국문서국(Reichsschrifttumskammer)과 본회퍼 사이에는 껄끄러운 서신 교환이 오갔고, 이 책에서도 이러한 관계가 반영되었다.[9] 이 책을 출판할 때 저자는 신고의무를 어겼다는 이유로 30제국 마르크의 벌금형과 저술 활동 금지령을 선고받았다. 1941년 4월 22일 본회퍼는 – 해당 저서들이 학문적 저술이며, 신고의무 사안에 해당되지 않는다는 이유를 내세워 – 항소했다. 본회퍼는 그 밖에도 이 책들이 매우 모호하게 분류되었기 때문에 이 책들을 문서국에 제출하지 않은 것이라고 항변했다.[10] 문서국 의장은

9) 참조. 1941 GS II, 367–372.

벌금형은 철회했지만, 출판금지령은 오히려 강화시켰다. 그는 "교의학적 전제에 사로잡혀 있는 성직자를 무작정 학자로 인정할 수 없다"는 해당 부처의 입장을 제시했다.[11]

전쟁이 끝난 후 이 문헌은 같은 출판사에서 거듭 발간되었으며, 1986년 마지막 판(12판)이 나오기까지 수많은 판이 출판되었다.[12]

III

이 신판은 본회퍼가 저술한 다음의 최종판들에 기초하고 있다.

– Gemeinsames Leben, 4. Aufl. München: Evangelischer Verlag Albert Lempp/früher Chr. Kaiser Verlag, 1940.

– Das Gebetbuch der Bibel. Eine Einführung in die Psalmen(Hinein in die Schrift 8), Bad Salzuflen: MBK-Verlag. Verlag für Missions- und Bibel-kunde, 1940.

두 문서의 원본은 분실되었다.

본문 제시방법에서 편집자들은 본회퍼 전집 편집방침에 따라 본회퍼가 쓴 텍스트는 가급적이면 원본 그대로 실었다. 물론 몇몇 인쇄 오자들은 수정했다. 격자체는 진한 글씨로 바꾸어 놓았다.

편집자 자료는 필요한 경우에만 첨가했다. 인용 출처를 밝히는 것, 외

10) 앞의 책, 369f.

11) 앞의 책, 372.

12) 지금은 다음 문헌에 수록되어 있다. GS IV, 544-569. 번역판들은 다음과 같다. 1968년 프랑스어판, 1969년 이탈리아어판(1985년 3판), 1969년 네덜란드어판(1971년 2판), 1970년 영어판(1983년 3판), 1974년 스페인어판, 1979년 노르웨이어판, 1985년 슬로바키아어판.

국어 개념과 그 개념의 실례들을 번역한 것, 전문용어와 그 인용들을 해설하는 것 등이 이 자료에 속한다.

성서 본문은 일반적으로 당시 본회퍼가 사용했던 견신례 성서와 비교해 인용했다. 그 성서는 1918년에 전사한 그의 형 발터에게 1914년 3월 17일 어머니가 선물로 준 것이었다.[13)]

본회퍼가 개념 판단과 언어적 취향에 따라 임의적으로 바꾼 몇몇 루터 본문들은 그대로 두었다. 내용적으로 문제가 될 수 있는 부분들만 각주에서 처리했다. 신약성서 인용에서 본회퍼는 그리스어 본문도 참조했다.[14)] 관련된 문헌들은 대체로 소제목하에 소개되었으며, 문헌의 완전한 제목은 참고문헌 목록에 수록했다.

편집자들은 3부로 된 **편집자 후기**를 통해 본회퍼의 두 책에 상세한 주석을 덧붙였다. 쇤헤어(Albrecht Schönherr)는 개인적 경험의 관점에서 이 문헌들의 전기적 · 교회적 · 시대사적 전제들을 고찰했다. 그는 한걸음 더 나아가 이 문헌의 영향사(Wirkungsgeschichte)를 최초로 제시했다. 후기의 두 번째 부분에서는 편집자 자료의 책임자이기도 한 뮐러(Gerhard L. Müller)가 『신도의 공동생활』의 정신과 내용을 다루었으며, 이 문헌의 의미를 본회퍼의 삶과 신학 속에서 제시하려 했다. 편집자 후기는 『성서의 기도서』에 대한 뮐러의 논평으로 끝을 맺는다.

수많은 자극을 주었던 일제 퇴트(Ilse Tödt)와 색인 작업에 참여해 준 마티아스 바르(Matthias Bahr)와 마르틴 안트베르펜(Martin Antwerpen)에게 감사한다. 또한 본회퍼 전집 총 편집인으로서 이 책의 발간에 심혈을 기울여 준 울리히 카비츠(Ulrich Kabitz), 헤르베르트 안칭어(Herbert

---

13) 이 성서는 마르틴 루터에 의해 독일어로 번역된 신구약성서를 말한다. 이 성서는 개신교 교회협의회의 위탁으로 철저하게 검토되었다. 이 성서는 1911년 슈투트가르트에서 발간된 'Mitteloktav'판이다.(각주에서는 LB로 인용되었다.)

14) Novum Testamentum Graece et Germanice. Das Neue Testament griechisch und deutsch, hg. v. Eberhard Nestle, Stuttgart(13판), 1929.

Anzinger), 에버하르트 베트게(Eberhard Bethge)에게도 감사의 말을 전한다.

1986년 12월 30일
뮌헨과 발데스루에서
게하르트 L. 뮐러(Gerhard L. Müller)와
알브레히트 쇤헤어(Albrecht Schönherr)

Gemeinsames Leben

신도의 공동생활

머리말

우리가 여기서 다루려는 문제는 본질상 공동의 작업을 통해서만 해결될 수 있는 문제다. 이 문제는 사적 영역의 문제가 아니라 교회에 부과된 과제이기 때문에 개개의 우연적인 해결책들이 아니라 공동의 교회적 책임이 중요하다. 별로 새롭지도 않은 이러한 과제 앞에서 머뭇거리는 것은 교회 공동체의 동참 의지를 점차 약화시킬 뿐이다. 수없이 많은 새로운 교회 공동체 형태들은 책임 있는 사람들의 사려 깊은 동역을 필요로 한다. 이 책이 이러한 포괄적 물음에 기여하고, 가능하다면 이러한 물음을 해명하고 실천하는 데 조금이라도 도움이 되기를 바란다.

공동체

"그 얼마나 아름답고 즐거운가! 형제자매가 어울려서 함께 사는 모습!"(시 133:1) 다음에서 우리는 말씀 아래서 영위하는 공동생활에 대해 성서가 제시하는 지시사항과 규칙들을 숙고하려 한다.

그리스도인이 그리스도인들 가운데 살 수 있다는 것은 결코 자명한 사실이 아니다. 예수 그리스도는 그의 원수들 가운데 살았다. 마지막에는 모든 제자가 그를 떠났다. 십자가에서 악한 자와 조롱하는 자에게 둘러싸인 그는 오직 홀로였다. 그가 오신 목적은 하나님의 원수들에게 평화를 주려는 것이었다. 그러므로 그리스도인도 홀로 수도원적인 은둔생활을 할 것이 아니라, 원수들 가운데 살아야 한다. 그의 사명과 일은 바로 이 원수들 한가운데 있다. "하나님의 다스림은 그대의 원수들 한가운데 있어야 한다. 이것을 견딜 수 없는 사람은 그리스도의 통치로부터 살려 하지 않고, 친구들 사이에나 있으려는 사람이다. 그는 장미와 백합 꽃 가운데 앉아 있기를 원한다. 그는 악한 사람들 곁에 있으려 하지 않고 경건한 사람들 곁에만 있으려 한다. 하나님을 모독하고 그리스도를 배반하는 사람들이여, 만일 그리스도가 그대들처럼 행동했다면, 구원받을 수 있는 사람이 어디 있겠는가?"(루터)[1)]

“내가 그들을, 씨를 뿌리듯이, 여러 백성들 가운데 흩어 버려도, 그들은 멀리서도 나를 기억할 것이다.”(슥 10:9) 그리스도교는 하나님의 뜻에 따라 “땅 위의 모든 나라에”(신 28:25) 흩어진 한 백성이다. 그들은 “땅의 모든 나라 중에” 흩어져 있다. 이것은 그들에게 저주인 동시에 약속이다. 하나님의 백성은 멀리 떨어져 있는 나라에서 믿지 않는 사람들 가운데 살아야 한다. 그러나 하나님의 백성은 전세계에 뿌려진 하나님 나라의 씨앗이 될 것이다.

“내가 그들을 모으려고 하는 것은 내가 그들을 구원하려고 하기 때문이다.” “그들은 돌아올 것이다.”(슥 10:8-9) 이런 일이 언제 일어날 수 있을까? 이 일은 “흩어진 하나님의 자녀들을 모으기 위해서”(요 11:52) 죽으셨던 예수 그리스도 안에서 일어났다. 그리고 마지막 날에는 눈에 보이게 이루어질 것이다. 그때에는 하나님의 천사들이 택함 받은 사람들을 하늘 끝에서 땅 끝까지 사방에서 불러모을 것이다.(마 24:31) 그때까지 하나님의 백성은 흩어져 있을 것이다. 그들은 예수 그리스도 안에서만 결합되어 있으며, 이방인들 가운데 뿌려진 채 먼 나라에서 ‘그분을’ 기억한다는 점에서만 하나가 된다.

따라서 그리스도인이 이미 여기서 다른 그리스도인들과 함께 가시적인 공동체 속에서 살 수 있다는 것은 단지 그리스도의 죽음과 최후의 심판 사이에서 궁극적인 것을 은혜 가운데 선취한 것에 불과하다. 공동체가 이 세상에서 하나님의 말씀과 성례전을 중심으로 모일 수 있다는 것은 하나님의 은총이다. 그러나 모든 그리스도인이 다 이러한 은총에 참여하는 것은 아니다. 감옥에 갇힌 사람, 병든 사람, 흩어져 고독한 사람, 이방인의 나라에서 복음을 전하는 사람들은 홀로 있다. 그들은 가시적 공동체가 은총임을 아는 사람들이다. 그들은 시편의 시인과 더불어 이렇게 기도

---

1) M. Luther, Auslegung des 109.(110) Psalms 1518(WA 1,696f.)의 긴 글들을 요약 인용한 것이다.(K. Witte, Nun freut euch lieben Christen gmein, 226에서 인용)

한다. "나는 무리와 함께 가고 싶나이다. 절기를 지키는 사람들과 함께 기뻐하고 감사하며 하나님의 집으로 가고 싶나이다!"(시 42:4) 그들은 하나님의 뜻에 따라 먼 나라에 뿌려진 씨앗으로서 여전히 홀로 있다. 그러나 그들은 그들에게 가시적으로 경험될 수 없는 것을 더욱 간절하게 신앙 안에서 붙잡는다. 주의 제자인 요한계시록의 요한도 이렇게 밧모섬에 홀로 유배되어 있으면서도 "주의 날에 영으로"(계 1:10) 그의 공동체와 함께 드리게 될 천상의 예배를 찬미한다. 그가 본 일곱 촛대는 그의 교회들이며, 일곱 별들은 교회의 천사들이다. 그리고 그는 그 중심과 모든 것 위에 인자 예수 그리스도가 부활하신 분의 거대한 영광 속에 서 계신 것을 본다. 요한은 그분의 말씀으로 힘을 얻고 위로를 받는다. 이것이야말로 추방당한 자가 주님의 부활의 날에 참여하게 될 천상의 공동체다.

다른 그리스도인이 신체적으로 함께 있다는 것은 신자들에게 비할 수 없는 기쁨과 힘의 원천이 된다. 감옥에 갇힌 사도 바울은 임박한 죽음 앞에서 "믿음으로 얻은 사랑하는 아들"[2) 디모데가 보고 싶어 감옥으로 찾아와 달라고 간청했다. 그는 디모데를 다시 보고 싶었고 곁에 두고 싶었다. 바울은 전에 작별했을 때 디모데가 흘렸던 눈물을 잊을 수 없었다.(딤후 1:4) 바울은 데살로니가 교회를 기억하며 "그대들의 얼굴을 보게 해 달라고 밤낮으로 간절히"(살전 3:10) 기도했다. 늙은 요한도 사랑하는 사람들을 먹으로 쓴 편지 대신에 직접 만나 얼굴을 보고 말할 때 비로소 그들에 대한 기쁨이 차고 넘치게 될 것이라고 믿었다.(요이 12) 다른 그리스도인의 육의 얼굴을 그리워하는 것을 육에 미련을 가지고 있는 것으로 여겨 수치심을 느낄 필요는 없다. 사람은 몸으로 지음을 받았고, 하나님의 아들도 우리를 위해 몸으로 오셨다가 몸으로 다시 살아나셨다. 성례전에서 신자들은 주 예수 그리스도의 몸을 받는다. 죽은 자의 부활은

2) 딤전 1:2. 루터 성서에서는 "신앙 속에서 의를 행하는 나의 아들"로 번역되어 있다.

하나님의 피조물의 영적이면서도 육적인 사귐을 온전히 성취시킬 것이다. 따라서 신도는 형제가 몸으로 함께 있는 것에 대해 창조주, 대속자, 구원자, 성부와 성자, 그리고 성령께 찬미를 드린다. 갇힌 사람이나 병든 사람, 또는 흩어져 있는 그리스도인은 가까이 있는 그리스도인 형제를 삼위일체 하나님의 은총의 신체적 표시로 인식한다. 방문하는 사람이나 방문을 받는 사람은 고독 가운데서 서로를－육신 안에 현존하시는－그리스도로 인식한다. 그들은 경외와 겸손, 그리고 기쁨 속에서 주를 만나듯이 서로를 받아들이고 맞이한다. 그들은 주 예수 그리스도의 복을 서로 주고받는다. 형제끼리 어쩌다 한번 만나는 것도 이렇게 좋거늘, 하나님의 뜻에 따라 날마다 다른 그리스도인들과 함께 사귀면서 사는 사람들은 얼마나 풍요로운 삶을 누리고 있는 것일까? 물론 고독한 사람은 그것을 이루 다 말할 수 없는 하나님의 은총으로 받아들이겠지만, 날마다 누리는 사람은 그것을 예사로 생각하기 쉽다. 우리는 그리스도인 형제의 공동체가－언제라도 우리의 손을 벗어날 수도 있는－하나님 나라의 은총의 선물이라는 사실을 잊어버리기 쉽다. 또한 깊은 고독에서 벗어날 수 있는 것도 잠시뿐이라는 사실도 잊어버리기 쉽다. 따라서 지금까지 다른 그리스도인들과 함께 그리스도교적 삶을 살아올 수 있었던 사람은 마음 깊은 곳으로부터 하나님의 은총을 기리고, 무릎을 꿇고 하나님께 감사를 드려야 하며, 오늘도 그리스도인 형제들과 함께 살 수 있는 것을 크신 은총으로 인식해야 한다.

하나님께서 보이는 공동체라는 선물을 어느 정도까지 주시는지는 경우에 따라 다르다. 흩어져 있는 그리스도인은 그리스도인 형제가 잠깐 찾아와 함께 기도하며 형제로서 복을 나누어주는 것만으로도 위로를 받는다. 아니, 다른 그리스도인이 손으로 직접 쓴 편지에서도 힘을 얻는다. 바울이 그의 편지에 손수 쓴 문안 인사도 이러한 사귐의 표시다.[3)] 어떤 사

3) 참조. 고전 16 : 21, 갈 6 : 11, 살후 3 : 17.

람에게는 주일의 예배 공동체가 선물로 주어진다. 또 어떤 사람은 가족 공동체 안에서 그리스도인의 삶을 살 수도 있다. 젊은 신학생들은 안수받기 전에 특정한 기간 동안 형제들과 함께하는 삶을 선물로 받는다. 오늘날 진실한 그리스도인들은 일하다 쉬는 시간을 이용해 다른 그리스도인들과 함께 말씀 아래서 공동생활을 영위하려는 생각도 갖고 있다. 오늘날 그리스도인들은 공동생활을 다시 은총으로 이해하기 시작했다. 이 은총은 특별한 은총이요, 그리스도교적 삶의 "장미와 백합"이다.(루터)[4]

그리스도인의 사귐은 예수 그리스도를 통해 사귀는 것이요, 예수 그리스도 안에서 사귀는 것이다. 그리스도인의 사귐은 그 이상일 수도, 그 이하일 수도 없다. 잠시 한번 만나는 것에서부터 몇 년 동안 매일같이 공동생활을 영위하는 것에 이르기까지 그리스도인의 사귐은 오직 이렇게만 존재할 뿐이다. 우리는 예수 그리스도를 통해서, 그리고 그분 안에서만 서로 결합되어 있다.

이 말은 무슨 뜻인가? 첫째, 그리스도인은 예수 그리스도 때문에 다른 사람을 필요로 한다. 둘째, 그리스도인은 오직 예수 그리스도를 통해서만 다른 사람에게 나아갈 수 있다. 셋째, 우리는 예수 그리스도 안에서 영원으로부터 택함을 받았고, 시간 안에서 받아들여졌으며, 영원히 하나가 되었다.

첫째, 그리스도인은 자신의 구원과 의를 자신에게서 찾지 않고, 오직 예수 그리스도에게서만 찾으려는 사람이다. 자신의 죄를 전혀 느끼지 못하는 곳에서도 그는 예수 그리스도 안에 있는 하나님의 말씀이 자신을 죄인이라고 선언하시는 것을 안다. 그리고 자신의 의를 조금도 느끼지 못하는 곳에서도 그는 예수 그리스도 안에 있는 하나님의 말씀이 자신을 자유롭고 의로운 사람이라고 선언하시는 것을 안다. 그리스도인은 더는 자기 자신으로부터 살지 않는다. 그는 이제 자기 고발이나 자기 의인으로부터 살지 않는다. 그는 오직 하나님의 고발과 하나님의 칭의로부터 산

---

4) 참조. 각주 1번.(WA I, 697)

다. 그는 오직 자신을 향한 하나님의 말씀으로부터 살고, 하나님의 심판에—그 말씀이 그를 죄인이라고 말하든, 아니면 의롭다고 말하든 간에—복종하면서 살아간다. 그리스도인의 생사 문제는 자기 자신에게 달려 있지 않다. 그는 오직 밖으로부터 그에게 다가오는 하나님의 말씀 안에서 삶과 죽음을 발견한다. 종교개혁자들은 이렇게 말한다. 우리의 의는 '낯선 의'(fremde Gerechtigkeit), 즉 우리 밖에서(extra nos) 오는[5] 의다. 따라서 종교개혁자들은 그리스도인을 그에게 건네진 하나님의 말씀에 의존하는 사람으로 말한다. 그는 자신의 밖을, 즉 그에게 건네지는 말씀을 바라본다. 그리스도인은 오직 예수 그리스도 안에 있는 하나님의 말씀의 진리로부터 살 뿐이다. 그대의 구원과 행복, 그리고 의가 어디 있느냐는 질문을 받으면, 그는 결코 자기 자신을 가리키지 않는다. 그는 예수 그리스도 안에 있는 하나님의 말씀을 가리키면서, 그 말씀이 자신에게 구원과 행복, 그리고 의를 가져다주신다고 말할 것이다. 그는 힘닿는 대로 이 말씀을 바라볼 것이다. 이 말씀은 그로 하여금 날마다 이러한 의에 주리고 목마르게 만든다.[6]

따라서 그는 구원하시는 말씀을 새삼 갈망하게 된다. 이 말씀은 오직 밖으로부터만 그에게 주어진다. 그는 자기 자신 안에서는 가난하고 이미 죽은 자다. 도움은 밖으로부터만 올 것이다. 그리고 이 도움은 우리에게 구원과 의, 무죄함과 축복을 가져오시는 예수 그리스도의 말씀과 함께 이미 왔고 앞으로도 날마다 새롭게 올 것이다. 하나님은 이 말씀을 사람들의 입에 두셔서 사람들 사이에서 계속 전해지도록 만드셨다. 이 말씀에 붙잡힌 사람은 그 말씀을 다른 사람에게 전해준다. 하나님은 우리가 그분의 살아 계신 말씀을 형제의 증언에서, 즉 사람의 입에서 찾기를 원하신

5) 독역: 'außerhalb von uns.' 이러한 루터 칭의론 이해의 중요 토포스(Topos)에 대해선 M. Luther, Disputatio de homine, 1536(WA 39 / I, 83)을 참조.

6) 참조. 마 5:6.

다. 따라서 그리스도인은 하나님의 말씀을 들려주는 다른 그리스도인을 필요로 한다. 회의와 절망에 빠졌을 때 그는 다른 그리스도인을 새삼 필요로 한다. 자기 기만에 빠지지 않고는 결코 스스로 자신을 도울 수 없다. 그는 하나님의 구원의 말씀을 전해 주는 형제를 필요로 한다. 그는 예수 그리스도 때문에 형제를 필요로 한다. 자기 마음속에 계시는 그리스도는 형제의 말씀 안에 계시는 그리스도보다 약하다. 자기 마음속에 계시는 그리스도는 불확실하지만, 형제의 말씀 안에 계시는 그리스도는 확실하다. 이로써 모든 그리스도인 공동체의 목적이 드러난다. 즉 그들은 구원의 소식을 전하는 자로서 서로 만난다. 하나님은 그들을 구원의 복음을 전하는 자로 불러모으시고 그들에게 사귐을 선물로 주신다. 그들의 사귐은 오직 예수 그리스도와 '낯선 의'를 통해서만 유지될 수 있다. 따라서 우리는 다음과 같이 말할 수 있다. 오직 은혜에 의한 의를 말하는 성서와 종교개혁자들의 가르침으로부터 그리스도인의 사귐은 시작된다. 그리고 그리스도인들이 서로 그리워해야 할 까닭은 오직 여기에만 있다.

둘째, 그리스도인은 오직 예수 그리스도를 통해서만 다른 사람에게 나아갈 수 있다. 사람들 사이에는 항상 다툼이 있다. 그러나 사도 바울은 예수 그리스도에 대해 "그는 우리의 평화"(엡 2:14)라고 말한다. 분열된 옛 인류가 그분 안에서 하나가 된다는 것이다. 그리스도 없이는 하나님과 사람, 사람과 사람 사이에 불화만 있을 뿐이다. 그리스도는 중보자가 되셨으며, 하나님과의 평화와 사람들 사이의 평화를 이루셨다. 그리스도 없이는 하나님을 알지도 못하고, 부를 수도 없으며, 그분께 나아갈 수도 없다. 그리스도 없이는 형제를 알 수도 없고, 그에게 나아갈 수도 없다. 그 길은 우리의 자아 때문에 막혀버렸다. 그리스도는 하나님과 형제에게 나아가는 길을 열어주셨다. 이제 그리스도인들은 평화 속에서 살 수 있게 되었다. 그들은 서로 사랑하고 섬길 수 있으며, 또한 하나가 될 수 있다. 그러나 그들은 오직 예수 그리스도를 통해서만 그렇게 될 수 있다. 예수 그리스도 안에서만 하나가 되고, 오직 그를 통해서만 우리가 서로 결합된다.

그분만이 영원히 유일무이한 중보자시다.

셋째, 하나님의 아들이 육을 받아들이셨을 때, 그는 은혜로 인해 진실로, 그리고 신체적으로 우리의 존재와 본질, 아니 우리 자신을 받아들이셨다. 이것이 바로 삼위일체 하나님의 영원한 뜻이다. 그래서 우리는 이제 그분 안에 있게 되었다. 그는 어디서나 우리의 육체, 곧 우리를 짊어지신다. 그가 계시는 곳마다—그곳이 성육신이든, 아니면 십자가와 부활사건이든 간에—우리도 있다. 우리는 그분 안에 있기에 그의 것이다. 따라서 성서는 우리를 그리스도의 몸으로 부른다. 우리는 우리가 알고 원하기도 전에 이미 예수 그리스도 안에서 온 교회와 함께 선택되고 받아들여졌다. 마찬가지로 우리는 또한 서로 함께 영원히 그에게 속해 있다. 그의 공동체 안에 사는 우리는 언젠가는 영원한 공동체 속에서 그분 곁에 있게 될 것이다. 형제의 얼굴을 바라보는 자가 반드시 알아야 할 것은 그가 예수 그리스도 안에서 그 형제와 영원히 함께 있을 것이라는 사실이다. 그리스도인 공동체는 예수 그리스도를 통한 공동체요, 예수 그리스도 안에 있는 공동체다. 성서가 그리스도인의 공동생활에 대해 가르쳐주는 모든 지시와 규칙들은 바로 이러한 전제에 기초하고 있다.

"형제끼리의 사랑에 대해서 그대들에게 쓸 필요를 느끼지 않습니다. 그대들이 직접 하나님에게서 가르침을 받았기 때문입니다.… 그러나 사랑하는 형제들, 그대들이 더 작아지기를 우리는 권면하는 바입니다."(살전 4:9–10) 형제 사이의 사랑은 하나님이 몸소 가르쳐 주신 것이다. 그러므로 사람이 할 수 있는 일은 하나님의 가르치심과 경고를 회상하고 그분 안에 존재하는 것밖에 없다. 하나님께서 우리에게 자비를 베푸셨을 때, 하나님께서 예수 그리스도를 우리의 형제로 계시하셨을 때, 그리고 이 같은 사랑으로 우리의 마음을 사로잡으셨을 때, 형제간의 사랑에 대한 가르침이 시작되었다. 하나님의 자비가 우리에게 나타났던 바로 그때에 우리는 우리의 형제에게도 자비를 베풀어야 함을 배웠다. 우리가 심판이 아니라 용서를 받을 때, 우리는 비로소 형제를 용서하게 된다. 하나님께서 우리에게 행하신 것은 형제에게 갚아야 할 우리의 빚이 된다. 많이 받을수록 그만큼 더 줄 수 있다. 형제를 사랑하는 데 인색하다면 우리는 분명 하나님의 자비와 사랑으로부터 사는 것이 아니다. 하나님께서 그리스도 안에서 우리를 만나신 것처럼 우리도 서로 그렇게 만나야 한다는 것을 하나님께서 몸소 가르쳐 주셨다. "하나님의 영광을 나타내게 하려고 그리스도가 그대들을 영접한 것처럼, 그대들도 서로 영접하십시오."(롬 15:7)

다른 그리스도인과 함께 살도록 하나님의 인도하심을 받은 사람은 바로 여기서 형제가 있다는 것이 무엇을 의미하는지를 배우게 된다. 바울은 그의 공동체를 "주 안에서 얻은 형제"라고 부른다.(빌 1:14) 예수 그리스도를 통해서만 형제는 다른 사람에게 형제가 될 수 있다. 예수 그리스도께서 나를 위해 내게 행하셨던 것만이 나를 다른 사람의 형제로 만들 수 있다. 다른 사람이 나에게 형제가 될 수 있는 것도 예수 그리스도께서 그를 위해서 그에게 해주신 것이 있기 때문이다. 우리가 오직 예수 그리스도를 통해서만 형제가 된다는 사실은 매우 중요하다. 그러므로 내가 공동체 속에서 관심을 가져야 할 형제는 형제애를 갈망하며 내게 마주 서 있는 진실하고 경건한 사람이 아니라, 예수 그리스도에 의해 구원받고 죄에서 풀려나 믿음과 영생으로 부르심을 받은 사람이다. 그리스도인을 그 자체로서 규정하는 것, 즉 그의 깊은 내면성과 경건성이 우리의 공동체를 세우는 것이 아니라, 그를 그리스도로부터 보는 것만이 우리의 형제 관계를 규정한다. 우리의 공동체는 오직 그리스도께서 우리를 위해 행하신 것 속에서만 존립한다. 우리의 공동체는 처음에만 그렇고 시간이 지나감에 따라 다른 그 무엇이 추가되는 형태를 갖지는 않는다. 우리의 공동체는 언제나, 그리고 영원히 그렇게 존재할 것이다. 오직 예수 그리스도를 통해서만 나는 다른 사람과의 사귐을 갖게 되고 앞으로도 이러한 사귐을 갖게 될 것이다. 우리의 사귐이 깊어질수록 우리 사이에 있는 다른 모든 것은 사라질 것이다. 그리고 그만큼 더 뚜렷하게, 그만큼 더 순수하게 예수 그리스도와 그분의 활동만이 유일하게 우리 사이에서 역사하실 것이다. 우리는 그리스도를 통해서만 서로를 가질 수 있다. 그리고 오직 그리스도를 통해서만 서로를 실제로 **가질(haben)** 수 있고, 또한 영원히 우리를 가질 수 있다.

이것은 그 이상의 무엇을 바라는 모든 불순한 소원에 작별을 고하는 것이다. 그리스도께서 우리 사이에 세워 놓으신 것 이상을 원하는 사람은 그리스도인 형제들의 사귐을 원치 않는 사람이다. 그는 다른 데서 찾지 못한 특별한 공동체 체험을 추구하는 사람이다. 그는 그리스도인 형제들의 사귐에 분명하지도 순수하지도 않은 소망을 끌어들이는 사람이다. 바로 여기에 그리스도인 형제의 사귐을 처음부터 위협해 온 최대의 위기와 가장 내적인 오염의 위험이 도사리고 있다. 이러한 위기와 오염은 그리스도인 형제의 사귐을 자신이 소망하는 그 어떤 경건한 공동체의 형상과 혼동함으로써, 즉 사귐을 바라는 경건한 마음의 자연적 욕망을 그리스도교적 사귐의 영적 현실과 혼동함으로써 초래된다. 그리스도인 형제의 사귐에서 가장 중요한 것은 처음부터 다음의 사실을 분명하게 밝혀두는 것이다. **첫째, 그리스도인 형제의 사귐은 이상이 아니라 하나님의 현실이다. 둘째, 그리스도인 형제의 사귐은 심리적 현실이 아니라 영적 현실이다.**[7)]

---

7) '**영적-심리적**'이라는 대립 쌍은 바울의 영(Pneuma)과 육(Sarx)의 대립 개념에 상응한다. 이러한 개념은 하나님의 은혜와 영으로부터 나오는 행위를 강조하려 한다. 이 행위는 인간의 행위와 이해를 하나님과 그분의 질서에 맞서는 세계의 정신 위에 세우려는 것과 구별된다. 칼 바르트는 이미 오래 전에 다른 방식으로 '계시'의 이름으로 '종교'에 저항함으로써 바울과 종교개혁 신학의 칭의론에 나타난 이러한 근본 사상을 드러내려 했다. 본회퍼도 몇몇 수정들을 가하긴 했지만 기본적으로는 이러한 입장을 견지했다.(참조. WEN 359) 본회퍼가 '정신-육' 도식에 반대한다고 해서 심리학과 심리치료-이러한 학문들이 경험적 학문으로 이해되는 한-에 반대 입장을 표명하는 것은 아니다. 본회퍼는 융(G. G. Jung)의 Seelenprobleme der Gegenwart(1931)와 Die Beziehungen der Psychotherapie zur Seelsorge(1932) 등을 소장하고 있었다.

그리스도인 공동체가 무너졌던 이유는 그 공동체가 그 어떤 소원의 형상을 자신의 토대로 삼았기 때문이다. 그리스도교적 삶의 공동체에 처음 들어온 그리스도인은 흔히 그리스도인의 공동생활에 대한 특정한 형상을 갖고 들어와서는 그것을 실현하려 한다. 그러나 하나님의 은총은 이 같은 꿈들을 즉시 깨뜨려 버린다. 다른 사람에 대한 커다란 실망, 그리스도인 전반에 대한 실망, 그리고 우리 자신에 대한 실망이 우리를 짓누를 것이다. 그러나 하나님은 이를 통해 우리로 하여금 참된 그리스도인 공동체를 인식하도록 인도하신다. 하나님은 우리가 단 몇 주만이라도 우리 자신의 환상 속에 살도록 내버려두지 않으신다. 그러나 이것이 바로 하나님의 은혜다. 하나님은 우리가 그 즐거운 체험 속에, 황홀감처럼 우리를 엄습하는 고양된 감정 속에 몰입하는 것을 허락하지 않으신다. 하나님은 우리의 정서를 자극하는 하나님이 아니라 진리의 하나님이시다. 불쾌하고 나쁜 일들에 환멸을 느낀 공동체야말로 하나님 앞에서 본연의 모습으로 존재하기 시작하고, 자신에게 주어진 약속을 믿음 속에서 붙잡기 시작한다. 개인과 공동체에 대한 실망이 빨리 찾아오는 것이, 양자에게 유익하다.

그러나 이 같은 실망을 감당하지 못하거나 극복하지 못하는 공동체는, 그리고 자신이 소망하는 형상에 집착하는 공동체는 이러한 형상이 깨어질 때 그리스도인 공동체에 주어진 약속도 상실하고 만다. 이러한 공동체는 조만간 무너질 수밖에 없다. 사람들이 그리스도인 공동체 안으로 가지고 들어오는 모든 소망의 형상들은 공동체를 훼방하는 것이기에 반드시 깨져야 한다. 그래야만 참된 공동체가 살아날 수 있다. 그리스도교적 공동체보다 공동체에 대한 자신의 꿈을 더 사랑하는 사람은 – 자신을 정직하고 진지하며 희생적인 사람이라고 생각할지는 모르지만 – 결국 그리스도인 공동체를 파괴하는 사람이 되고 만다.

하나님은 몽상을 싫어하신다. 몽상이 사람을 교만하고 수다스럽게 만들기 때문이다. 그 어떤 공동체 형상을 꿈꾸는 사람은 하나님과 다른 사람에게, 심지어는 자기 자신에게 자신의 꿈을 이루어 줄 것을 요구한다. 그는 요구하는 자로서 그리스도인 공동체 속에 들어가 자신의 법을 세우고 그 법에 따라 형제와 하나님을 심판한다. 그는 완고하며, 형제자매 사이에서 다른 모든 사람을 정죄한다. 그는 마치 자신이 공동체를 만들어 낸 것처럼 행동하며, 자신의 공동체 형상이 인간들을 결합시켜야 하는 것처럼 행동한다. 따라서 그의 뜻대로 되지 않으면, 그것을 실패로 부른다. 그리고 그의 꿈이 산산조각나면 공동체가 무너진 것으로 간주한다. 그래서 그는 형제뿐 아니라 하나님도 정죄하게 되고, 나중에는 절망 속에서 자신도 정죄하게 된다. 공동체의 유일한 기초는 하나님께서 이미 놓아 주셨다. 그리고 하나님은 이미 오래 전에 – 우리가 다른 그리스도인들과 공동생활을 영위하기도 전에 – 우리를 예수 그리스도 안에서 다른 그리스도인들과 함께 한몸으로 결합시키셨다.

따라서 우리는 요구하는 자로서가 아니라 감사하고 받아들이는 자로서 공동체 안에 들어가야 한다. 우리는 하나님께서 우리를 위해 행하신 것에 감사해야 한다. 우리는 하나님께서 우리에게 – 그의 부르심과 용서, 그리고 그의 약속 아래 사는 – 형제를 주신 것에 감사해야 한다. 우리는 하나님께서 우리에게 주시지 않은 것에 불평하지 않는다. 우리는 오히려 그분이 날마다 우리에게 주시는 것에 감사한다. 죄와 곤궁 가운데서도 그분의 은총의 복 주심 아래 함께 살아가는 형제들이 우리에게 주어졌다는 것만으로도 감사해야 되지 않는가? 어려울 때나 곤궁해질 때 주어지는 하나님의 이 선물보다 좋은 것은 그 어디에도 존재하지 않는다. 죄와 오해가 공동체를 침해하는 곳에서도 그렇지 않은가? 죄를 짓는 형제도 그리스도의 말씀 아래 나와 함께 있는 형제가 아닌가? 그리고 그의 죄는 내게 – 우리 모두가 예수 그리스도 안에서 용서하시는 하나님의 사랑 아래 살 수 있게 되었다는 사실에 – 감사할 수 있는 동기를 부여해 주지는 않는가? 그러므로 형제에게 환멸을 느끼는 그 순간이 내게는 비할 수 없이 유익한 시간이 아닌가? 왜냐하면 그 순간이야말로 우리 모두가 결코 우리의 말과 행동이 아니라, 오직—우리를 진리 안에서 결합시키는—예수 그리스도의 하나의 말씀과 하나의 행위로부터, 즉 예수 그리스도 안에서 일어나는 죄의 용서로부터 살 수 있다는 사실을 가르쳐 주는 시간이기 때문이다. 몽상의 아침 안개가 걷히는 곳에서 그리스도인 공동체의 밝은 하루가 시작된다.

그리스도인의 삶에서와 마찬가지로 그리스도인 공동체에서도 감사가 중요하다. 가장 작은 것에 감사할 수 있는 사람만이 큰 것도 받는다. 매일의 선물에 감사하지 않는 것은 하나님께서 우리를 위해 예비해 두신 위대한 영적 선물을 거부하는 것이다. 우리는 하나님께서 우리에게 허락해 주신 작은 영적 인식과 경험, 그리고 사랑에 만족해서는 안 된다고 생각한다. 또한 언제나 커다란 선물을 갈망해야 한다고 생각한다.[8] 우리는—다른 그리스도인들에게는 선사된—분명한 확신과 강한 믿음, 그리고 풍요로운 경험이 우리에게 없다는 사실에 탄식할 뿐 아니라, 이러한 탄식을 경건한 것으로 간주하기도 한다. 우리는 큰 것을 간구하면서, 날마다 받는 작은 선물(실상 작은 것이 아니지만!)에 감사하는 법을 잊어버린다. 그러나 어떻게 작은 것을 감사하는 마음으로 받으려 하지 않는 사람에게 큰 것을 맡길 수 있겠는가? 만일 우리가 날마다 우리의 그리스도인 공동체에 감사하지 않는다면, 게다가 커다란 경험이나 풍요로움이란 찾아볼 수 없고 단지 연약하고 작은 믿음과 어려움만이 있다고 감사하지 않는다면, 그리고 모든 것이 우리가 기대했던 것과는 달리 너무 보잘것없이 작다고 하나님께 불평한다면, 우리는—예수 그리스도 안에서 우리를 위해 예비해 두신 기준과 풍요에 따라 우리 공동체를 성장시키려는—하나님의 뜻을 방해하게 될 것이다. 이러한 것은 특히 목회자와 열심 있는 성도

8) 참조. 렘 45:5("네가 너를 위하여 대사를 경영하였도다.…") 이 구절은 본회퍼에게 매우 중요했다. 그의 성서를 보면 주변의 다른 구절들과는 달리 이곳에 밑줄이 많이 그어져 있다. 참조. WEN 401f.

들이 종종 그들의 공동체에 불평을 털어놓곤 하는 사실에서도 나타난다.

목회자는 그의 교회에 불평을 털어놓아서는 안 된다. 인간뿐 아니라 하나님 앞에서도 불평을 털어놓아서는 안 된다. 공동체가 그에게 맡겨진 것은 하나님과 사람들 앞에서 교회를 고발하기 위함이 아니다. 자신을 부른 공동체를 잘못 보고 그 공동체를 고발하는 자는 교회에 대한 — 그러나 하나님에 의해 깨져야만 하는 — 소원의 형상을 갖고 있는 것은 아닌지를 검증해 보아야 한다. 만일 이런 것을 발견한다면, 그는 자신을 이러한 곤궁 속으로 인도하신 하나님께 감사해야 한다. 그렇지 않은 경우에도 하나님의 교회를 고발하는 자가 되지 않도록 주의해야 한다. 그는 오히려 자신의 불신앙을 고발해야 한다. 그는 자신의 실패와 죄를 깨닫게 해달라고 기도해야 하며, 형제들에게 죄짓지 않게 해달라고 기도해야 한다. 그는 또한 자신의 죄책을 인식하는 가운데 형제를 위해 중보기도를 해야 하며, 자신에게 맡겨진 것을 행하며 하나님께 감사드려야 한다.

그리스도인 공동체는 그리스도인의 성화(Heiligung)와 비슷하다. 공동체도 우리 마음대로 처리할 수 없는 하나님의 선물이다. 우리의 공동체가 어떠해야 하는지는 우리의 성화와 마찬가지로 하나님만이 아신다. 우리에게 약하고 작은 것처럼 보이는 것이 하나님에게는 위대하고 영광스러운 것이 될 수도 있다. 그리스도인이라고 자신의 영적 생명의 맥박을 지속적으로 감지해야 하는 것은 아니다. 마찬가지로 하나님께서 우리에게 공동체를 주신 것도 끊임없이 공동체의 체온이나 재보라고 주신 것은 아니다. 우리가 날마다 우리에게 주어진 것을 감사하며 받아들이면 들일수록 우리의 공동체는 더욱더 확실하고 꾸준하게 하나님에게 기쁨이 되며 날마다 성장할 것이다.

그리스도인의 형제애는 우리가 실현해야 할 이상이 아니라, 하나님이 그리스도 안에서 이룩하신 — 그래서 우리가 참여할 수 있게 된 — 현실이다. 그러므로 예수 그리스도 안에서 모든 공동체의 근거와 힘과 약속을 분명하게 인식하는 법을 배우면 배울수록 우리는 그만큼 더 고요하게 우리의 공동체를 생각하고 그 공동체를 위해 기도하며 소망할 수 있게 될 것이다.

그리스도인 공동체는 오직 예수 그리스도 안에 기초되어 있다. 따라서 이 공동체는 심리적 현실이 아니라 영적 현실이다. 바로 이 점에서 우리의 공동체는 다른 모든 공동체와 구별된다. 우리의 마음에 우리의 주와 구원자이신 예수 그리스도를 선사해 주시는 성령께서 이룩하신 것을 성서는 '영적'(pneumatisch)이라고 부른다. 그리고 자연적 충동과 힘, 인간 정신의 토대로부터 오는 것을 심리적(='정신적')이라고 부른다.

모든 영적 현실의 기초는 예수 그리스도 안에서 계시된 분명한 하나님의 말씀이다. 그리고 모든 심리적 현실의 기초는 인간 정신의 어둡고도 불투명한 충동과 갈망이다. 영적 공동체의 기초는 진리요, 정신적 공동체의 기초는 욕망이다. 영적 공동체의 근거는 빛이다. "하나님은 빛이시어서 그에게는 어두움이 조금도 없다."(요일 1:5) "그가 빛 가운데 계시듯, 우리가 빛 가운데 살게 될 때에 우리는 서로 사귀게 되는 것이다."(1:7) 반면에 정신적 공동체의 기초는 어둠이다. "안으로부터, 즉 사람의 마음 속에서[9] 악한 생각이 나온다."(막 7:21) 인간의 모든 활동의 근원과 고상하고 경건한 모든 충동을 뒤덮고 있는 것은 깊은 밤이다. 영적 공동체는 그리스도에 의해 부름 받은 사람들의 공동체지만, 정신적 공동체는 경건한 영혼들의 공동체일 뿐이다. 영적 공동체에는 형제끼리 서로 섬기는 밝은 사랑, 즉 아가페가 살아 숨 쉬지만, 심리적 공동체에는 경건하면서도 불경건한 충동, 즉 에로스의 어두운 사랑이 작열하고 있다. 전자에는 질서 있는 형제적 섬김이 있지만, 후자에는 즐거움을 추구하는 무질서한 욕구만이 존재한다. 전자에는 형제에 대한 겸손한 복종이 존재하지만, 후자에는 형제를 자신의 욕망 아래 — 겸손하면서도 교만하게 — 굴복시키려는 시도만이 존재할 뿐이다.[10]

---

9) 참조. 루터 성서: "인간의…." 그리스어 본문에는 복수로 나온다.

영적 공동체에서는 하나님의 말씀만이 지배하지만, 심리적 공동체에서는 말씀뿐 아니라 특별한 능력과 경험, 그리고 암시적이며 마술적인 기질을 가진 인간도 지배한다. 전자에서는 하나님의 말씀만이 구속력을 갖지만, 후자에서는 말씀뿐 아니라 인간들도 서로를 결속시킨다. 전자에서는 모든 힘과 영광과 통치가 성령에게 이양되지만, 후자에서는 개인적인 세력권과 힘이 추구되고 장려된다. 경건한 사람들은 최고의 것과 최상의 것을 섬기려는 의도를 가졌지만, 실제로는 성령을 보좌에서 끌어내 비실제적인 먼 곳으로 추방하고 만다. 여기서는 단지 정신적인 것만이 남게 된다. 따라서 전자에서는 영이 통치하지만, 후자에서는 심리적 기술과 방법이 통치한다. 전자에서는 심리학과 방법론 이전의 단순하면서도 도움을 주는 형제 사랑이 존재하지만, 후자에서는 심리학적으로 분석하고 구성하는 일만이 존재한다. 전자에서는 겸손하고 순진한 형제 섬김이 존재하지만, 후자에서는 낯선 사람을 탐색하고 계산하는 태도만이 존재한다.

영적 현실과 심리적 현실의 차이는 다음의 사실에서 가장 두드러지게 나타난다. 영적 공동체에서는 결코 한 사람이 다른 한 사람과 '직접적' 관계를 가지지 않는 반면에, 심리적 공동체에서는 다른 사람과 직접 접촉하기 원하는 인간의 깊고도 근본적인 정신의 욕구가 존재한다. 그것은 마치 인간의 육체 속에 다른 사람의 몸과 직접 하나 되기를 바라는 욕구가 살아 숨 쉬는 것과 같다. 이 같은 인간의 정신적 욕구는 나와 너의 완전한 융해를 추구한다. 이러한 욕구는 사랑의 융합으로 나타나기도 하고 – 결국

---

10) 개념쌍인 '에로스와 아가페'에 대해서는 DBW 1(SC), 108과 265, 각주 115를 참조. 본회퍼는 『성도의 교제』에서 칼 바르트의 Römerbrief, 479에 초점을 맞추었다. 바르트는 여기서 키에르케고르에 근거해 그리스도교적 사랑을 다음과 같이 이해하고 있다. "사랑은 항상 갈망만 하는 에로스가 아니라, 결코 중단됨이 없는 아가페다." 여기서도 영과 육의 대립이 나타난다. 『신도의 공동생활』에서는 이를 넘어서 1930년(초판)과 1939년(2판)에 발간되었던 Nygren의 Eros und Agape가 언급되고 있다. 참조. WEN 359.

같은 것이지만—다른 사람을 자신의 힘과 세력권 아래 굴복시키는 것으로도 나타난다. 여기서는 강한 정신의 소유자들이 종횡무진 활동하면서 약자들의 감탄과 사랑, 또는 두려움을 이끌어 낸다. 여기서는 인간적 결합과 암시, 그리고 예속만이 존재한다. 심리적인 직접적 공동체에서는 본래 그리스도를 통해 이루어지는 공동체에만 있어야 하는 것이 왜곡된 모습으로 나타난다.

따라서 '정신적' 회심(seelische Bekehrung)이 생겨난다. 이러한 회심은—한 사람의 우세한 힘이 의식적이든 무의식적이든 오용됨으로써 한 개인이나 사회 전체가 심각하게 동요되고 그의 궤도 안으로 들어가게 되는 곳에서—온갖 진정한 회심의 모습을 갖추며 나타난다. 여기서는 정신이 정신에 직접적인 영향력을 미치게 된다. 약자는 강자에게 정복되고, 약자의 저항은 타자의 인격에 대한 감명 속에서 무너지고 만다. 그는 압도당하지만, 사건에 의해 극복되는 것이 아니다. 이러한 사실은—그를 속박하는 사람과 무관하게, 가능하다면 그에게 반대하면서—사건에 개입하라는 요청을 받는 순간 여실히 드러나고 만다. 여기서 정신적 회심이 실패하게 된다. 그리고 이로써 그의 회심이 성령이 아니라, 인간에 의해 야기되었으며 따라서 지속되지도 않는다는 사실이 드러난다.

'정신적' 이웃사랑도 마찬가지다. 이 사랑은 엄청난 희생의 능력을 갖고 있다. 그리고 열정적인 헌신이나 나타나는 결과에 있어서도 진정한 그리스도인의 사랑을 능가한다. 이 사랑은 압도적이며 선동적인 능변으로 그리스도교적 용어를 말한다. 그래서 사도 바울은 이 사랑에 대해 다음과 같이 말한다. "내가 비록 나의 전 소유를 가난한 사람들에게 나누어 주고, 내 몸을 불사르게 한다 하더라도"[11]—즉 내가 최고의 사랑의 행위를 최고의 헌신과 결합시킨다 할지라도—"사랑(곧 그리스도의 사랑)이 없으면 나는 아무것도 아니라."(고전 13:2)[12] 정신적 사랑은 자신을 위해서

11) 고전 13:3.

타자를 사랑하지만, 영적 사랑은 그리스도 때문에 타자를 사랑한다. 정신적 사랑은 타자와 직접 접촉하길 원하지만, 타자를 자유인이 아니라 자신에게 매인 사람으로 여기며 사랑한다. 그 사랑은 어떻게든 타자를 소유하고 정복하려 든다. 그리고 타자를 압도하고 저항할 수 없게 만들며 지배하려 든다. 정신적 사랑은 진리를 대수롭지 않게 여기며, 오히려 상대화시킨다. 왜냐하면 이러한 사랑에서는 사랑을 하는 사람과 사랑을 받는 사람 사이에 아무것도, 심지어는 진리마저도 개입할 수 없기 때문이다. 정신적 사랑이 갈망하는 것은 타자 그 자체이며, 그와의 사귐이고, 그의 사랑일 뿐이다. 그러나 그를 섬기지는 않는다. 오히려 이 사랑은 타자를 섬기는 것처럼 보이는 곳에서도 자신의 욕구만을 채우려 한다. 두 가지 점에서 – 그러나 결국 동일한 문제다. – 영적 사랑과 정신적 사랑의 차이가 명백하게 나타난다. 정신적 사랑은 참된 공동체를 위해 참되지 못한 사귐을 중단하지 못한다. 그리고 원수를, 즉 집요하게 자신을 반대하는 자를 사랑할 수 없다. 이 둘은 결국 같은 샘에서 나온다. 정신적 사랑은 본질상 갈망이다. 즉 정신적 공동체에 대한 갈망이다. 공동체가 이러한 갈망을 충족시키는 한, 이 갈망도 공동체를 지양하지 않는다. 그러나 그것은 진리 때문도 아니며, 타자에 대한 참 사랑 때문도 아니다. 그러나 공동체가 이 갈망을 충족시켜 주지 못하면, 공동체는 벼랑 끝에, 즉 원수들 곁에 서게 된다. 여기서 정신적 사랑은 미움과 멸시와 비난으로 변하게 된다.

그러나 이곳이 바로 영적 사랑이 시작되는 곳이다. 따라서 정신적 사랑은 – 갈망함이 없이 섬기기만 하는 – 진정한 영적 사랑을 만나면 개인적인 미움이 된다. 정신적 사랑은 자기 자신을 자기 목적과 공적, 그리고 우상으로 만들어 경배하며 모든 것을 그 아래 복종시키려 한다. 정신적 사랑이 돌보고 양육하며 사랑하는 것은 자신뿐이다. 그것 외에 그의 사랑

---

12) 본회퍼는 런던에서 1934년 9월과 10월에 고전 13장에 대한 설교를 네 번이나 했다.(GS V, 534–560)

의 대상이 되는 것은 아무것도 없다. 그러나 영적 사랑은 예수 그리스도로부터 나오며, 오직 그분만을 섬긴다. 그리고 타자를 직접적으로 만날 수 없음을 안다. 그리스도가 나와 다른 사람 사이에 서 있다. 나의 정신적 욕구로부터 자라나는 보편적인 사랑 관념으로는 타자를 사랑하는 것이 어떤 것인지를 알 수 없다. 그리스도 앞에서 이 모든 것은 오히려 미움이나 가장 사악한 이기심에 불과하다. 사랑이 무엇인지는 오직 그리스도의 말씀만이 내게 말해줄 수 있다. 예수 그리스도는 형제를 사랑하는 것이 어떤 것인지를—우리의 생각이나 확신과는 다르게—내게 말해 줄 것이다. 그러므로 영적 사랑은 오직 예수 그리스도의 말씀에만 매어 있다. 그리스도가 사랑을 위해서 사귐을 지속하라고 말씀하실 때에만 나는 그 사귐을 지속적으로 갖게 될 것이다. 또한 그분의 진리가 사랑을 위해 사귐을 중지할 것을 명령하면, 나는—나의 정신적 사랑의 모든 항의에도 불구하고—나의 사귐을 중단하게 될 것이다. 영적 사랑은 갈망하는 것이 아니라 섬기는 것이기에 원수를 형제처럼 사랑한다. 영적 사랑은 형제나 원수가 아니라 그리스도와 그분의 말씀에서 솟아나온다. 정신적 사랑은 영적 사랑을 결코 이해할 수 없다. 영적 사랑은 위로부터 오기 때문이다. 영적 사랑은 지상의 모든 사랑과는 전적으로 다른 새로운 것, 낯선 것, 파악 불가능한 것이다.

그리스도가 나와 다른 사람 사이에 존재하기 때문에, 나는 다른 사람과의 직접적인 교제를 갈망해서는 안 된다. 그리스도만이 내가 구원받았음을 내게 말씀해 주실 수 있는 것처럼, 다른 사람도 그리스도를 통해서만 구원을 받을 수 있다. 이것은 내가 내 사랑으로 그를 규정하고 강요하며 지배하려는 모든 시도를 깨끗이 포기해야 한다는 것을 의미한다. 타자는 나로부터 자유롭게 될 때 비로소 있는 그대로—즉 그를 위해 그리스도가 사람이 되셨고 죽고 부활하셨으며, 그를 위해 죄 사함을 얻으셨고 영생을 준비하셨던 바로 그 사람으로서—사랑받게 된다. 내가 내 형제에게 무엇인가를 해주려 하기 훨씬 이전에 그리스도께서 이미 그를 위해 결정적인 일을 완수하셨다. 그러므로 나는 그리스도를 위해 형제를 자유롭게 해주어야 한다. 그는 오직 그리스도를 위해 존재하는 사람으로서 나를 만나야 한다. 이것이 바로 우리가 타자를 오직 그리스도의 중재를 통해서만 만날 수 있다는 명제의 뜻이다. 정신적 사랑은 다른 사람을 제멋대로 이런 사람이라느니, 저런 사람이 되어야 한다느니 말하기 일쑤다. 정신적 사랑은 타자의 삶을 자기 손아귀에 넣으려 한다. 그러나 영적 사랑은 타자의 참된 형상을 예수 그리스도로부터 보려 한다. 이 형상은 예수 그리스도가 각인해 주셨고 또한 각인해 주실 형상이다.

따라서 영적 사랑의 참됨은 말하고 행하는 모든 것에서 타자를 그리스도께 맡기느냐의 여부에 달려 있다. 따라서 영적 사랑은－타자에게 너무 개인적이고 직접적인 영향력을 주거나 타자의 삶에 불순하게 개입해－타자의 마음을 뒤흔들어 놓지 않는다. 영적 사랑은 또한 경건과 정신을 너무 과장하고 자극하는 것을 기뻐하지 않고, 언제나 분명한 하나님의 말씀으로 타자를 만나려 한다. 그리고 타자를 이 말씀에 오랫동안 맡겨 두고, 그리스도께서 친히 그와 관계를 갖도록 그를 다시 자유롭게 해주려 한다. 따라서 영적 사랑은 그리스도에 의해 우리 사이에 설정된 한계를 존중한다. 영적 사랑은 타자와의 온전한 교제를 오직 그리스도 안에서만 발견하려 한다. 그리스도만이 우리를 하나로 묶으시기 때문이다. 따라서 영적 사랑은 형제와 함께 그리스도에 대해 말하기보다는 그리스도와 함께 형제에 대해 말하게 된다. 영적 사랑은 타자에 이르는 가장 빠른 길이 그리스도께 기도하는 것이며, 타자에 대한 사랑도 그리스도 안에 나타난 진리와 결합되어 있음을 알고 있다. 요한은 이러한 사랑에 근거해 다음과 같이 말한다. "나는 내 자녀들이 진리로 살아간다는 말을 듣는 것보다 더 즐거운 일이 없다."(요삼 4)

정신적 사랑은 제어되지 않았으며 제어될 수도 없는 어두운 욕망에 의해 움직이지만, 영적 사랑은 '진리'에 의해 정돈된 섬김의 빛 안에서 움직인다. 정신적 사랑은 다른 사람을 자신에게 예속시키고 속박하며 억누르지만, 영적 사랑은 형제를 말씀 아래서 **자유**를 누리게 한다. 정신적 사랑이 온실에서 꽃을 키우는 것이라면, 영적 사랑은 자유로운 하나님의 하늘 아래서 비바람을 맞으며 햇빛을 받고 튼튼하게 자라나도록 만들며, 하나님께 기쁨을 주는 **열매**를 맺도록 만든다.

그러나 인간의 이상과 하나님의 현실, 영적 공동체와 정신적 공동체를 구별할 수 있는 능력이 그때마다 올바르게 발휘될 수 있을까? 이것이 바로 모든 그리스도교적 공동생활에 대한 현존재 물음이다. 그리스도교적 공동체의 생존은 바로 이 점을 가능한 한 빨리 깨닫느냐에 달려 있다. 달리 말하자면, 말씀 아래서 이루어지는 공동생활은 자신을 그 어떤 운동이나 교단, 또는 그 어떤 단체나 경건의 집단(collegium pietatis)[13]으로 이해하지 않고, 오직 하나의 거룩하고 보편적인 그리스도교적 교회[14]의 한 부분으로 이해할 때에만 건강하게 지속될 수 있다. 즉 전체 교회의 곤궁과 투쟁, 그리고 약속에 – 행동하고 함께 고난을 당하면서 – 참여할 때에만 참된 공동체가 될 수 있다. 모든 선택의 원리, 그리고 이 원리와 결합된 차별의 논리 – 공동의 일이나 장소적 소여성, 또는 가족 관계에 제한되지 않는 차별의 논리 – 는 그리스도인 공동체에 가장 위험한 것이다. 정신 수준이나 영적 상태에 따라 구성원들을 선택하게 되면 인간의 정신적 요소가 다시 숨어 들어와 그 공동체에서 영적 힘과 영향력을 빼앗아 가며, 결국에는 그 공동체를 분파주의에 빠뜨린다. 약하고 보잘것없는 사

---

13) 독역: Vereinigung der Frömmigkeit. 독일의 저명한 루터교 경건주의 신학자 슈페너(Philipp Jakob Spener, 1635-1705)가 프랑크푸르트 성직자 대표로서 1666년 조직하기 시작했던 사적 경건 모임이 'collegia pietatis'로 불려졌다.

14) 네 가지 고전적 교회속성들(통일성, 거룩성, 보편성, 사도성)은 381년 콘스탄티노플 공의회에서 니케아-콘스탄티노플 공의회의 교리로 채택되었다. 종교개혁 신앙고백서에서는 고대 교회 신조들을 독일어로 번역할 때 '가톨릭'(문자적으로는 '보편적', 내용적으로는 '바른 신앙', '정통')이란 말을 일반적으로 '그리스도교적'으로 바꾸어 놓았다.(참조. BSLK 21)

람들, 겉보기에 전혀 쓸데없는 사람들을 그리스도인 삶의 공동체에서 축출하는 것은 — 가난한 형제 안에서 문을 두드리시는 — 그리스도를 쫓아내는 것을 의미한다. 따라서 우리는 이러한 상황에 처하게 될 때 매우 신중하게 처신해야 한다.

만일 우리가 관찰을 게을리 한다면 다음과 같이 생각할 수도 있을 것이다. 즉 공동체의 구조가 여러 층으로 되어 있는 곳에서, — 예를 들자면, 결혼, 가정, 우정과 같이 정신적인 것 그 자체가 공동체 형성에 중심적인 의미를 갖는 곳에서 — 그리고 영적인 것이 육적이며 정신적인 것에 단지 덧붙여지는 곳에서, 이상과 현실, 정신적인 것과 영적인 것의 혼합이 가장 잘 나타난다고 생각할 수도 있다. 그리고 이렇게 생각하는 사람들은 오직 이러한 공동체에서만 두 영역이 혼합되고 뒤섞일 위험이 나타나며, 순수한 영적 공동체에서는 이러한 위험이 전혀 나타나지 않는다고 말한다. 그러나 이러한 생각은 커다란 실망만을 가져다줄 뿐이다. 사실은 정 반대임을 우리는 — 실제적으로나 우리의 경험을 통해 — 알 수 있다. 결혼, 가족, 우정은 — 공동체를 이루어 나가는 — 자신들의 힘의 한계를 매우 정확하게 인식하고 있다. 건강한 공동체라면, 정신적인 것의 한계가 어디에 있고, 영적인 것이 어디서부터 시작되는지를 알아야 한다. 이 공동체는 또한 육체적이며 정신적인 공동체와 영적인 공동체의 차이를 잘 알고 있다. 정신적인 것이 공동체 속에 들어와 뒤섞일 위험은 오히려 순수한 영적 유형의 공동체가 실현될 때 더욱 커진다. 순수한 영적 공동체는 위험할 뿐만 아니라, 매우 비정상적인 현상이다. 신체적이며 가족적인 공동체나 노동 공동체, 즉 일하는 사람에게 많은 것을 요구하는 일상적인 삶이 영적 공동체 안으로 들어오지 않는 곳이야말로 우리가 특별히 정신을 차려야 할 곳이다. 그렇기 때문에 짧은 기간의 휴가기간에 정신적 요소가 가장 쉽게 확산되는 것을 우리는 경험을 통해 알게 된다. 며칠간의 공동생활 속에서 사귐의 즐거움을 고무시키는 것보다 쉬운 일은 없다. 그리고 이보다 더 — 일상의 건전하고 공정한 — 형제적 삶의 공동체에 치명적인 것도 없다.

자신의 삶 속에서 참된 그리스도인 공동체의 복된 **경험**을 하나님으로부터 한번도 받아 본 적이 없는 그리스도인은 없을 것이다. 그러나 이런 경험은 이 세상에서는 그리스도인 공동체의 매일의 양식을 넘어서는 은혜의 약속일 따름이다. 우리는 이런 경험을 요구할 수 없다. 그리고 이러한 경험을 위해 다른 그리스도인들과 사는 것도 아니다. 우리를 하나로 묶는 것은 그리스도교적 형제애에 대한 경험이 아니라, 형제애에 대한 튼튼하고 확실한 믿음이다. 하나님께서 우리 모두에게 행하셨고 또한 행하시려 한다는 사실을 우리는 신앙 속에서 하나님의 최고의 선물로 인식한다. 이 선물은 우리를 기쁘고 즐겁게 만든다. 이 선물은 또한 우리로 하여금 – 하나님이 허락하지 않으시는 – 모든 경험을 포기하도록 만든다. 우리는 경험이 아니라 믿음 안에서 하나로 묶여 있다.

"보라 형제끼리 한마음으로 함께 사는 것이 얼마나 좋고 즐거운고!" 이것이 바로 말씀 아래서 함께 사는 삶을 찬양하는 성서의 말씀이다. '한마음으로'라는 말을 바르게 해석하면 "형제들이 그리스도를 통해 함께 산다"는 말이 된다. 예수 그리스도만이 우리를 하나로 묶으실 수 있다. "그는 우리의 평화이다." 그를 통해서만 우리가 서로에게 가까이 다가설 수 있고, 서로 즐거움을 나누며 사귈 수 있다.

함께하는 날

하나님이여, 아침에 우리는 당신을 찬양하고
저녁에 당신 앞에 기도를 드리오니,
미천한 노래로 우리는 당신을 찬양하나이다.
이제나 언제나 영원히.
(암브로시우스, 루터에서 인용)[15)]

"그리스도의 말씀이 그대들 사이에 풍성하게 있도록 하십시오."(골 3:16) 구약성서의 하루는 저녁에 시작해서 다시 해가 질 때 끝난다. 이때는 기다리는 시간이다. 신약성서 공동체의 하루는 해 뜨는 이른 아침에 시작해서 새 아침에 동이 터 오르면 끝난다. 이때는 완성의 시간이요, 주의 부활의 시간이다. 그리스도는 밤에 태어나셔서 어둠 가운데 빛나는 빛이 되셨다. 그리고 그리스도가 십자가에서 고난을 당하시고 운명하셨을 때, 한낮이 밤이 되었다. 그러나 부활절 아침 새벽에 그리스도는 승리자로서 무

15) "오, 복된 빛"(O lux beata)에서 인용. 루터가 독일어로 번역했다.(WA 35, 473) 참조. 독일찬송가 480장 2절.(다른 번역)

덤에서 나오셨다. "해가 솟아오르는 이른 아침 나의 구주 그리스도 부활하셔서 죄의 밤을 몰아내시니, 빛과 구원과 생명이 되돌아오도다. 할렐루야."[16] 종교개혁 공동체는 이렇게 노래했다. 그리스도는 기다리는 공동체를 향해 오시는(말 4:2)[17] '의의 태양'(Sonne der Gerechtigkeit)[18]이시다. 그리고 "그를 사랑하는 사람들을 힘차게 솟아오르는 태양같이 하실 것이다."(삿 5:31) 그러므로 동터 오는 새벽은 부활하신 그리스도의 공동체에 속한다. 그들은—동이 터 오면 죽음과 악마와 죄가 굴복하지 않을 수 없고 새 생명과 즐거움이 인간에게 선사되는—그 아침을 생각한다.

오늘날 밤의 공포와 두려움에 대해 전혀 아는 바 없는 우리는 우리 선조들과 옛 그리스도인들이 아침마다 빛이 되돌아오는 것을 보고 느꼈던 그 즐거움에 대해 얼마나 알고 있을까? 만일 우리가 이른 아침 삼위일체 하나님에게 드려야 할 찬양을 다시 배우기 원한다면—즉 어두운 밤에 우리의 생명을 지켜 주시고 새날에 우리를 일으켜 주시는 창조주 아버지 하나님, 그리고 우리를 위해 죽음과 지옥을 극복하시고 우리 가운데 승리자로 서 계시는 세상의 구세주 성자 하나님, 그리고 이른 아침에 하나님의 말씀으로 우리의 마음을 밝게 비추시며 모든 흑암과 죄악을 쫓아내시고 바르게 기도할 수 있도록 가르쳐 주시는 성령 하나님께 이른 아침 드려야 할 찬양을 다시 배우기 원한다면—우리는 한뜻으로 함께 사는 형제들이 밤이 지난 후 이른 아침에 다시 모여 그들의 하나님을 함께 찬양하고 말씀을 함께 들으며 함께 기도했을 때 느꼈던 그 즐거움도 가히 짐작

---

16) 독일찬송가 61장 1절.(약간 변경) Johann Heermann(1585–1647)이 막 16:1–6을 토대로 만든 찬송가다. 독일개신교 찬송가(EKG) 85장은 1630년에 작사되었다.

17) 본회퍼는 셉투아긴타(Septuaginta)와 불가타(Vulgata)를 따르는 루터의 장절 계산법을 받아들였다.(히브리 성서, 말 3:20)

18) 참조. 독일개신교 찬송가 218장. Christian David(1690–1751)의 노래. 그는 1566년에 설립된 보헤미아 형제단을 모델로 1741년 창설된 헤른후트 공동체(모라비안 형제단)의 공동 설립자다.

하게 될 것이다. 아침은 개인이 아니라 삼위일체 하나님의 공동체에 속한다. 아침은 그리스도인 가정 공동체에 속하며, 형제들 것이다. 이른 아침에 하나님을 함께 찬양하자고 공동체를 깨우는 노래는 다함이 없다. 보헤미아 형제들은 새벽녘에 이렇게 노래했다. "새날이 어두운 밤을 몰아내니 사랑하는 형제들아, 깨어 일어나 주 하나님을 찬양하여라. 주 너의 하나님은 그대로 하여금 당신을 인식하도록 그대를 당신의 형상대로 지으셨도다."[19] 그리고 또 이렇게 노래한다. "새날이 밝아오나니 오 주 하나님, 우리는 당신을 찬양하오며 감사를 드리옵니다. 기나긴 밤 우리를 지켜 주신 당신의 은총, 그지없도다. 오늘도 우리를 지켜 주소서. 우리는 가련한 순례자의 무리, 우리 곁에 계시며 도와주시고 보살펴 주옵소서. 그 어떤 악도 우리를 뒤덮지 못하리라."[20] "날이 밝아 오나니, 오 형제들아, 기나긴 밤 우리를 지켜 주시고 이제 깨워 주신 자비로운 하나님께 감사를 드리자. 주 하나님, 우리 몸을 당신께 드리오니 우리의 말과 행위와 욕망을 당신 뜻대로 이끄시옵소서. 우리가 하는 일이 모두 바르게 되게 하옵소서."[21]

말씀 아래 사는 공동생활은 이른 아침에 함께 예배드리는 것으로부터 시작된다. 가정 공동체는 찬양과 감사를 드리고 성서를 읽으며 기도하기 위해 모인다. 아침의 깊은 정적은 공동체의 기도와 노래에 깨어진다. 밤과 첫째 아침의 침묵이 지난 후 찬송과 하나님의 말씀은 더욱더 확실해진다. 성서는 하루를 맞이하는 첫 상념과 말을 하나님의 것이라고 말한다. "당신은 새벽에 나의 목소리를 듣기 원하시옵기에 나 이른 아침에 당신께 내 소원을 아뢰나이다."(시 5:3) "나는 아침마다 주님께 기도드립니다."(시 88:13) "하나님, 내 마음은 흔들림이 없습니다. 진실로 내 마음은

19) 개신교 청년 운동에서 널리 확산되었던 찬송집 『새로운 노래』(Ein neues Lied) 276장.

20) 앞의 책, 277장

21) 앞의 책, 278장

확고합니다. 나는 노래하고 찬양하렵니다. 내 영혼아 깨어나라 내가 새벽을 깨우리라."(시 57:7-8) 동터 오는 아침과 함께 성도는 하나님을 목마르게 갈망한다. "나 이른 아침에 당신께 나와 부르짖사옵고, 당신의 말씀을 기다리옵니다."(시 119:147) "하나님, 당신만이 나의 하나님, 새벽에 눈을 뜨자 나는 당신을 찾으옵니다. 나의 넋은 당신을 찾아 목이 마르옵고, 나의 몸은 물 없어 메마른 땅에서, 당신을 갈망하나이다."(시 63:1) 솔로몬의 지혜서는 이렇게 말한다. "바라건대, 사람들은 해 뜨기 전에 당신께 감사를 드리고, 동트기 전에 당신 앞에 나올지어다."(16:28) 시락서(Jesus Sirach)도 성서학자들에 관해 다음과 같이 말한다. "그는 새벽에 눈을 뜨는 대로 자기를 지으신 주를 찾아 생각하고, 지존하신 이 앞에 마음의 소원을 아뢰느니라."(39:6) 성서도 아침 시간을 하나님의 특별한 도움이 있는 때라고 말한다. 하나님의 도성에 관해 "하나님이 이른 아침에 이를 도우리라"(시 46:5)고 말한다. 그리고 다시 "하나님의 자비는 아침마다 새롭다"(애 3:23)고 말한다.

그리스도인들에게 하루의 시작은 잡다한 일 때문에 괴로움을 당하고 짓눌려서는 안 되는 시간이다. 새날에는 그날을 지으신 주께서 계신다. 밤의 모든 어둠과 어수선한 꿈들은 오직 예수 그리스도의 밝은 빛과 깨우시는 말씀 앞에서만 사라진다. 그분 앞에서는 모든 불안과 불순함, 그리고 모든 걱정과 근심이 사라진다. 그러므로 이른 아침에는 오만 가지 상념과 쓸데없는 말들이 침묵을 지켜야 한다. 그리고 첫 상념과 말은 우리의 삶 전체를 소유하시는 그분의 것이 되어야 한다. "일어나라, 너 잠자는 자여! 죽은 자들 가운데서 일어나라. 그리스도가 너를 비추시리라."(엡 5:14)

성서는 자주 하나님의 사람들이 일찍 일어나 하나님을 찾고 하나님의 명령을 수행한 것을 우리에게 상기시켜 준다. 아브라함과 야곱, 모세와 여호수아가 바로 이러한 사람들이다.(참조. 창 19:27, 22:3, 출 8:16, 9:13, 24:4, 수 3:1, 6:12) 공연한 말이라곤 한마디도 하지 않는 복음서도 예수에 대해 이렇게 말한다. "그는 이른 새벽에 일어나 나가시는 길로 빈들에 나가서 홀로 기도하셨다."(막 1 : 35) 불안과 걱정 때문에 일찍 일어나는 경우도 있지만, 성서는 그것을 무익한 일이라고 말한다. "일찍 일어나서 눈물을 섞어 빵을 먹음은 무익하다."(시 127 : 2)[22] 그러나 하나님을 사랑하기에 일찍 일어나는 경우도 있다. 성서의 사람들이 바로 그렇게 했다.

성서를 읽고 찬양과 기도를 드리는 것은 아침의 **공동 기도회**에 속한다. 공동체가 다양하기에 아침 기도회도 똑같을 수 없다. 아침 기도회는 오히려 그렇게 되어야만 한다. 어린이들이 있는 가정 공동체는 신학자들의 기도회와는 다른 기도회를 가져야 한다. 서로 흉내나 내는 것은 결코 건전한 것이 되지 못한다. 예를 들자면, 신학자들의 모임이 어린이들을 위한 가정 예배에 만족을 느낀다면 어떻게 되겠는가? 그러나 모든 공동 기도회에 **성서의 말씀과 교회의 찬송, 그리고 공동체의 기도**가 빠져서는 안 된다. 이제 공동의 기도회를 세부적으로 말해보자.

"시를 노래함으로써 서로 말을 나누라."(엡 5 : 19) "시로써 스스로 가르침과 깨우침을 받으라."(골 3 : 16) 옛부터 교회에서는 함께 드리는 시편기도에 특별한 의미를 부여했다. 오늘날까지도 공동 기도회를 시편으로 시작하는 교회들이 많다. 그러나 이러한 전통은 많이 사라져 갔다. 우리는 시편 기도로 되돌아가야 한다. 시편은 성서 전체에서 독특한 지위를 차지한다. 그것은 하나님의 말씀인 동시에 — 몇몇 예외를 제외한다면 — 사람들의 기도다. 이것을 우리는 어떻게 이해해야 하는가? 하나님의 말씀이 어떻게 동시에 하나님께 드리는 기도가 될 수 있는가? 이러한 물음에 시편으로 기도를 시작하는 모든 사람이 보고 느끼는 것이 도움을 줄 수 있다. 그는 먼저 시편을 자신의 기도로 생각하며 되풀이한다. 그러나 그는 곧 따라 기도할 수 없다고 생각하는 시편들을 만나게 된다. 이를테

22) 참조. 루터 성서 : "… 일찍 일어나 오래 앉아 있고 근심으로 떡을 먹는다."

면 자신의 무죄함을 호소하는 시편, 보복을 호소하는 시편, 부분적이긴 하지만 고난 가운데서 부르짖는 시편들이 이러한 시편들에 속한다. 그러나 이러한 기도도 성서의 말씀이다. 신앙을 가진 그리스도인이라면 이것을 이미 지나가 버린 낡은 것, 즉 '종교적 전 단계'(religiöse Vorstufe)로 간주해 폐기해 버려서는 안 된다. 그는 성서의 말씀을 지배하려 들지는 않지만, 이러한 말씀들을 그대로 기도할 수 없다는 사실도 깨닫게 된다. 그는 이러한 기도를 다른 사람의 기도로 읽고 듣기도 하며 의아하게 생각하고 충격을 받을 수도 있다. 그러나 스스로는 이러한 기도를 드리지 못하며, 그렇다고 성서에서 삭제하지도 못한다. 이러한 경우 자신이 이해하고 따라 기도할 수 있는 시편에 머무르라고 말하는 것이 실제적일지도 모른다. 그리고 다른 시편들을 읽으면서 이해하기 어려운 성서 말씀은 그대로 놔두고 단순하며 이해할 수 있는 시편으로 다시 돌아오라고 말하는 것이 현실적일지도 모른다.

그러나 바로 이와 같이 이해하기 어려운 시편이야말로 시편의 비밀을 처음으로 엿볼 수 있는 장소가 된다. 우리의 입술에 올리기조차 싫은 시편, 우리의 말문을 막아버리고 우리를 혼란스럽게 만드는 시편이야말로 여기서 기도하시는 분이 우리 자신이 아닌 다른 분임을—즉 자신의 무죄함을 주장하고 하나님의 심판을 호소하며 한없이 깊은 고난 속에 빠져 들어가신 분, 곧 예수 그리스도 자신임을—암시해 주는 시편들이다. 바로 이분이 여기서 기도하시는 분이요, 여기서뿐만 아니라 전 시편에서 기도하시는 분이다. 신약성서와 교회는 처음부터 이러한 사실을 알고 있었으며, 또한 증언했다. 그 어떤 곤궁이나 질병, 그리고 고난에도 낯설지 않지만 전혀 죄가 없으시며 의로우신 **인간** 예수 그리스도가 시편에서 그의 공동체의 입을 통해 기도드리시는 것이다.

시편은 본래 예수 그리스도의 기도서다. 그는 시편을 (그대로) 기도하셨고, 이제 시편은 모든 시대를 위한 그의 기도가 되었다. 기도하시는 그리스도가 여기서 우리를 만나시기 때문에 이제야 우리는 어떻게 시편이 하나님께 드리는 기도인 동시에 하나님 자신의 말씀일 수 있는지를 이해할 수 있게 되었다. 예수 그리스도는 그의 공동체 속에서 시편을 기도하신다. 그리고 그의 공동체도 기도하며, 개인도 기도한다. 그러나 개인들은 그리스도가 그들 안에서 기도하실 때에만 기도하게 된다. 그는 여기서 자신의 이름으로 기도하는 것이 아니라, 예수 그리스도의 이름으로 기도하게 된다. 그는 자신의 심정에서 우러나오는 자연적 욕구로부터 기도하는 것이 아니라, 받아들여진 그리스도의 인성으로부터 기도한다. 그가 기도할 수 있는 근거는 인간 예수 그리스도의 기도다. 이로써 그의 기도가 응답의 약속을 발견하게 된다. 그리스도가 하나님의 하늘 보좌 앞에서 개인과 공동체의 시편기도를 함께 드리기 때문에, 아니 기도하는 사람들이 여기서 예수 그리스도의 기도 속으로 휘말려 들어가기 때문에 그들의 기도가 하나님의 귀에 상달되는 것이다. 그리스도는 그들을 위해 기도하시는 분이 되었다.

시편은 그리스도께서 그의 공동체를 대리하면서 드리는 기도다. 이제 그리스도가 하늘 아버지 곁에 계시기 때문에 그리스도의 새 인류, 즉 그리스도의 몸이 이 땅에서 그의 기도를 마지막 때까지 계속 드린다. 이 기도는 개개 신자들의 것이 아니라, 그리스도의 몸에 속한다. 따라서 이 기도는 개인이 아니라, 그리스도의 전체 몸에 속한다. 전체로서의 그의 몸 안에서만 시편이 말하는 모든 것이 살아 있다. 개인은 결코 이것을 온전히 이해할 수도 없으며, 자신의 기도라고 말할 수도 없다. 따라서 시편의 기도는 특별한 방식으로 공동체에 속한다. 물론 한 구절이나 한 시편은 내 기도는 아니지만, 분명 공동체에서 나오는 – 다른 한 사람의 – 기도다. 또한 그것은 분명 참 사람 예수 그리스도의 기도요, 지상에 있는 그의 몸의 기도다.

시편에서 우리는 그리스도의 기도에 근거해 기도를 배우게 된다. 시편은 기도를 가르쳐주는 위대한 학교다. 여기서 우리는 **첫째**, 기도가 무엇인지를 배우게 된다. 즉 기도란 하나님의 말씀에 근거해 기도하는 것이요, 약속에 근거해 기도하는 것이다. 그리스도인의 기도는 계시된 말씀이라는 튼튼한 터 위에 있는 것이지, 막연한 이기적 소원과는 아무 관계도 없다. 우리의 기도는 참 사람 예수 그리스도의 기도에 근거해 있다. 성령이 우리 안에서 우리를 위해 기도하신다거나 그리스도가 우리를 위해서 기도하시며 우리는 예수 그리스도의 이름으로만 하나님께 바르게 기도할 수 있다는 성서의 말씀들은 분명 이러한 사실을 염두에 둔 것이다.

둘째, 우리는 시편 기도로부터 우리가 무엇을 기도해야 하는지를 배우게 된다. 시편 기도의 폭은 개인의 경험을 훨씬 넘어선다. 그렇긴 하지만 개인은 신앙 속에서 전적인 그리스도의 기도를 기도하게 된다. 즉 참 사람이시며, 이 기도에 담겨 있는 경험의 온전한 척도가 되시는 분의 기도를 드리게 된다. 그렇다면 우리가 보복의 시편도 기도할 수 있다는 말인가? 죄인인 우리가 보복의 기도에 우리의 악한 생각을 결합시킨다면, 결코 그렇게 기도해서는 안 된다. 그러나 하나님의 모든 보복을 스스로 받아들인 그리스도가 우리 안에 계신다면, 하나님의 보복을 우리 대신 받으셨고 오직 그렇게만—하나님의 보복을 당하시면서—원수를 용서하실 수 있었던 그분이 우리 안에 계신다면, 스스로 하나님의 보복을 받아들이심으로써 원수들에게 자유를 허락하신 그리스도가 우리 안에 계신다면, 우리도 예수 그리스도의 지체로서 이런 시편을 기도할 수 있다. 즉 예수 그리스도를 통해서, 예수 그리스도의 심정으로 기도하면 이러한 시편도 기도할 수 있게 된다.[23] 우리는 시편 기자들처럼 자신을 무죄하고 경건하며 의로운 사람이라고 말할 수 있는가? 우리 스스로는 그렇게 말할 수 없다. 우리의 비뚤어진 마음에서 나오는 기도로는 결코 그렇게 말할 수 없다. 그러나 우리는 죄 없고 순결하신 예수 그리스도의 심정으로부터, 즉 우리가 믿음 가운데서 참여하게 되는 그리스도의 무죄하심으로부터는

23) 참조. 시편 58편에 기초한 설교, "하나님의 보복의 권리와 방법."(1937 GS IV, 413-422)

그렇게 할 수 있고, 또한 그렇게 말해야 한다. "그리스도의 피와 의가 우리의 의상과 영광의 옷"이[24] 되는 한 우리는 무죄함을 호소하는 시편을 우리를 위한 그리스도의 기도요, 우리에게 주신 선물로서 기도할 수 있으며, 또한 그렇게 기도해야 한다. 이런 시편들도 그분으로 말미암아 우리 것이 된다. 그리고 말로 다 할 수 없는 비극과 고난의 기도를 어떻게 드릴 수 있는가? 더구나 그 뜻을 어렴풋이라도 느끼지 못하는 기도를 어떻게 드릴 수 있는가? 우리가 고난의 시편들을 기도하게 되고 기도할 수 있는 것은 우리가 경험해 보지도 못한 그 어떤 경지로 우리 자신을 끌어올리기 위함도 아니며, 우리 자신을 한탄하기 위함도 아니다. 우리가 이러한 기도들을 드릴 수 있는 것은 오직 이 모든 고난이 예수 그리스도 안에서 실제로 존재했기 때문이요, 인간 예수 그리스도가 질병과 고통과 치욕과 죽음을 겪으셨고, 그의 고난과 죽음 속에서 모든 육체가 고난당하고 죽었기 때문이다. 그리스도의 십자가에서 우리에게 일어난 일, 즉 우리의 옛사람의 죽음, 그리고 우리가 세례를 받은 이후 바로 우리에게 일어나고 또한 일어나야만 하는 일이 바로 우리에게 이러한 기도를 드릴 수 있는 권리를 부여해준다. 이러한 시편들은 예수의 십자가를 통해 그의 심정에서 나오는 기도로서 지상에 있는 그의 몸에 주어졌다. 우리는 여기서 이것을 더는 설명할 수 없다. 단지 그리스도의 기도인 시편의 폭을 암시할 수 있을 뿐이다. 여기서는 단지 시편 안으로 들어가 성장하는 것만이 중요하다고 말할 수 있다.

셋째, 시편 기도는 우리에게 공동체로서 기도하는 법을 가르쳐 준다. 기도의 주체는 그리스도의 몸이며, 나는 한 개인으로서 내 기도가 공동체의 기도 가운데 단지 한 부분에 지나지 않음을 깨닫게 된다. 나는 그리스

---

24) 독일찬송가 154장 1절.(첫 부분) 이 소절은 계 7:14를 연상시켜 준다. 이 찬송은 1638년 라이프치히에서 만들어졌다. 독일개신교 찬송가 273장 1절에 의하면, 2절과 3절은 Christian Gregor(1778)가, 4절과 5절은 경건주의 목사인 Zinzendorf (1739)가 썼다고 한다.

도의 몸의 기도를 함께 드리는 법을 배운다. 이러한 것은 나로 하여금 나의 개인적 관심사를 넘어서서 자아 없이 기도하도록 만든다. 구약성서 공동체는 아마도 시편들을 교독하면서 기도했을 것이다.

한 구절의 두 번째 행에서 같은 내용을 다른 말로 반복하는 '시구의 평행법'(parallelismus membrorum)[25]은 단지 문학적 형식에 불과한 것이 아니라, 교회적이며 신학적인 의미도 갖는다. 이 문제를 철저하게 다루어 보는 것은 바람직한 일이다. 우리는 시편 5편에서 이에 대한 분명한 예를 찾아볼 수 있다. 여기서도 하나님께 드리는 동일한 기도 내용을 서로 다른 말로 표현하는 두 음성들이 나타난다. 이것이야말로 그 누구도 혼자 기도하고 있는 것이 아니며 – 개인의 기도가 올바른 기도가 되도록 – 누군가 다른 사람이, 그리스도의 몸인 공동체의 다른 지체가, 아니 그리스도 자신이 함께 기도하고 있다는 사실을 암시해 주는 것이 아니겠는가? 동일한 내용의 반복은 결국 시편 119편에서 결코 끝나기를 원치 않는 것, 즉 접근이나 해석이 불가능한 단순한 것으로 상승한다. 이러한 동일한 내용의 반복은 다음의 사실을 암시하고 있지 않은가? 즉 모든 기도의 말은 오직 중단되지 않는 반복 속에서만 – 그러나 궁극적으로는 그렇지 않다! – 다다를 수 있는 마음의 깊이 속으로 들어가려 하지 않는가? 기도란 마음에 가득 차 있는 괴로움이나 즐거움을 털어놓고 마는 것이 아니라, 예수 그리스도 안에서 중단됨 없이 꾸준히 하나님의 뜻을 배우고, 자기 것으로 만들며, 자신의 기억에 하나님의 뜻을 각인시키는 것이다.[26] 외팅어(Ötinger)는 그의 시편 강해에서 시편 전체를 주기도문의 일곱 가지 간구에 따라 분류함으로써 심오한 진리를 관철시켰다.[27] 그는 이로써 주

---

25) 독역: "(inhaltlich) Parallelität der (beiden) Satzglieder." 『성서의 기도서』의 '이름, 음악, 시구의 형식' 단락을 보시오.

26) 시 119편에 대한 단편을 참조.(1939/40 GS IV, 505–543)

27) 참조. Chr. Ötinger, Die Psalmen Davids nach den sieben Bitten des Gebets des Herrn in sieben Klassen gebracht, 1860.

기도문의 짧은 간구야말로 광대하고 엄청난 시편의 핵심임을 말하려 했다. 우리의 모든 기도 속에는 오직 예수 그리스도의 기도만이 존재한다. 그분의 기도는 약속을 가지고 있으며 우리의 기도를 이방인의 중언부언으로부터 해방시켜 준다. 우리가 시편 속으로 깊이 들어가 성장하면 할수록, 그리고 시편을 우리의 기도로 삼으면 삼을수록, 우리의 기도는 그만큼 더 단순하고 풍요롭게 된다.

가정 공동체에서는 시편 기도 다음에 찬송이 이어지고 성서 읽기가 뒤따른다. "마음을 모아 성서를 읽어라."(딤전 4:13) 성서를 공동으로 바르게 읽기 전에 우리는 먼저 잘못된 선입견들을 극복해야 한다. 우리 모두는 성서를 읽을 때 오늘을 위한 하나님의 말씀을 듣는다는 생각을 가지고 자라 왔다. 그래서 하루의 삶을 이끌어 가는 데 도움이 되는 짧은 몇 구절만을 뽑아 읽는 것으로 성서 읽기를 대신한다. 물론 이러한 성서 묵상, 예를 들자면 형제단 교회의 성서 묵상은 분명 사용하는 모든 사람에게 지금까지도 은혜가 되어 왔다.[28] 특히 교회 투쟁 시기에는 많은 사람이 성서 묵상집을 읽었으며, 이 책이 얼마나 고마운 것인지를 깨닫고 새삼 놀라기도 했다. 그러나 삶의 지침과 표어가 되는 짧은 성구가 성서 읽

28) 『형제단 교회의 성서 묵상집』(Losungen der Brüdergemeine)은 구약성서에서 뽑아낸 짧은 구절(묵상)과 신약성서에서 선택한 구절(교리 텍스트), 그리고 찬송가 가사와 짧은 기도문에서 발췌한 짧은 성구들을 수록한 묵상집이다. 1722년 메렌 출신 이주민들이 작센 지방에 설립한 작은 마을 헤른후트(Herrnhut)에서 1728년 Zinzendorf가 최초로 매일의 묵상('Parole')을 부르도록 했다. 그곳의 거주자들은 1457년 보헤미아(지금의 체코)에서 창설된 "개신교 형제단"의 남은 자들, 즉 박해받았던 '보헤미아 형제'들의 후손들이다. 이 묵상집은 1731년 이후 해마다 인쇄되었고, 그 후 오늘날까지 중단됨 없이 계속 출판되고 있다. 이 묵상집은 그동안 34개 언어로 번역되었다. 본회퍼와 이 묵상집의 관계에 대해서는 참조. 1937 GS II, 524, 1944 GS IV, 588-596, WEN passim.(참조. 색인) 전체적으로는 참조. W. Günther, Dietrich Bonhoeffer und die Brüdergemeine, 62-70.

기를 대신할 수도 없고 그렇게 되어서도 안 된다는 것은 의심의 여지가 없는 명백한 사실이다. 오늘의 묵상 말씀이 – 모든 시대를 통해 마지막 날까지 존속하게 될 – 성서는 아니다. 성서는 오늘의 말씀 묵상 이상이다. 성서는 '오늘의 양식' 이상이다.[29] 성서는 모든 인간과 시대를 위한 하나님의 계시의 말씀이다. 성서는 개개 격언들로 구성된 책이 아니다. 성서는 전체이며, 항상 전체 그 자체로서 관철되기를 바란다. 전체로서의 성서가 하나님의 계시의 말씀이다. 성서들의 무한한 내적 관계들 속에서, 그리고 구약과 신약, 약속과 성취, 희생과 율법, 율법과 복음, 십자가와 부활, 신앙과 복종, 소유와 희망의 연관성 속에서 비로소 주 예수 그리스도에 대한 증언이 명백해진다.

따라서 공동의 기도회는 시편 기도 외에도 좀 더 긴 구약과 신약의 구절들을 봉독하는 순서를 가져야 한다. 그리스도인 가정 공동체는 아침과 저녁에 구약 한 장, 신약은 적어도 반 장을 읽고 들어야 한다. 물론 처음에는 얼마 되지 않는 이 분량이 대부분의 사람들에게 너무 과도한 것처럼 느껴질 것이다. 그리고 반발도 불러일으킬지 모른다. 아마 다음과 같은 항의가 제기될지도 모른다. 그렇게 엄청난 양의 사상과 맥락들을 실제로 받아들이고 보존하는 것은 불가능하며, 게다가 하나님의 말씀을 받아들일 수 있는 것 이상으로 읽는 것은 하나님의 말씀을 오용하는 것이다. 이러한 항의는 우리를 다시 성서 묵상에 만족하도록 만든다. 그러나 바로 여기에 무거운 죄책이 숨겨져 있다. 구약 한 장 읽는 것이 성인 그리스도인인 우리에게 어려운 일이라면, 그것은 정말 수치스러운 일이다. 우리의 성서 인식과 성서 읽기에 주어진 증언이 어떤 증언인가? 우리가 읽는 내용이 이미 우리가 알고 있는 것이라면, 구약 한 장쯤은 그리 어렵지 않게 읽을 수 있을 것이다. 하물며 성서를 펴들고 함께 읽는다면 더욱 쉬워질 것이다. 그러나 우리는 아직도 우리가 성서를 모르고 있음을 인정해야 한

---

29) 매일 한 장씩 떼어냈던 달력의 제목을 연상시킨다.

다. 하나님의 말씀에 무지했던 이 죄가 우리로 하여금 그동안 소홀히 했던 것에 다시 관심을 집중시키도록 만들지 않는가? 그렇다면 여기서 그 누구보다도 신학자들이 이 일에 매달려야 하지 않을까? 물론 반대가 있을 수도 있다. 공동 기도회의 목적은 성서를 배우는데 있는 것이 아니라거나, 기도회에서 성서를 배우는 것은 기도회 밖에서도 할 수 있는 세속적인 것이라는 항의 말이다. 그러나 이러한 항의에는 기도회에 대한 잘못된 이해가 전제되어 있다. 하나님의 말씀은 이해의 정도에 따라 저마다 다른 방식으로 들어야 한다. 어린이는 기도회에서 성서의 이야기를 처음으로 듣고 배우지만, 성인이 된 그리스도인은 이 이야기를 거듭 배우면서 더 깊이 알게 될 것이다. 그는 끝없이 성서를 읽고 듣는 법을 배우게 될 것이다.

미성숙한 그리스도인들뿐 아니라 성숙한 그리스도인들도 – 성서를 읽는 시간이 너무 길고 이해할 수 없는 부분이 너무 많다며 – 불평을 늘어놓을지도 모른다. 그리고 성숙한 그리스도인이라면 가장 짧은 구절을 읽어도 "너무 길다"고 느끼게 될 것이다. 이것은 무엇을 의미하는가? 성서는 하나의 전체이며, 따라서 개개의 낱말이나 문장도 전체에 대해 아주 복잡한 관계를 갖게 된다. 따라서 개별적인 것을 넘어서 전체를 한눈에 본다는 것은 불가능하다. 그러므로 성서 전체뿐 아니라 개개의 낱말도 우리의 이해력을 훨씬 넘어선다는 사실이 드러난다. 날마다 이러한 사실을 기억하는 것은 바람직한 일이다. 이러한 사실은 다시 예수 그리스도를 지시한다. 그에게 "모든 지혜의 보화가 감추어져 있습니다."(골 2:3) 따라서 다음과 같이 말해도 무방할 것이다. 성서는 격언이나 생활 철학이 아니라 예수 그리스도 안에 나타난 하나님의 계시의 말씀이기 때문에 성서를 읽는 것은 언제나 "너무 길" 수밖에 없다.

성서는 몸(corpus), 즉 살아 있는 전체이기 때문에 가정 공동체의 성서 읽기에서는 무엇보다도 연독(lectio continua)의[30] 방식이 고려되어야 한다. 역사서, 예언서, 복음서, 서신서, 계시록은 상호적인 연관성을 가진 하나님의 말씀으로 읽고 들어야 한다. 이 성서들은 이 말씀들을 듣는 공동체를—이스라엘 백성의 예언자, 사사, 왕, 제사장, 그리고 그 백성의 전쟁과 축제, 그리고 고난 속에 나타난—놀라운 계시의 세계 속에 세운다. 믿음의 공동체는 예수 그리스도의 성탄절 이야기, 세례, 기적과 말씀, 수난과 죽으심, 그리고 부활 속으로 이끌려 들어간다. 이 공동체는 한때 모든 세계의 구원을 위해 이 땅에서 일어났던 사건에 참여한다. 공동체는 바로 여기서, 그럼에도 불구하고 예수 그리스도 안에서 구원을 받아들인다. 성서를 연속적으로 읽는 사람들은 들으려는 마음만 있으면 하나님께서 인류의 구원을 위해 유일회적으로 행하신 바로 그곳으로 인도되고, 그곳에서 자기 자신을 찾는다. 특히 예배시간에 성서를 읽는 것은 우리로 하여금 성서의 역사서들을 아주 새롭게 바라보도록 만든다. 우리는 한때 우리의 구원을 위해 일어났던 사건에 참여하게 된다. 우리는 우리 자신을 잊고 잃어버리면서 홍해와 광야를 거쳐 요단강을 건너 약속된 땅으로 들어가게 된다. 우리는 이스라엘과 함께 의심과 불신에 빠지며, 징계와 참회를 거쳐 하나님의 도우심과 신실하심을 체험하게 된다.

그러나 이 모든 것은 꿈이 아니라, 하나님의 거룩한 현실이다. 우리는 우리 자신의 실존에서 벗어나 지상에서 일어났던 하나님의 거룩하신 역사 속으로 들어가게 된다. 그곳에서 하나님은 우리에게 행하셨으며, 오늘도 그곳에서 우리에게 행하신다. 즉 우리의 곤궁과 죄에 진노하시고 은혜를 베푸신다. 중요한 것은 하나님이 오늘 우리의 삶을 지켜보시고 우리의 삶에 참여하신다는 사실이 아니라, 우리가 기도하며 듣는 자가 되고, 거룩한 역사 속에서 일어난 하나님의 행위, 즉 이 땅 위에서 일어난 그리스도의 역사에 참여하는 자가 된다는 사실이다. 우리가 그곳에 함께 있을

30) 고대 교회의 성만찬에서 성서 읽기는 원래 절기에 구애받지 않았다. 성서의 책들은 연속적으로('연계낭독') 읽혀졌다. 특히 수도원에서 (오랫동안) 그렇게 했다. 1969년 규정된 새로운 성서 읽기 순서와 더불어 'lectio continua'가 가톨릭교회의 예전에 다시 받아들여졌다.

때에만 하나님은 오늘도 우리 곁에 계신다. 여기서 완전한 역전의 상황이 발생한다. 하나님의 도우심과 현재는 우리의 삶 속에서 비로소 입증되는 것이 아니다. 오히려 예수 그리스도의 삶 속에서 우리를 위한 하나님의 임재와 도우심이 입증된다. 사실 우리에게는 하나님께서 오늘 내게 무엇을 행하실지를 탐구하는 일보다 하나님께서 이스라엘과 당신의 아들 예수 그리스도에게 행하셨던 것을 아는 것이 더 중요하다. 예수 그리스도가 죽으셨다는 사실이 내가 죽는 일보다 중요하다. 그리고 예수 그리스도가 죽은 자들로부터 부활하셨다는 사실이 나도 최후의 심판의 날에 부활할 것이라는 희망의 유일한 근거가 된다. 우리의 구원은 '우리 밖에'(extra nos) 있다.[31] 내가 나의 구원을 발견하는 장소는 나의 삶의 역사가 아니다. 오직 예수 그리스도의 역사 속에서만 나의 구원이 있다. 예수 그리스도 안에서 자신을 발견하는 사람, 즉 그의 성육신과 십자가, 그리고 그의 부활 속에서 자신을 발견하는 사람만이 하나님과 함께 있는 것이며, 하나님께서 함께하시는 사람이 된다.

이러한 사실은 날마다 우리로 하여금 예배드릴 때 성서 읽는 일을 더욱 의미 있고 유익한 것으로 이해하도록 만든다. 우리가 우리의 삶, 우리의 괴로움, 우리의 죄라고 부르는 것은 결코 현실이 아니다. 우리의 삶, 우리의 괴로움, 우리의 죄, 그리고 우리의 구원은 성서 안에 존재한다. 그곳에서 우리에게 행하시는 것이 하나님의 마음에 들었기 때문에 우리는 오직 그곳에서만 구원을 얻게 된다. 우리는 우리의 역사를 오직 성서로부터 배운다. 아브라함과 이삭과 야곱의 하나님이 예수 그리스도의 하나님과 아버지이시며, 우리의 하나님이 되신다.

우리는 종교개혁자들이나 우리의 선조들처럼 성서를 다시 배워야 한다. 이를 위해 시간과 노력을 아껴서는 안 된다. 우리는 우선 우리 자신의 구원을 위해 성서를 배워야 한다. 그러나 이 요청을 긴박하게 만드는 다

---

31) 각주 5번 참조.

른 이유들이 있다. 이러한 이유들은 매우 중요하다. 예를 들자면, 우리 자신을 성서의 굳건한 기반 위에 세우지 않는다면 어떻게 우리가 우리의 개인적이며 교회적인 행위 속에서 확신과 신뢰를 얻을 수 있겠는가? 우리의 길을 결정하는 것은 우리의 마음이 아니라 하나님의 말씀이다. 그러나 오늘날 성서 논증의 필연성을 제대로 아는 사람이 얼마나 되는가? 우리는 종종 가장 중대한 결정의 근거를 제시하기 위해 '삶에서', 그리고 '경험에서' 얻은 무수한 논증을 내세우지만 성서의 논증은 무시하는 것을 보게 된다. 그러나 성서의 논증은 정반대의 방향을 지시하고 있지 않은가? 물론 성서의 논증을 불신하는 사람들이 성서를 진지하게 읽지도 않고 알지도 못하며 연구하지도 않은 사람들이라는 사실은 그리 놀랄 만한 일도 아니다. 스스로 성서와 씨름하는 법을 배우려 하지 않는 사람은 그리스도인이 아니다.

하나님의 말씀 없이 어떻게 곤경과 시련에 빠져 있는 그리스도인 형제를 도울 수 있겠는가? 우리의 모든 말은 곧 힘을 잃게 될 것이다. 그러나 "좋은 집 주인이 창고에서 옛것과 새것을 꺼내는 듯하는"(마 13:52) 사람, 하나님의 말씀의 풍요로움으로부터, 즉 성서의 가르침과 경고와 위로로부터 말할 수 있는 사람은 하나님의 말씀으로 악마를 쫓아낼 수 있고 형제를 도울 수 있다. 이제 말이 필요 없다. "그대는 아기 때부터 성경을 알았으니 그 말씀이 그대를 구원에 이르도록 가르쳐 줄 수 있으리라."(딤후 3:15)

그러면 우리는 성서를 어떻게 읽어야 하는가? 가정 공동체에서는 식구들이 교대로 계속해서 읽어 내려가는 것이 가장 바람직하다. 그렇게 하면 성서를 다른 사람 앞에서 읽어 주는 것이 쉬운 일이 아님을 곧 깨닫게 될 것이다. 성서에 꾸밈없이 사실적이며 겸손한 자세를 취하면 취할수록, 성서 읽기가 그만큼 더 내용에 충실해질 것이다. 오래 된 신자와 새 신자의 차이는 흔히 성서를 읽을 때 뚜렷하게 나타난다. 성서를 읽는 사람은 결코 자신을 성서 안에서 말씀하시는 분과 일치시켜서는 안 된다. 이것은 바른 성서 읽기의 규칙으로 간주될 수 있다. 내가 분노를 발하는 것이 아니라, 하나님께서 성서 안에서 분노를 발하신다. 내가 위로하는 것이 아니라, 하나님께서 성서 안에서 위로하신다. 그리고 내가 경종을 울리는 것이 아니라, 하나님께서 성서 안에서 경종을 울리신다. 분노하시고 위로하시며 경종을 울리시는 분은 하나님이시다. 그렇다고 아무래도 좋다는 식으로 읽어서는 안 된다. 오히려 가장 내적으로 참여하면서 그 말씀이 자신을 만나주었음을 깨달은 자로서 말해야 한다. 성서를 바르게 읽는 것과 잘못 읽는 것의 차이는 내가 자신을 하나님과 혼동하느냐, 아니면 오직 하나님만을 섬기느냐에 달려 있다. 그렇지 않으면, 나의 성서 읽기는 웅변조가 되거나 감정적이 되며, 감상적이 되거나 명령조가 될 것이다. 즉 듣는 이들로 하여금 하나님의 말씀이 아니라, 자신을 주목하도록 만들게 된다. 이것이야말로 성서를 읽을 때 가장 쉽게 저지를 수 있는 죄다.

세속적인 예를 들어 설명하자면, 성서를 읽는 이의 상황은 한 친구의 편지를 다른 사람에게 읽어 주는 것과 매우 흡사하다.[32] 나는 그 편지를 내가 쓴 것처럼 읽지는 않을 것이다. 그 편지를 읽을 때 거리가 분명하게 느껴질 것이다. 그러나 나는 내 친구의 편지를 나와는 아무 관계가 없는 것처럼 읽어 줄 수는 없을 것이다. 오히려 개인적인 참여와 관계가 있을 때에만 그 편지를 읽어줄 수 있다. 바른 성서 읽기는 배워 익힐 수 있는 기술적인 문제가 아니다. 오직 내 자신의 영적 마음가짐에 따라 바르게 읽을 수도 있고 잘못 읽을 수도 있다. 경험 많은 그리스도인들이 더듬거리면서 어렵게 성서를 읽어가는 것이 목사가 형식을 갖추어 읽는 것보다 나을 때가 있다. 그리스도인 가정 공동체에서는 바로 이 점에서 서로 의견을 나누고 돕는 것이 바람직하다.

이렇게 성서를 연속적으로 읽어 가는 것이 가장 바람직하지만, 그렇다

---

32) 설교의 근거와 목표에 대해선 본회퍼의 "Finkenwalder Homiletik"(1935/36년 GS IV, 250-254)를 참조.

고 매일의 말씀 묵상을 중단할 필요는 없다. 매일의 말씀 묵상은 기도회의 시작이나 다른 시간에 한 주간의 말씀이나 그날의 성구로 사용하면 된다.

시편의 기도를 드리고 성서를 읽은 다음에는 **공동의 찬송(gemeinsames Lied)**이 이어진다. 이 찬송은 찬양하고 감사하며 간구하는 교회의 음성이다.

시편은 거듭 "새 노래로 주를 찬양하라"[33]고 권면한다. 이것은 아침마다 부르는 새로운 그리스도 찬양이다. 가정 공동체도 이른 아침 이 노래를 부른다. 이 새 노래는 천상천하에 있는 하나님의 모든 공동체가 부르는 노래다. 우리는 이 노래를 함께 찬양하도록 부르심을 받았다. 하나님은 창세 전에 한 위대한 찬양시를 준비하셨다. 하나님의 공동체에 들어가려는 사람은 이 찬양을 함께 부른다. 이 찬송은 바로 세상이 지음받기 전에 "새벽 별들과 모든 하나님의 아들들이 함께 찬양하고 환성을 올린 노래다."(욥 38:7) 이스라엘 자손들이 홍해를[34] 건넌 다음 부른 개선가가 바로 이 찬양이요, 마리아가 천사의 선포를[35] 듣고 부른 찬가도, 바울과 실라가 감옥에서[36] 밤에 부른 찬양도, 구원을 받은 후 잔잔해진 바다에서 부른 찬양대의 노래와 '모세의 노래와 어린 양'의 노래(계 15:3)도 바로 이 찬양이다. 이 찬양은 또한 하늘의 공동체가 부르는 새 노래다. 매일 아침 지상의 공동체는 한목소리로 이 노래를 부르고 저녁에는 이 노래로 하루를 마친다. 삼위일체 하나님과 그분의 업적이 바로 여기서 찬양을 받는다. 땅에서 부르는 이 노래는 하늘에서 부르는 노래와 다르게 울려 퍼진다. 땅에서는 믿는 자들의 노래가 되지만, 하늘에서는 바라보는 자들의 노래가 된다. 땅에서는 가련한 인간의 말로 부르는 노래가 되지만, 하늘

33) 참조. 시 96:1, 98:1.
34) 참조. 출 15:1-21.
35) 참조. 눅 1:46-55.
36) 참조. 행 16:25.

에서는 "사람이 말로 표현할 수 없는 말"(고후 12:4)로 부르는 노래가 된다. 이 찬양은 "14만 4천 명밖에는 아무도 배울 수 없는 새 노래요"(계 14:3), "하나님의 거문고가 이에 맞추어 연주될 노래"(계 15:2)다. 이 새 노래와 하나님의 거문고에 대해 우리는 얼마나 알고 있을까? 우리의 새 노래는 지상의 노래, 하나님의 말씀이 해 돋듯 솟아나와 그들의 길을 비추어 주는 순례자와 참배자의 노래다. 우리가 지상에서 부르는 노래는 예수 그리스도 안에 나타난 하나님의 계시의 말씀에 매여 있다. 이 노래는 하나님의 자녀로 부르심을 받은 이 땅의 어린이들이 부르는 소박한 노래다. 황홀감에 빠져 미친 듯이 부르는 노래가 아니라, 하나님의 계시의 말씀을 향해 고요하고 감사하며 경건하게 드리는 노래다.

"너희는 마음에서 우러나 주를 찬양하고 노래하라."(엡 5:19) 새 노래는 무엇보다도 마음으로 불러야 한다. 그렇지 않다면 찬양조차 드릴 수 없을 것이다. 마음에 그리스도가 가득해야 찬양하게 되는 것이다. 그러므로 공동체 내의 모든 찬양은 영적인 것이다. 말씀에 자신을 맡기고 공동체 속으로 들어가는 것, 그리고 한없는 겸손과 철저한 자기 양육은 모든 공동 찬양의 전제가 된다. 마음이 함께 찬양하지 않는 곳에서는 단지 인간의 자기 칭송만이 교차하는 불쾌한 노래가 있을 뿐이다. 주를 찬양하지 않는 곳에서는 자기 자신이나 음악에 영광을 돌리는 노래만이 있을 뿐이다. 그렇게 되면 새 노래는 우상에게 바치는 노래가 된다.

"시와 찬양과 찬송으로 서로 말을 나누라."(엡 5:19) 지상에서 부르는 우리의 노래는 말씀이다. 그것은 노래로 부르는 말씀이다. 그리스도인들은 왜 모이면 찬양하는 것일까? 그 이유는 지극히 단순하다. 함께 노래함으로써 같은 말을 동시에 말하고 기도할 수 있기 때문이다. 즉 말씀 안에서 하나가 되기 때문이다. 모든 기도회와 모임은 찬양 안에 있는 말씀에 집중해야 한다. 우리가 함께 말하지 않고 함께 찬양하는 것은 우리의 말로는 우리가 말하려는 것을 온전히 표출할 수 없다는 사실을 가리킨다. 우리의 찬양의 대상은 그 어떤 인간의 말도 뛰어넘는다. 그럼에도 불구하고 우리는 그저 흥얼거리는 것이 아니다. 우리는 말로 노래하며 하나님께 찬양과 감사와 고백과 기도를 드린다. 따라서 음악적인 것은 말씀을 섬길 뿐이다. 음악은 말씀의 파악 불가능한 신비를 드러낼 뿐이다.

공동체, 특히 가정 공동체의 예배 찬송은 전적으로 말씀에 매여 있기 때문에 본질적으로는 한목소리로 불러야 한다. 이렇게 불러야 말씀과 음색이 유일무이한 방식으로 결합된다. 자유롭게 떠돌아다니는 단음 찬송의 음색은 본질상 오직 – 노래로 부른 – 말씀에만 내적으로 의존되어 있다. 따라서 다른 소리들로 음악적인 뒷받침을 해주어야 할 필요가 전혀 없다. "오늘 우리 입을 모아 한목소리로 마음 깊은 곳으로부터 노래하자"[37]고 보헤미아 형제들은 노래했다. "입을 모아 한마음이 되어 우리 주 예수 그리스도의 아버지 하나님을 찬양하라."(롬 15 : 6) 음악을 즐기려는 불순한 동기에 물들지 않은 단음 찬양의 순수성, – 말씀 외에도 음악적인 것에 자립적 권리를 부여해 주려는 – 불순한 욕망에 물들지 않은 명백함, 소박함과 진지함, 이러한 찬양의 인간성과 따뜻함. 이런 것들이야말로 이 땅에서 드리는 공동체 찬송의 본질이다. 물론 이러한 찬양은 우리의 잘못된 귀에는 단지 느리게만 느껴지고, 오래 참고 배워야만 들을 수 있는 찬양이다. 한 공동체가 바른 단음 찬송에 이르게 될지의 여부는 영적 판단력의 물음이 될 것이다. 여기서부터 마음에서 솟구치는 찬양이 나오고, 주님을 찬양하게 된다. 여기서부터 말씀을 노래하게 되며, 한마음으로 노래하게 된다.

이렇게 단음으로 노래를 부르는 데 방해가 되는 것이 몇 가지 있다. 공동체는 이러한 방해 요소들을 철저하게 물리치지 않으면 안 된다. 예배 중에 찬송할 때만큼 허영심과 그릇된 취향이 발동하는 때는 없다. 우선은 즉흥적인 제2의 음이 있다. 이것은 함께 모여 노래하는 곳마다 나타나는 현상이다. 이 음은 단음의 음색에 필요한 토대를 제공해 주고 무언가 부

---

37) 『새로운 노래』 74장.(각주 19번 참조)

족한 부분을 채워 주려 하지만, 결국에는 말씀과 음색 모두를 죽이고 만다. 함께 노래 부르는 사람들에게 자신이 엄청난 음역을 조절하고 있으며 따라서 한 옥타브 낮게 부르고 있음을 상기시켜 주려는 베이스나 알토가 있을 수 있다. 또한 가슴으로부터 울려나와 청중을 사로잡는 솔리스트의 목소리는 다른 모든 소리를 그의 아름다운 목청으로 무색하게 만들기도 한다. 이것보다는 덜 위험하지만 그래도 방해가 되는 것이 또 있다. 바로 노래를 못하는 '음치'들인데, 실제로는 생각보다 그리 많지 않다. 그리고 기분이 좋지 않거나 언짢은 일이 있어서 함께 노래할 생각이 전혀 없는 사람들이 있다. 그들은 사실 공동체를 깨뜨리는 사람들이다.

단음으로 노래를 부르는 일은 이토록 어려운 일이다. 그러나 이것은 음악적인 문제라기보다는 영적인 문제다. 공동체의 모든 사람이 기도회의 자세를 갖고 양육받을 준비가 되어 있는 곳에서는 단음으로 찬송을 부르는 것이—음악적으로 부족한 점이 있더라도—다른 곳에서는 결코 맛볼 수 없는 즐거움을 가져다줄 것이다.

단음으로 찬양하는 연습에서는 종교개혁적 코랄이 먼저 고려되어야 한다. 그리고 보헤미아 형제들의 찬양과 고대 교회 찬송들도 참조되어야 한다. 여기서부터 우리는 우리의 찬송가 중에 어떤 노래가 단음으로 함께 부를 노래인지 아닌지를 스스로 판단하게 될 것이다. 이 영역에서 흔히 듣게 되는 모든 공리공론은 잘못된 것이다. 결정은 경우에 따라 다르게 내려져야 한다. 우리는 여기서도 형상 파괴자가 되어서는 안 된다. 그리스도인의 가정에서는 가능한 한 많은 찬양을 자유로이 외워서 부를 정도가 될 수 있도록 노력해야 한다. 기도회 때마다 자유롭게 선택한 찬송 외에도—성서를 읽는 사이사이에—정해진 몇몇 찬송을 부른다면, 가정 공동체는 자신의 목적을 이루게 될 것이다.

기도회뿐 아니라 하루나 한 주간 중에 특정한 시간을 정해놓고 정기적으로 찬송을 부를 필요가 있다. 많이 부르면 부를수록 기쁨은 더 커진다. 그리고 함께 모이고 훈련하며 즐겁게 부르면 부를수록 우리의 공동생활에 주어지는 복은 더 풍성해질 것이다.

함께 노래할 때 들리는 것은 교회의 음성이다. 내가 노래하는 것이 아니라, 교회가 노래한다. 나는 교회의 일원으로서 교회의 노래에 참여할 따름이다. 바르게 부르는 모든 찬송은 우리의 영적 시야를 넓혀 주고, 우리로 하여금 우리의 작은 공동체를 지상의 거대한 그리스도교의 한 지체로 인식하도록 만든다. 또한 이러한 찬송들은 – 약하거나 좋든 간에 – 우리로 하여금 교회의 찬송에 즐거이 소리를 합하도록 만든다.

하나님의 말씀과 교회의 찬송, 그리고 우리의 기도는 하나의 전체를 이룬다. 따라서 우리는 지금 공동의 기도에 관해 말해야 한다. "그대들이 두 사람이라도[38] 마음을 모아 무슨 일에나 기도하면 하늘에 계시는 아버지께서 이루어 주실 것입니다."(마 18:19) 기도회 순서 가운데 공동 기도만큼 곤란과 어려움을 야기시키는 것도 없다. 왜냐하면 여기서는 우리 자신이 말해야 하기 때문이다. 우리는 하나님의 말씀을 들었다. 그리고 교회의 찬양에 소리를 모을 수 있었다. 그러나 이제 우리는 공동체로서 하나님께 기도해야 한다. 게다가 이 기도는 **우리의** 말, 즉 – 오늘 하루, 우리의 사업, 공동체, 우리를 억압하는 특별한 곤궁과 죄, 우리에게 맡겨진 사람들을 위한 – 우리의 기도가 되어야 한다. 아니면 우리는 정말 우리 자신들을 위해선 아무것도 구하지 말아야 되는 것인가? 자신의 입에서 나오는 자신의 말로 공동의 기도를 드리려는 욕구는 용납될 수 없는 것인가? 모든 것에 이의를 제기할 수 있다 할지라도, 그리스도인들이 하나님의 말씀 아래서 공동생활을 영위하려는 곳에서 자신들의 말로 함께 하나님께 기도해야 하고 또한 그렇게 기도할 수 있다는 것만큼은 명백하다. 우리는 공동의 간구와 감사, 그리고 공동의 중보기도를 하나님 앞에 가져가야 한다. 그뿐만 아니라 기쁨과 신뢰 속에서 이러한 기도들을 드려야 한다. 한 형제가 진지하면서도 소박하게 형제들의 공동의 기도를 하나님

38) 루터 성서에서는 "… 지상에서"가 첨가되어 있다.

께 드리는 곳에서는 사람들 앞에서 자신의 말로 자유롭게 기도하는 것이 조금도 두렵거나 부끄럽게 느껴지지 않는다. 희미한 말이라도 예수 그리스도의 이름으로 기도하는 곳에서는 그 어떤 공론이나 비판도 침묵을 지킬 수밖에 없다. 사실 그리스도인의 공동생활에서 함께 기도하는 것만큼 정상적인 것은 없다. 물론 우리의 기도를 성서적이며 순수한 형태로 보존하기 위해 절제하는 것은 좋으면서도 유익한 일이다. 그러나 그렇다고 필연적으로 자유로운 기도 그 자체를 억압해서는 안 된다. 오히려 이런 기도야말로 예수 그리스도의 커다란 약속을 받은 기도다.

기도회의 마지막 시간에 드리는 자유로운 기도는 그 가정의 아버지가 드려야 한다. 그리고 언제나 한 사람이 기도하는 것이 가장 좋다. 이것은 그에게 예상 외의 책임감을 부여해 줄 것이다. 또한 잘못된 관찰과 주관성을 막기 위해서라도 한 사람이 오랫동안 모든 사람을 위해 기도드리는 것이 좋다.

공동체를 위한 한 개인의 기도가 가능하다면, 그 전제는 다른 사람들이 모두 그와 그의 기도를 위해서 기도하는 것이다. 기도 속에서조차 공동체에 의해 유지되고 인도되지 않는 한 개인이 어떻게 공동체의 기도를 드릴 수 있겠는가? 바로 여기서 모든 비판의 소리가 신실한 중보기도와 도움으로 전환된다. 그렇지 않다면 공동체는 여기서 쉽게 해체되고 말 것이다.

공동의 기도회에서 드리는 자유로운 기도는 개인의 기도가 아니라 공동체의 기도가 되어야 한다. 공동체를 위해 기도하는 것이 그의 임무다. 따라서 그는 교회의 일상생활을 함께 체험해야 하며, 공동체의 근심과 곤궁, 기쁨과 감사, 간구와 희망을 알아야 한다. 공동체의 일과 공동체에 필요한 모든 것을 몰라서는 안 된다. 그는 형제들 가운데 있는 한 형제로서 기도하는 것이다. 자기 자신의 심정과 공동체의 마음을 혼동하지 않으려면, 그리고 오직 공동체만을 위해 기도해야 한다는 사명감이 자신을 인도하기를 바란다면, 늘 자신을 검증하고 깨어 있어야 한다. 따라서 이러한 사명을 받은 사람이 공동체로부터 끊임없이 조언과 도움을 받을 수 있다는 것은 얼마나 좋은 일인가? 그리고 기도 속에서 특정한 사람의 곤궁과 일을 기억해 달라는 진언이나 요청을 받을 수 있다는 것도 얼마나 좋은 일인가? 이렇게 기도는 점점 더 모든 사람이 함께 드리는 기도가 되어 간다.

자유로운 기도에도 뚜렷한 내면적 질서가 있어야 한다. 자유로운 기도란 사람의 심정이 혼돈 속에서 폭발하는 것이 아니라, 질서 정연한 공동체의 기도가 되어야 한다. 따라서 – 언제나 다른 방식으로 나타나지만 – 특정한 기도의 제목이 날마다 되풀이되어야 한다. 공동체로서의 우리에게 맡겨진 동일한 간구를 날마다 반복하는 것이 처음에는 매우 단조롭게 느껴지겠지만, 후에는 분명 우리를 지나친 개인주의적 기도로부터 해방시켜 줄 것이다. 날마다 반복되는 기도에 색다른 것을 추가할 수 있다면, 색다른 계획 아래 주간 순서를 작성해 보는 것도 좋을 것이다. 물론 공동기도회 시간에는 어려울지도 모른다. 그러나 개인기도 시간에는 분명 도움이 될 것이다. 자유로운 기도가 주관성에 사로잡혀 제멋대로 드리는 기도가 되지 않게 하려면, 기도를 성서 읽기에 연결시키는 것도 도움이 될 것이다. 여기서 기도는 굳건한 근거와 터전을 얻게 된다.

그러나 공동체를 위해 기도해야 할 사명을 가진 사람이 도무지 그렇게 할 마음이 생기지 않아 이 날만은 자신의 임무를 다른 사람에게 넘겨주고 싶은 마음이 간절할 때가 종종 생긴다. 그러나 그렇게 하라고 권면할 수는 없다. 그랬다가는 공동체의 기도가 매우 쉽게 – 영적 생활과는 아무 관계도 없는 – 그때마다의 기분에 좌우될 것이다. 마음이 공허하거나 피곤해서, 또는 개인적인 죄책감 때문에 자신의 임무를 벗어 버리고 싶은 때야말로 공동체 속에서 사명을 가지는 것이 어떤 것인지를 배울 수 있는 때다. 형제들은 연약해져 기도할 수 없게 된 그를 붙잡아 주어야 한다. 다음과 같은 바울의 말이야말로 정곡을 찌르는 말이다. "우리는 마땅히 빌어야 할 바를 알지 못합니다. 그러나 성령이 몸소 말할 수 없이 탄식하면서 우리를 대신해서 기도하시는 것입니다."(롬 8:26) 모든 것은 공동체가 형제의 기도를 자신의 기도로 이해하며 함께 짊어지고 기도하느냐에 달려 있다.

형식을 갖춘 기도문을 사용하는 것은 경우에 따라서는 작은 가정 공동체에 도움이 될 수도 있다. 그러나 이것은 종종 실제적인 기도를 회피하는 구실이 될 수도 있다. 교회의 형식과 풍요로운 사상은 우리로 하여금 우리 자신의 자유로운 기도를 무시하도록 만들기 쉽다. 그렇게 되면 우리의 기도는 유창하고 심오한 기도는 될지 몰라도, 진정한 기도는 되지 못할 것이다. 교회에서 전해 내려오는 기도는 기도를 배우는 데 많은 도움을 주지만, 오늘 내가 나의 하나님께 드려야 할 기도를 대치할 수는 없다. 꾸밈없이 더듬거리는 기도가 아주 훌륭한 형식을 갖춘 기도보다 나을 때가 있다. 공중예배는 날마다 드리는 가정예배와는 사정이 다르다. 그러나 이것을 여기서 자세하게 다룰 필요는 없다.

그리스도인 공동체에서는 종종 – 공동 기도회에서 드리는 매일의 기도 외에 – 특별한 기도 공동체에 대한 욕구가 생겨난다. 이러한 것을 규정하는 특정한 규칙은 있을 수 없다. 다만 모두가 원하고 모두가 정한 기도 시간에 참여하는 것이 확실할 때에만 그런 시간을 가져도 좋다는 것이 원칙이라면 원칙일 것이다. 어떤 경우에도 개인적 행동은 공동체 안에 분열의 씨를 뿌리게 될 것이다. 이러한 곳에서는 강한 자가 약한 자를 도와주고, 약한 자는 강한 자를 비판하지 않는 것이 바람직하다.[39] 자유로운 기도 공동체야말로 가장 자명하면서도 자연스러운 것이며 결코 의혹의 눈초리로 바라볼 것이 아니라는 사실을 신약성서는 우리에게 가르쳐 준다. 그러나 불신과 불안이 잔존한다면 인내 속에서 서로 짐을 짊어져야 한다. 여기서는 억지로 되는 것이 하나도 없다. 모든 것은 자유와 사랑 속

---

39) 롬 14:1–15:2, 고전 8:1–15를 연상시켜 준다. 이 말의 배후에는 나치의 아리아인 조항과 고백교회의 존속에 대한 논쟁이 놓여 있다.(참조. DB 338ff., 358f.)

에서 이루어져야 한다.

우리는 그리스도인 공동체의 아침 기도회를 살펴보았다. 하나님의 말씀, 교회의 찬양, 공동기도로 우리는 하루의 첫걸음을 내딛는다. 공동체는 영원한 생명의 양식을 받아 힘을 얻을 때에만 비로소 하나가 되어 하나님으로부터 육의 생명을 위한 지상의 양식을 받는다. 감사를 드림과 동시에 하나님의 복 주심을 구하면서 그리스도인 가정 공동체는 일용할 양식을 주의 손에서 받는다. 예수 그리스도가 제자들과 함께 식탁에 둘러앉아 음식을 나누신 후부터 공동체의 **식탁 교제**는 그분의 임재라는 복을 받게 되었다. "그가 그들과 함께 식탁에 앉으셨을 때의 일이었습니다. 그는 떡을 드시고 감사하신 후에 떼어 저들에게 주셨습니다. 그러자 저들의 눈이 열려서 그를 알아보게 되었습니다."(눅 24:31, 32) 성서는 제자들과 함께하신 예수의 식탁 교제에 세 가지가 있다고 말한다. 매일의 식탁 교제, 거룩한 성만찬 식탁 교제, 그리고 하나님 나라에서 갖게 될 궁극적 식탁 교제가 바로 그것이다. 그러나 이 세 가지는 모두 다음의 말씀에서 하나가 된다. "저들의 눈이 열려서 그를 알아보았다." 일용할 양식을 선물로 받으면서 예수 그리스도를 깨닫게 된다는 것은 무엇을 말하는가? 첫째, 그분을 모든 선물을 주시는 분으로 인식하고, 그분이 아버지와 성령과 함께 이 세상의 주시요 창조주가 되심을 인식하는 것이다. "당신이 우리에게 주신 것을 축복하옵소서."[40] 식탁 공동체는 이렇게 기도하고, 이로써 예수 그리스도의 영원한 신성을 고백한다. 둘째, 공동체는 지상의 모든 선물이 그리스도 때문에 그들에게 주어졌다고 믿는다. 이는 온 세계가 오직 예수 그리스도와 그분의 말씀과 설교 때문에 보존된다는 것을 믿는 것과 같다. 그분은 참된 생명의 양식이다. 그분은 주시는 분인 동시에 선물이시다. 지상의 모든 선물은 그분 때문에 존재한다. 예수 그리스도에 관한 말씀이 아직도 널리 전파되어야 하고 이로써 신앙이 생겨나야

40) 독일찬송가 72장(5번)의 부록에 나오는 식탁기도문.

하기 때문에, 그리고 우리의 믿음이 아직 완전하지 못하기 때문에, 하나님은 인내 속에서 좋은 선물을 주시며 우리를 붙들어 주신다.

따라서 그리스도인의 식탁 공동체는 루터와 함께 다음과 같이 기도한다. "주 하나님, 사랑하시는 하늘 아버지, 우리를 축복하옵소서. 그리고 당신의 너그러우신 자비로 우리 주 예수 그리스도를 통해 우리에게 주시는 당신의 이 선물들을 축복하옵소서. 아멘."[41] 이로써 공동체는 예수 그리스도가 하나님의 중보자요, 구주이심을 고백한다. 셋째, 예수의 공동체는 믿는다. 그들이 구하기만 하면 주께서 함께 계시기를 원하신다는 것을! 그래서 그들은 기도한다. "주 예수여, 오셔서 우리의 손님이 되어 주옵소서!"[42] 이로써 공동체는 예수 그리스도가 은총 속에서 편재하심을 고백한다. 모든 식탁 공동체는 그리스도인으로 하여금 현존하시는 주 하나님 예수 그리스도께 감사하도록 만든다. 그러나 이로써 모든 물질적 선물을 영적으로 해석하라는 것은 아니다. 이러한 해석은 건전한 것이 아니다. 오히려 그리스도인들은 신체적 생명이라는 좋은 선물을 한없이 기뻐하면서 그들의 주를 모든 좋은 선물을 주시는 분으로 인식한다. 그리고 그분이야말로 선물이시며 생명의 참 양식이라는 것, 그리고 하나님 나라의 잔치에 그들을 불러주실 분으로 인식한다. 이와 같이 매일의 식탁 교제는 특별한 방식으로 그리스도인을 그들의 주와 결합시킬 뿐 아니라, 식탁 교제에 참여하는 그리스도인들을 서로 결합시킨다. 식탁에서 그들은 그들의 주가 떡을 떼어 주시는 분임을 깨닫고 신앙의 눈이 열림을 느끼게 된다.

식탁 공동체는 축제와 같다. 그것은 일상의 노역에서 거듭 선사되는 기억, 즉 일을 하신 후에 안식하셨던 하나님에 대한 기억이며, 한 주간의

---

41) 앞의 찬송가 3장. 참조. M. Luther, Enchiridion. Der kleine Katechismus für die gemeine Pfarrherrn und Prediger.(WA 30/I, 378; BSLK 523)

42) 독일찬송가 72장.(3절)

노고의 의미와 목적이 되는 안식일에 대한 회상이다. 우리의 삶은 고달픔과 노고만은 아니고 하나님의 자비로우심에 대한 기쁨과 활력이기도 하다. 일하는 것은 우리지만, 우리를 먹여 주시고 양육하시는 분은 하나님이시다. 바로 여기에 축제의 이유가 있다. 사람은 근심하면서 떡을 먹을 것이 아니라(시 127:2), 즐거워하면서 떡을 먹어야 한다.(전 9:7) "내가 즐거움을 기리노니 하늘 아래 먹고 마시고 즐기는 것처럼 좋은 것은 없도다."(전 8:15) 그러나 "그를 떠나서 누가 즐거움으로 먹고 즐거움을 누리리요?"(전 2:25) 모세와 아론을 따라 시내 산으로 올라간 70명의 이스라엘 장로에 대해 성서는 이렇게 말하고 있다. "거기서 그들은 하나님을 뵈옵고, 먹고 마셨더라."(출 24:11) 하나님은 우리가 한숨을 내쉬면서 떡을 먹거나, 굉장히 바쁘기나 한 것처럼 덤비면서 먹는 모습, 또는 수치심을 느끼면서 먹는 모습을 좋아하지 않으실 것이다. 하나님은 매일의 식사 때마다 우리를 하루의 노고 가운데서 즐거움과 축제로 불러 주신다.

그리스도인의 식탁 공동체는 의무를 뜻한다. 우리가 먹는 것은 **우리의** 일용할 양식이다.[43] 그것은 나만의 양식이 아니다. 우리는 우리의 떡을 나눈다. 따라서 우리는 영 안에서만 하나가 되는 것이 아니라, 우리의 신체적 본질에서도 서로 밀접하게 결합되어 있다. 우리의 공동체에 주어진 "하나의"[44] 떡이 굳건한 계약으로 우리를 하나로 묶는다. 누군가 떡을 가지고 있는 한 그 누구도 굶주려서는 안 된다. 그리고 신체적 삶의 교제를 깨뜨리는 사람은 영의 사귐도 깨뜨리는 것이다. 양자는 밀접하게 결합되어 있다. "굶주린 사람에게 네 떡을 떼어 주라."(사 58:7) "굶주린 사람을 멸시치 말라."(시락서 4:2) 주는 굶주린 사람의 모습으로 우리를 만나신다.(마 25:37) "만일 형제나 자매가 헐벗고 굶주리고 있는데 평안히 가서 따뜻하게 지내고 배부르게 먹으라고만 하고 그의 몸에 필요한 것을 아무

43) 참조. 주기도문: 마 6:11, 눅 11:3.
44) 참조. 고전 10:17.(본회퍼의 그리스어 성서에는 밑줄이 그어져 있다.)

것도 주지 않는다면, 무슨 유익이 있으리요?"(약 2:15-16) 우리가 서로 나누어 먹기만 한다면, 얼마 안 되는 것을 가지고도 먹고 남을 것이다. 저마다 자신만을 위해 제 떡을 움켜잡고 있을 때 굶는 사람이 생겨나는 법이다. 이것이 바로 하나님의 기묘한 법칙이다. 무엇보다도 생선 두 마리와 떡 다섯 덩어리로 5,000명을 먹이신 기적 이야기가 뜻하는 바가 바로 이것이 아닐까?[45)]

식탁 공동체는 그리스도인들에게 그들이 여기서도 지상 순례의 무상한 떡을 아직 먹고 있다는 사실을 가르쳐 준다. 그러나 그들이 이 떡을 서로 나누어 먹으면, 불멸의 떡도 아버지의 집에서 함께 받게 될 것이다. "하나님의 나라에서 떡을 먹을 자는 복되어라."(눅 14:15)

그리스도인의 하루에는 아침 첫 시간이 지난 후 저녁때까지 **일하는 시간**이 계속된다. "사람이 저녁때까지 나가 일하고 수고하느니라."(시 104:23) 대부분의 그리스도인 가정은 긴 노동 시간 때문에 하루를 서로 따로 보낸다. 기도와 일은 서로 다른 두 가지 일이다. 기도가 일을 방해해서도 안 되지만, 일이 기도를 방해해서도 안 된다. 하나님의 뜻은 사람이 엿새 동안 일하고 이레 되는 날 하나님 앞에서 쉬면서 축제의 날을 보내는 데 있다. 그리스도인의 하루도 - 하나님의 뜻에 의하면 - 기도와 노동이라는 이중적인 것에 의해 규정된다. 기도도 시간을 필요로 한다. 그러나 하루의 긴 시간은 일하는 시간이다. 각자가 자신만의 권리를 획득할 수 있는 곳에서만 양자의 불가분리성이 명백해진다. 하루의 일과 수고 없이 기도가 있을 수 없고, 기도 없이 일도 있을 수 없다. 그리스도인만이 이러한 사실을 알고 있다. 양자의 명백한 구분 속에서 양자의 통일성이 또한 드러난다.

노동은 사람을 사물의 세계 속에 세운다. 노동은 그에게 행위를 요구한다. 그리스도인은 형제들과의 만남의 세계를 떠나 비인격적인 사물의

45) 참조. 마 14:13-21.

세계, '그것'(Es)의 세계에 들어서게 된다. 이러한 새 만남은 그를 사실성으로 해방시켜 준다. '그것'의 세계는 그리스도인을 모든 자기 중심과 이기심으로부터 정화시키려는 하나님의 도구다.[46] 세상 속의 일은 오직 인간이 자기 자신을 잊어버릴 때, 인간이 사실과 현실, 과제와 그것(Es)에 몰입할 때에만 실현된다. 그리스도인은 노동하는 가운데 자신을 제한하는 법을 실제로 터득하게 된다. 따라서 그에게 일은 그를 육체의 안일과 게으름으로부터 건져내는 구원의 매개가 된다. 육의 요구들은 사물의 세계에서 죽어버린다. 그러나 이러한 것은 오직 그리스도인이 '그것'의 세계를 돌파해 하나님의 '너'(Du)에 이를 때에만 이루어질 수 있다. 하나님은 그들에게 일과 행동을 명령하시고 그들을 그들 자신으로부터 해방시키려 하신다. 그러나 노동은 노동이다. 오히려 일이 자신에게 무슨 소용이 있는지를 아는 사람은 일의 괴로움과 어려움을 직시한다. '그것'과의 지속적인 대결은 계속 존재할 것이다. 그러나 돌파가 이루어지고, 기도와 노동의 통일, 즉 하루의 통일이 실현된다. 하루의 노동이라는 '그것'의 배후에서 하나님의 '너'를 발견하는 것을 바울은 "쉬지 말고 기도하라"(살전 5:17)는 말로 표현한다. 그리스도인의 기도는 기도에 한정된 시간을 넘어서 일 한가운데로 뻗어 들어간다. 기도가 온 하루를 포괄한다. 그러나 기도는 일을 중단시키지 않는다. 오히려 기도는 일을 촉진시키고 긍정하며 일에 진지함과 즐거움을 가져다준다. 그리스도인의 말과 행동과 노동은 모두 기도가 된다. 그러나 이 모든 것은 자신에게 주어진 과제를 회

---

46) 물적-사실적 존재 이해와 인격적-사회적 존재 이해의 문제에 대해서는 참조. AS 94f., 97, 105f. 운명과 하나님의 섭리, 저항과 복종에 대한 본회퍼의 고찰들은 중요하다. 저항과 복종에 대해서는 참조. WEN 244: "··· 하나님은 당신(Du)으로서 우리를 만나실 뿐 아니라 '그것'(Es) 안에서 '변장하고 계신 모습으로' 우리를 만나 주시기도 한다. 따라서 내 물음에서 근본적으로 중요한 것은 어떻게 우리가 이러한 '그것'(운명) 안에서 '당신'을 발견할 수 있느냐는 것이다. 달리 표현하자면, 어떻게 '운명'이 실제로 '인도하심'이 되느냐는 것이다."

피하는 비현실적인 의미가 아니라 견고한 '그것'(Es)을 돌파해 은혜로우신 하나님의 너(Du)에게 이른다는 의미로 말한 것이다. "그대들의 말과 행실로 하는 모든 것을 주 예수의 이름으로 하라."(골 3:17)[47]

이렇게 얻어진 하루의 통일로부터 하루의 모든 생활에 질서와 양육이 생겨난다. 그것은 아침 기도에서 간구되며, 일에서 참됨이 입증된다. 이른 아침 기도가 그날을 결정한다. 우리가 수치스럽게 여기는 시간 낭비, 우리가 걸려 넘어지는 유혹, 노동에서의 무기력함과 무성의, 우리의 생각과 다른 사람과의 교제에서 드러나는 혼란과 방종은 아침 기도를 소홀히 하는 데서 생겨난다. 기도에 의해 움직여질 때, 우리는 시간을 질서 있게 나눌 수 있다. 평일이 가져오는 유혹은 하나님을 향해 돌파할 때 극복된다. 일은 결단을 촉구한다. 그러나 이러한 결단들은 사람을 두려워하는 가운데 내려지지 않고 하나님 앞에서 내려질 때 훨씬 쉬워진다. "그대들의 하는 일은 모두 마음에서 우러나서 하나님을 향해서 하듯 하고 사람을 향해서 하듯 하지 마십시오."(골 3:23) 하나님을 알고 그분의 명령을 깨닫게 되면 기계를 다루는 일도 인내심을 가지고 더 잘할 수 있다. 일하는데 필요한 힘도 오늘 우리에게 주십사고 하나님께 기도하면 점점 더 강해질 것이다.

점심시간은 그리스도인의 가정 공동체에서 짧은 휴식 시간이 될 수 있다. 반나절은 이미 지나갔다. 공동체는 하나님께 감사하며 저녁때까지 지켜 주십사고 기도한다. 공동체는 하루의 양식을 받으며 종교개혁자들의 찬송으로 기도를 드린다. "아버지여, 우리를 먹여 주소서. 우리는 당신의 자녀입니다. 우리를 위로하소서. 우리는 억눌린 죄인입니다."[48] 하나님은 우리를 반드시 먹여 주신다. 그러나 우리는 그것을 우리의 당연한 권리인 양 주장할 수 없고, 그렇게 해서도 안 된다. 가련한 죄인인 우리는 그것을

47) 본회퍼는 그리스어 신약성서에 근거해 루터 성서를 수정한다.("말씀이나 업적으로")
48) 독일찬송가 275장. 시 145:15에 근거한 Johann Heermann(1585-1647)의 찬송.

받을 자격이 없다. 그러므로 하나님이 우리에게 주시는 양식은 억눌린 사람들에게는 위안이 된다. 그것은 하나님이 당신의 자녀를 건사하시고 이끄신다는 은총과 신실함의 표시다. "일하기 싫으면 먹지도 말아라."(살후 3:10) 이것도 성서의 말씀이다. 이로써 성서는 양식을 받는 것을 노동과 관련시킨다. 그러나 성서는 일하는 사람이 하나님 앞에서 당연히 양식을 먹을 권리가 있다고 말하지는 않는다. 일하라고 명령하신 것은 사실이지만, 양식은 하나님의 자유로운 은총의 선물이다. 우리의 노동이 우리에게 양식을 마련해 준다는 것은 자명한 것이 아니라, 하나님의 은총의 질서일 뿐이다. 하루는 오직 그분만의 것이다. 그래서 한날의 중심에 그리스도인 공동체는 하나님의 초대를 받아 식탁에 둘러앉는다. 정오는 교회와 시편의 시인들이 드리는 일곱 번의 시간 전례(Stundengebet) 가운데 하나다.[49] 해가 중천에 높이 솟아오르면 교회는 삼위일체 하나님을 부르며 그의 놀라우신 행적을 찬양하고, 그의 도움과 조속한 구원을 간구한다. 정오에 예수의 십자가 위에서 하늘이 어두워졌다.[50] 속죄의 행위는 완성을 향해 나아가고 있다.[51] 그리스도인 가정이 이 시간에 모여 잠깐이나마 경건하게 찬양과 기도를 함께 드리는 것은 결코 무익한 일이 아니다.

하루의 일이 끝나간다. 일이 너무 고되었다면, 그리스도인은 파울 게르하르트(Paul Gerhardt)가 다음과 같이 노래한 뜻을 깨닫게 될 것이다. "머리, 손과 발아, 즐거워하라. 하루의 일은 끝났다. 너 마음아, 즐거워하

---

49) 여섯 번째를 말한다. 유대인의 계산에 의하면, 한 날은 우리 시간으로 6시에 시작된다. 본회퍼는 Matutin, Laudes, Terz, Sext, Non, Vesper, Komplet 등의 기도 시간들로 구성된 가톨릭 예전의 시간 기도를 알고 있었다. 그는 "Liber usualis MIsae et Officii pro Dominicis et Festis cum Gregoriano"와 "Die Komlet – nach dem Benediktnischen und Römischen Brevier"를 갖고 있었다.

50) 참조. 막 15:33과 병행구들.

51) 참조. 요 19:28.

라. 땅의 곤고함과 죄의 노동에서 너는 풀려나리라."[52] 신앙을 지키기에 하루는 너무 길다. 내일은 내일대로 걱정할 것이 있을 것이다.

그리스도인 가정 공동체는 다시 모인다. 저녁의 식탁 교제와 마지막 기도회가 그들을 하나로 묶는다. 그들은 엠마오의 제자들과 함께 기도한다. "주님, 저희와 함께 머무시옵소서. 저녁때가 되어갑니다. 해는 이미 기울었습니다."[53] 하루의 마지막 시간에 저녁 기도회를 가질 수 있고 안식의 밤을 마지막 말씀으로 맞이할 수 있다는 것은 정말 좋은 일이다. 밤의 적막이 뒤덮을 때 하나님의 말씀의 참 빛이 공동체를 더 밝게 비춘다. 시편으로 기도하고, 성서를 읽으며, 찬양과 공동의 기도를 드림으로써 하루가 시작되고 하루가 끝난다. 저녁기도에 대해 몇 마디 덧붙일 말이 있다. 저녁 기도는 무엇보다도 공동의 중보기도를 위한 시간이다. 하루의 노고가 끝난 후 우리는 전 그리스도교와 우리의 교회, 목회자, 모든 가난한 사람들, 불쌍한 사람들, 외로운 사람들, 병든 사람들, 죽어가는 사람들, 우리의 이웃들, 우리의 고향과 우리의 공동체를 위해 하나님께 복과 평화와 보호하심을 간구해야 한다. 우리가 일손을 멈추고 우리 자신을 하나님의 신실하신 손에 내어맡기는 시간보다 하나님의 힘과 역사하심을 더 깊이 느낄 수 있을 때가 있을까? 우리의 행동이 끝나가는 시간보다 하나님이 주시는 복과 평화, 그리고 지켜 주심을 더 간절하게 간구할 때가 있을까? "이스라엘을 지키시는 자는 주무시지도 않으며 졸지도 않으십니다."[54] 그 다음에 그리스도인 가정 공동체는 우리가 하나님과 형제들에게 행한 모든 불의를 용서해 달라고 간구한다. 즉 하나님의 용서와 형제들의 용서를 빌며, 우리가 받은 모든 부당한 일들을 기꺼이 용서해 줄 수 있는 마음을 달라고 기도한다. 수도원에는 오래된 관례가 하나 있다. 이 관례에 의

52) 독일찬송가 280장 5절("모든 숲들이 고요하고"); Paul Gerhardt(1602-1676)가 시 63:5-9를 노래한 찬송. 참조. 독일개신교 찬송가 361장 5절.

53) 눅 24:29.

54) 시 121:4.

하면, 수도원장은 저녁 기도회 시간에 정해진 순서에 따라 형제들에게 자신이 저질렀던 실수와 죄책들을 용서해 달라고 간구한다. 그리고 형제들도 그에게 용서의 말을 해준 후 수도원장에게 똑같은 방식으로 자신의 실수와 죄책들을 용서해 달라고 간청하며, 그로부터 용서의 말을 받는다. "해가 지기까지 노여운 마음을 간직하지 말라."(엡 4:26) 그날에 생긴 모든 상처는 그날 저녁까지는 치유되어야 한다는 것이 모든 그리스도인 공동체의 결정적인 규칙이다. 맺힌 마음을 풀지 않고 잠자리에 드는 것은 그리스도인을 위험에 빠뜨린다. 따라서 형제의 용서를 구하는 시간을 저녁 기도회에 포함시키는 것은 새로운 공동체 건설과 화해를 위해 바람직하다.

마지막으로 고대의 모든 저녁 기도문들을 읽어보면 밤에 악마와 두려움, 그리고 갑자기 찾아오는 불행한 죽음에서 자신을 지켜달라는 간구들이 많이 나타난다는 사실을 알 수 있다. 옛 사람들은 잠든 인간의 무력함, 잠과 죽음의 유사성, 무방비 상태 속에 있는 인간을 타락시키는 악마의 술수를 알고 있었다. 따라서 그들은 사탄이 우리를 지배하려 할 때 거룩한 천사들이 황금무기를 갖고 도와주실 것을, 즉 하나님의 군대가 함께해 주시기를 간구했다. 우리가 잠들었을 때에도 우리의 마음이 당신을 향해 깨어 있기를 하나님께 간구했던 고대 교회의 기도는 가장 진기하고 깊은 기도라 할 수 있다. 이 기도는 우리가 아무것도 느끼거나 알지 못하는 순간에도 하나님께서 우리 곁에 계시고 우리 안에 계시기를 간구하는 기도다. 이 기도는 하나님께서 밤의 모든 염려와 시련으로부터 우리의 마음을 순결하고 거룩하게 지켜 주시기를 간구하는 기도다. 이 기도는 언제나 하나님의 부르심을 들으면—소년 사무엘처럼—밤이라도 응답할 수 있게 되기를 간구하는 기도다. "주여, 말씀하옵소서. 당신의 종은 듣사옵니다."(삼상 3:10) 잠자는 동안에도 우리는 하나님의 손안에 존재할 수도 있고 악의 권세 안에 존재할 수도 있다. 잠자는 중에도 하나님께서 기적을 행하실 수 있고, 악마가 우리를 파멸시킬 수도 있다. 그래서 우리는 저녁에 기도한다. "우리의 눈은 잠들었으나, 우리의 마음은 당신을 향해 깨어 있게 하소서. 하나님의 오른손이 우리를 두르시고 우리를 죄의 사슬에서 풀어주소서."[55)]

그러나 아침과 저녁에 다음의 시편 말씀이 주어진다. "낮이나 밤이나 다 당신의 것이어라."(시 74:16)

---

55) 『새로운 노래』 303장. 참조. 독일찬송가 481장 3절(가사가 약간 수정되었다.): 이 찬송은 고대 교회의 찬송 "Christe qui splendor er dies"를 Erasmus Alber (1500-1553)가 독일어로 번역한 것으로서 시 121:7을 노래한 것이다. 독일개신교 찬송가 353장 4절에 의하면, 고대 교회의 찬송 "Christe, qui lux es et dies"의 남부 독일어 번역 멜로디는 루터(1529)에게 소급된다고 한다.

홀로 있는 날

"하나님이여, 시온에서 찬양은 당신께 침묵일 뿐입니다."(시 65:1)[56]
많은 사람은 고독이 무서워 공동체를 찾는다. 그들은 홀로 있을 수 없어서 사람들 사이에 거하려 한다. 그리스도인 가운데서도 문제를 홀로 해결하지 못하는 사람들이나 홀로 언짢은 일을 경험했던 사람들이 다른 사람들과의 사귐 속에서 도움 받기를 희망한다. 그러나 대부분의 사람들은 곧 실망하고 자신의 잘못을 공동체의 잘못인 양 비난한다. 그리스도인 공동체는 결코 정신 병원이 아니다. 자기 도피의 길로 공동체를 찾는 사람은 잡담과 기분 전환을 위해－그것들이 영적인 모습을 띤다 해도－결국에는 공동체를 왜곡시킨다. 사실 그들은 공동체를 찾았던 것이 아니라,－잠시 고독을 잊게 해주지만 결국에는 치명적인 고독감을 가져다줄 뿐인－도취 상태를 찾았던 것이다. 치유를 추구하는 이러한 시도들은 말씀

56) 본회퍼는 여기서 루터 성서를 많이 벗어나 있다. 그는 그의 그리스도론 강의를 다음과 같은 문장으로 시작한다. "그리스도론은 침묵 속에서 시작된다. '침묵하라. 그분은 절대적인 존재다.'(키에르케고르) 그것은 비의적인 침묵과는 무관하다. … 교회의 침묵은 말씀 앞에서의 침묵이다."(1933 GS III, 167) 참조. Thomas a Kempis, Imitatio Christi I, 20.(Liebe, Einsamkeit und Schweigen)

과 진정한 경험들을 해체시키고, 결국에는 체념과 영적 죽음만을 가져다 줄 뿐이다.

홀로 있을 수 없는 사람은 공동체를 주의하라! 이런 사람은 자기 자신과 공동체에 해를 끼칠 뿐이다. 하나님이 그대를 부르실 때 그대는 홀로 그 분 앞에 서야 하고, 홀로 그 부르심에 응답해야 한다. 그대는 홀로 십자가를 지고 싸우며 기도해야 한다. 그리고 그대는 홀로 죽을 것이요, 홀로 하나님께 해명해야 한다. 그대는 그대 자신을 회피할 수 없다. 하나님이 그대를 구별하셨기 때문이다. 그러므로 그대가 홀로 있기를 원치 않는다면, 그대는 그대를 향한 그리스도의 부르심을 거부하게 되며, 따라서 부르심을 받은 공동체에 참여할 수 없게 된다. "죽음은 우리 모두에게 요구된 것이다. 그러므로 아무도 남을 대신해 죽을 수 없다. 저마다 자신의 인격 속에서 스스로 죽음과 씨름해야 한다. … 죽음의 순간에 나는 그대 곁에 있을 수 없으며, 그대도 내 곁에 있을 수 없다."(루터)[57]

공동체 안에 있지 않는 사람은 홀로 있음을 주의하라! 그대는 공동체 안에서 부르심을 받았다. 그 부르심은 그대에게만 해당되는 것이 아니다. 그대는 부르심을 받은 사람들의 공동체 안에서 십자가를 지고 싸우며 기도하는 것이다. 그대는 홀로 있는 것이 아니다. 죽음과 마지막 날에도 그대는 예수 그리스도의 위대한 공동체의 한 지체로서만 존재하게 될 것이다. 그대가 공동체를 무시한다면, 그대는 예수 그리스도의 부르심도 무시하게 된다. 따라서 그대의 홀로 있음은 그대에게 불행만을 가져올 뿐이다. "나는 죽어야 하지만 죽음 속에서도 홀로 있는 것이 아니다. 내가 고난을 당할 때 그들(공동체)도 나와 함께 고난당한다."(루터)[58]

---

57) M. Luther, Erste der Invocavitpredigen. 1522(WA 10/III,1) 참조. DBW 1(SC), 119.

58) M. Luther, Ein Sermon von dem hochwürdigen Sakrament. 151(WA 2,745). 루터의 이 문서는 본회퍼가 박사학위 논문을 쓴 다음부터 본회퍼에게 매우 중요한 역할을 수행한다. 참조. DBW 1(SC), 117 각주 41, AS 99 각주 44, AS 101

공동체 안에 있을 때에만 우리는 홀로 있을 수 있고, 또한 홀로 있을 수 있는 사람만이 공동체 안에 있을 수 있다. 이 둘은 결코 분리될 수 없다. 우리는 공동체 안에서만 진정으로 홀로 있는 법을 배울 수 있으며, 홀로 있음 안에서만 공동체 안에서 사는 법을 배울 수 있다. 그러나 어느 하나가 다른 하나에 선행하는 것이 아니다. 양자는 동시에, 즉 예수 그리스도의 부르심으로부터 시작된다.

각자 그 자체는 깊은 심연과 위험을 내포하고 있다. 홀로 있음 없이 공동체를 바라는 사람은 공허한 말과 감정 속에 빠지게 된다. 공동체 없이 홀로 있음을 구하는 사람은 허영심과 자기 탐닉, 그리고 절망의 심연에 빠져 죽게 된다.

홀로 있을 수 없는 사람은 공동체를 주의해야 하며, 공동체 안에 있지 않는 사람은 홀로 있음을 주의해야 한다.

그리스도인 가정의 함께하는 날에는 모든 개인의 홀로 있는 날이 반드시 동반되어야 한다. 홀로 있는 날 없이 함께하는 날만을 가지려는 것은 개인뿐 아니라 공동체를 위해서도 좋지 않다.

말이 공동체의 표시라면, 침묵은 홀로 있음의 표시다. 침묵과 말은 ―'홀로 있음'과 '사귐'의 관계와 마찬가지로―내적으로 결합되어 있으면서도 서로 구분된다. 어느 하나는 다른 하나 없이 존재할 수 없다. 바른 말은 침묵에서 나오며, 바른 침묵은 말에서 나온다.

침묵은 무언(無言)이 아니며, 말은 잡담이 아니다. 말이 없다고 홀로 있는 것이 아니며, 잡담이 사귐을 만들어내는 것도 아니다. "침묵은 말의 넘침이요 취함이며, 말의 제물이다. 반면에 단순히 말이 없는 것은 세속적이다. 단지 말이 없는 사물은 제물로 드려질 수 없다. … 사가랴는 침묵한 것이 아니라 말이 없었다. 그가 계시를 받았더라면, 벙어리가 되지 않고 침묵하면서 성전에서 나왔을 것이다."(Ernest Hello)[59] 공동체를 새롭

각주 45, 그의 강의 "Das Wesen der Kirche."(1932 GS V, 263f.)

게 세우고 결속시키는 말씀에는 침묵이 동반된다. "침묵할 때가 있으면 말할 때도 있습니다."(전 3:7) 그리스도인의 하루에는 말을 위한 시간이 있다. 무엇보다도 공동의 기도회와 기도시간이 이러한 시간에 속한다. 마찬가지로 그리스도인의 하루는 말씀 아래서 말씀으로부터 나오는 침묵의 시간도 필요로 한다. 이 시간은 무엇보다도 말씀을 듣기 전후의 시간이다. 말씀은 떠드는 사람이 아니라, 침묵을 지키는 사람에게 들려온다. 성전의 고요함은 말씀 안에 계시는 하나님의 거룩하신 임재의 표시다.

그러나 침묵에 무관심한 입장, 아니 부정적인 입장이 있다. 말씀 안에 나타난 하나님의 계시를 멸시하는 태도로 보는 입장 말이다. 여기서 침묵은 점잔을 빼는 몸짓으로, 즉 신비주의적으로 말씀을 넘어서려는 그 어떤 것으로 오해된다. 여기서는 침묵이 더는 말씀과의 본질적 관계 속에서 이해되지 않는다. 즉 하나님의 말씀 아래 잠잠하게 존재하는 것으로 이해되지 않는다. 우리는 말씀을 듣기 전에 침묵한다. 왜냐하면 우리의 생각이 이미 말씀을 향하고 있기 때문이다. 이것은 어린이가 아버지의 방에 들어갈 때 침묵을 지키는 것과 같은 이치다.[60] 우리는 말씀을 들은 후에도 침묵을 지킨다. 말씀이 아직도 우리 안에서 말하고 살며 거처를 만들고 있기 때문이다. 우리는 하루의 이른 아침에 침묵을 지켜야 한다. 첫 말씀은 하나님의 것이 되어야 하기 때문이다. 그리고 우리는 잠자리에 들기 전에 침묵한다. 마지막 말씀도 하나님의 것이기 때문이다. 우리가 침묵하는 것은 오직 말씀 때문이다. 즉 말씀을 욕되게 하기 위해서가 아니라, 말씀에 영광을 돌리고 말씀을 받아들이기 위함이다. 침묵이란 다름 아닌 하나님의 말씀을 기다리는 것이요, 하나님의 말씀으로부터 평안히 나오는 것이

---

59) E. Hello, Worte Gottes, 91. 본회퍼에게서 매우 중요한 이 인용문은 처음에는 ('침묵'과 '존재' 사이에) 생략된 부분이 많았다. Hello(1828-1885)는 저명한 종교 저술가였으며, 가톨릭 개혁을 위한 투사였다.

60) E. Bethge, Nachwort(1979) zu GL, 107은 이에 대해 다음과 같이 말하고 있다. "70년 전의 방엔하임가 어린이들은 칼 본회퍼의 방에 이렇게 들어오곤 했었다."

다. 잡담이 판치는 이 시대에 침묵을 배우는 일은 정말 중요하다. 이것을 모르는 사람은 없다. 그리고 침묵을 지키고 고요하게 있으며 입을 다무는 실천도 중요하다. 그러나 이러한 것들은 결국 영적 침묵의 진솔한 귀결일 뿐이다.

그러나 말씀 앞에서 침묵을 지키는 것은 하루 전체에 영향을 끼친다. 우리가 말씀 앞에서 침묵하는 법을 터득했다면, 침묵과 말로 하루를 살아가는 법도 배우게 될 것이다. 침묵 가운데는 용납되지 않는 침묵들, 즉 제 멋에 겨운 침묵, 교만한 침묵, 눈꼴사나운 침묵도 있다. 이미 여기서 침묵 그 자체가 중요한 것이 아니라는 사실이 드러난다. 그리스도인의 침묵은 듣는 침묵이요, 겸손 때문에 언제든지 돌파될 수 있는 겸손한 침묵이다. 그리스도인의 침묵은 말씀에 매인 침묵이다. 바로 이러한 사실을 토마스 아 켐피스는 다음과 같이 표현한다. "즐겨 침묵하는 자만큼 확실하게 말할 사람도 없다."[61] 고요함 속에는—깨닫게 하며 정화시키고 본질적인 것에 집중시키는—놀라운 힘이 있다. 세상도 이미 이러한 사실을 알고 있다. 그러나 말씀 앞에서 침묵을 지키는 것은 우리로 하여금 바로 듣게 만들고, 적절한 때에 하나님의 말씀도 말하도록 만든다. 불필요한 말들은 하지 않게 된다. 사실 본질적인 것과 도움을 주는 말은 몇 마디 말로도 충분하다.

한 가족이 비좁은 곳에서 함께 살기 때문에 개인에게 고요한 시간이 주어질 수 없는 곳에서도 침묵의 시간이 반드시 필요하다. 침묵의 시간이 지난 후에는 다른 사람을 전과 달리 새롭게 만날 수 있다. 가정 공동체는 이러한 측면에서 확고한 질서를 세울 때에만 개인들에게 홀로 있을 수 있는 시간을 확보해 주고, 이로써 공동체가 손상되는 것을 막을 수 있다.

그리스도인들이 홀로 있음과 침묵 속에서 가장 놀라운 열매들을 맺고 성장할 수 있는 방법에 관해서는 여기서 말하지 않겠다. 침묵 속에서 사

---

61) Thomas a Kempis, Imitatio Christi I, 20, 11. 참조. WEN 191.

람들은 너무 쉽게 위험한 곁길로 빠져 들어간다. 침묵으로부터 자라 나오는 어두운 경험들을 나열하기란 그리 어렵지 않다. 침묵은 황야와 공포를 가져다주는 두려운 광야가 될 수도 있다. 또한 자기 기만의 낙원이 될 수도 있다. 어느 것 하나 좋은 것은 없다. 어쨌든 우리는 침묵에서 하나님의 말씀과의 소박한 만남 이외의 것을 기대해서는 안 된다. 그리스도인이 침묵하는 것도 바로 이러한 만남 때문이다. 그러나 이러한 만남은 그에게 선물로 주어지는 것이다. 그리스도인은 이 만남을 기대하고 소망하는 일에 있어서 그 어떤 조건도 제시하지 않는다. 단지 이 만남을 주어지는 대로 받아들인다. 그러면 그의 침묵은 풍성한 보상을 받게 될 것이다.

그리스도인은 세 가지 목적 때문에 홀로 있을 시간이 필요하다. **성서 묵상과 기도, 그리고 중보기도**가 바로 이러한 것들이다. 매일의 '**명상 시간**'에 이 세 가지는 반드시 있어야 한다.[62] 여기서 우리는 명상이란 말을 거창하게 생각할 필요가 전혀 없다. 우리가 여기서 받아들인 이 말은 교회가 옛부터 사용해 오던 말이며 종교개혁 시대에도 사용했던 말이다.

다음과 같은 질문이 제기될 수도 있다. 우리는 이미 공동 기도회에서 이러한 시간들을 가졌는데 왜 또다시 그러한 것에 시간을 할애해야 되느냐는 것이다. 이에 대한 대답은 다음과 같다.

명상의 시간은 개인적인 성서 묵상과 개인적인 기도, 그리고 개인적인 중보기도를 위한 것이다. 그 외의 다른 목적은 없다. 영적인 실험 같은 것은 일고의 여지도 없다. 그러나 이상의 세 가지를 위해서 시간을 할애해야 할 까닭은 하나님께서 몸소 그것들을 우리에게 요구하셨기 때문이다. 오랜 시간 동안 명상이 하나님께 드려야 할 마땅한 섬김의 행위로 이해되어 왔다는 것을 말하는 것만으로도 충분할 것이다.

명상의 시간이 우리를 고독의 공허와 심연 속으로 침잠시키지는 않을 것이다. 그 시간은 오히려 우리로 하여금 홀로 말씀과 함께 있도록 만들

62) 참조. "Anleitung zur täglichen Meditaiton."(1936 GS II, 478-482)

것이다. 이로써 명상의 시간은 우리가 설 견고한 토대를 마련해 주고 우리가 걸어가야 할 발걸음을 분명하게 이끌어 줄 것이다.

공동 기도회 시간에는 길고 연속적인 성서 구절을 읽는다. 그러나 명상 시간에는 선별된 짧은 성구에 마음을 집중시킨다. 그리고 가능하다면 한 주간 동안 이 성구를 바꾸지 않는다. 공동의 성서 읽기가 우리를 성서의 넓은 세계로 인도한다면, 명상은 우리를 개개 문장과 낱말의 한없는 깊이로 인도할 것이다. 양자 모두가 필요하다. "그대들이 모든 성도들과 함께 그 넓이와 길이와 깊이와 높이를 깨닫게 하기 위함입니다."(엡 3 : 18)

우리가 명상 시간에 주어진 구절을 읽는 것은 – 그분께서 우리에게 아주 개인적으로 오늘 하루와 우리 그리스도인의 상황에 하실 말씀이 있다는 것과 그 말씀은 공동체뿐 아니라 나를 위한 개인적인 말씀이 될 것이라는 – 약속을 믿기 때문이다. 한 구절 한 구절, 한마디 한마디가 우리에게 개인적으로 다가올 때까지 우리는 그 말씀 안에 오랫동안 머물러야 한다. 그때 우리가 할 수 있는 일은 가장 소박하고 무지한 그리스도인이 날마다 하는 일과 조금도 다르지 않다. 우리는 하나님의 말씀을 우리를 위한 하나님의 말씀으로 읽는다. 그러므로 우리는 이 본문이 다른 사람에게 무엇을 말하는지를 물을 필요가 없다. 이것은 또한 우리 설교자들로 하여금 그 본문으로 어떻게 설교하며 가르쳐야 할지를 묻도록 만드는 것이 아니라, 그 본문이 우리에게 개인적으로 무엇을 말하고 있는지를 묻도록 만든다. 물론 이를 위해 우리가 먼저 본문 내용을 이해해야 한다는 것은 자명하다. 그러나 우리는 여기서 그 어떤 본문 해석이나 설교 준비, 또는 성서 연구를 하려는 것이 아니라, 오직 우리에게 다가올 하나님의 말씀만을 기다릴 뿐이다. 이것은 결코 헛된 기다림이 아니라 확실한 약속을 믿고 기다리는 것이다. 우리의 마음은 종종 다른 생각과 형상, 그리고 걱정으로 가득 채워지고 짓눌려질 때가 있다. 따라서 하나님의 말씀이 모든 것을 극복하고 우리에게 다가오기까지는 상당한 시간이 걸린다. 그러나 하나님의 말씀은 반드시 오시며, 하나님께서 몸소 인간에게 오셨고 다시

오시리라는 것만큼이나 확실하다. 따라서 우리는 ― 하나님께서 당신의 말씀으로 성령을 우리에게 보내 주시고 당신의 말씀을 알려 주시며 우리를 깨우쳐 주십사고 ― 기도하면서 명상을 시작한다.

명상할 때 우리는 본문 전체를 다 생각할 필요가 없다. 한 구절이나 한 낱말에 머물러 있어야 할 때도 있다. 이 말씀에 사로잡혀 이 말씀을 지나칠 수 없기 때문이다. '아버지', '사랑', '긍휼', '십자가', '성화', '부활' 등의 낱말은 우리의 짧은 명상 시간을 채우고도 남음이 있지 않을까?

따라서 우리는 명상할 때 말로 생각하고 기도하느라 애쓸 필요가 없다. 침묵하는 생각과 기도는 오직 들음에서 나오는데, 이것이 더 유익할 때가 종종 있다.

우리는 명상할 때 새로운 것을 생각해 낼 필요가 없다. 이러한 것은 오히려 우리를 곁길로 인도하며 우리의 허영심만을 만족시켜 줄 뿐이다. 우리가 읽고 깨닫는 만큼 하나님의 말씀이 우리 안에 들어와 거처를 만드는 것만으로도 충분하다. 마리아가 목자의 말을 "마음에 새겨둔 것"[63]처럼, 그리고 어느 한 사람의 말이 오랫동안 우리를 따라다니고 우리 안에 거하며 우리 안에서 일하고 우리의 마음을 빼앗으며 우리를 괴롭히거나 기쁘게도 만드는 것을 어떻게 할 도리가 없듯이, 하나님의 말씀도 명상 속에서 우리 안으로 들어와 우리와 함께 머물고 우리를 움직이며 우리 안에서 일하고 활동하기를 원하신다. 이때 우리는 하루 종일 하나님의 말씀에 사로잡히게 된다. 그러면 말씀의 역사가 우리도 모르는 사이에 우리에게 일어난다.

명상할 때마다 뜻밖의 특별한 경험을 해야 하는 것은 아니다. 물론 이런 체험이 주어질 수도 있다. 하지만 이러한 경험이 없어도 명상 시간을 허비한 것은 아니다. 처음에도 그렇겠지만, 중간중간마다 내면적인 고갈과 냉담함, 명상에 대한 싫증과 무능함을 느끼게 될 것이다. 그러나 체험

63) 참조. 눅 2:19.

에 얽매일 필요가 없다. 그리고 명상을 중단할 까닭도 없다. 오직 인내와 신실함을 가지고 명상 시간을 엄수해야 한다. 따라서 명상 시간에 겪게 되는 여러 가지 언짢은 경험들을 너무 진지하게 받아들이는 것은 좋지 않다. 여기서 우리의 옛 허영심이나 하나님에 대한 – 마치 우리가 감격적이며 즐거운 경험에 대한 권리를 가지고 있기나 한 것처럼, 우리의 내면적인 빈곤을 경험하는 것이 우리에게 어울리지 않는다고 생각하는 – 우리의 터무니없는 주장이 경건한 모습으로 변장해 숨어 들어올 수 있다. 그러나 이 같은 태도를 가지는 한, 우리는 계속해서 나아갈 수 없다. 우리는 인내심을 잃고 자책감에 사로잡힌 채 단지 자신이 좋아하는 것만을 추구하고, 자기 관조의 그물 속으로 점점 더 깊이 빠져 들어갈 것이다. 실상 그리스도인의 생활 전반뿐 아니라 명상에서도 자기 관조의 시간은 거의 필요하지 않다. 우리는 오직 말씀만을 주시하며, 모든 것을 말씀에 맡겨 두어야 한다. 하나님이 우리에게 공허함과 갈증의 시간을 주신 것도 우리로 하여금 하나님의 말씀을 기다리도록 하기 위함이 아닌가? "하나님을 찾고 즐거움을 찾지 말라."[64] 이것이 모든 명상의 기본 규칙이다. 하나님만을 찾으라. 그러면 즐거움도 주어지리라. 이것이 모든 명상에 주어진 약속이다.

성서 묵상은 우리를 기도로 인도한다. 우리는 이미 성서의 말씀에 이끌려 성서의 말씀에 토대를 두고 기도하는 것이야말로 가장 확실한 약속에 이르는 길이라고 말한바 있다. 이렇게 될 때에만 자신의 공허함 속에 빠져들지 않는다. 그러므로 기도란 다름 아닌 말씀을 받아들일 준비를 갖추는 것이라고 말할 수 있다. 더욱이 나의 개인적 형편과 나의 특별한 과제와 결단 속에서, 그리고 죄와 유혹 속에서 말이다. 공동체의 기도로 드

64) 이 도식은 위로받기 위해 하나님을 찾아서는 안 되고 위로를 받든 못 받든 간에, 그리고 영적으로 메말라 있을 때 우리의 구원으로서 우리에게 가까이 계시는 하나님을 찾아야 한다는 토마스 아 켐피스(Imitaito Christi II, 9, 11–36)의 생각을 요약한 것이다.

릴 수 없는 것이 침묵 가운데서 하나님께 드려질 수 있다. 우리는 성서의 말씀을 토대로 - 하나님께서 우리의 하루를 밝혀 주시고, 죄에서 지켜 주시며, 성화 속에서 성장하고, 우리의 일에 신실함과 능력이 주어지기를 - 기도한다. 그리고 우리는 기도의 응답을 확신해도 좋다. 왜냐하면 이러한 기도는 하나님의 말씀과 약속으로부터 나오는 것이기 때문이다. 하나님의 말씀이 예수 그리스도 안에서 성취되었기 때문에 이 말씀을 믿고 드리는 기도는 예수 그리스도 안에서 반드시 성취되며 응답을 받는다.

명상 시간에 우리가 특별히 느끼게 되는 곤궁은 우리의 생각이 분산되어 제멋대로 돌아다니는 데 있다. 우리는 명상 속에서 - 다른 사람들이나 우리의 삶 속에서 일어난 그 어떤 사건들에 대한 - 생각 속에 빠져 있는 자신을 발견하게 된다. 이러한 것이 우리의 마음을 무겁고 수치스럽게 만든다 해서 결코 실망하거나 불안해할 필요는 없다. 더욱이 명상 시간이 우리에게 아무것도 아니라고 생각해서도 안 된다. 이럴 때에는 우리의 생각을 애써 되돌리려 하지 말고 우리의 생각이 머무는 사람들과 사건들을 고요하게 우리의 기도로 끌어들이고, 이로써 인내를 가지고 다시 명상의 처음 시간으로 되돌아가는 것이 큰 도움이 될 것이다.

우리는 우리의 개인적 기도뿐 아니라 중보기도도 성서의 말씀과 연결시켜야 한다. 우리는 공동 기도회 때 우리에게 맡겨진 모든 사람을 생각하며 기도할 수 없다. 부탁받은 대로 중보기도한다는 것도 불가능하다. 그러나 그리스도인에게는 중보기도를 요청하는 사람들이 있다. 그리스도인은 또한 이러한 사람들을 위해 기도해야 할 특별한 이유가 있다는 사실도 알고 있다. 그가 가장 먼저 중보기도해 주어야 할 사람들은 날마다 그와 함께 살아가야 하는 사람들이다. 이로써 우리는 모든 공동생활의 심장의 고동 소리를 들을 수 있는 곳까지 이르게 되었다. 그리스도인 공동체는 지체들 상호 간의 중보기도 덕분에 산다. 그렇지 않다면 그 공동체는 무너져 버린다. 내가 중보기도해 주는 형제가 내게 온갖 어려움을 가져다줄지라도, 나는 그를 심판하거나 미워할 수 없다. 대면조차 하기 싫은 그의 얼굴이 중보기도 중에 그를 위해 그리스도께서 죽으신 형제의 얼굴, 은혜 받은 죄인의 얼굴로 변한다. 이것이 바로 중보기도를 시작하는 그리스도인이 발견하게 되는 가장 큰 복이다. 중보기도에는 극복될 수 없는 혐오감이나 개인적 긴장, 또는 불화가 존재하지 않는다. 중보기도는 개인과 공동체가 날마다 들어가야 하는 정화의 욕실이다. 중보기도 속에 형제와의 무정한 다툼이 있을 수도 있다. 그러나 중보기도에는 목적에 도달할 수 있다는 약속이 주어져 있다.

이러한 일은 어떻게 이루어지는가? 중보기도란 형제를 하나님 앞에 세우고 예수의 십자가 아래서 그를 – 은혜를 필요로 하는 – 가련한 사람과 죄인으로 보는 것을 말한다. 그렇게 되면 나로 하여금 그를 밀쳐내도록 만드는 것이 모두 사라지고, 나는 그의 필요와 곤궁만을 보게 된다. 그때 그의 곤궁과 죄는 마치 내 자신의 곤궁과 죄처럼 거대하고 무겁게 느껴진다. 그래서 우리는 다음과 같이 기도하게 된다. "주여, 당신이 몸소, 아니 당신만이 그 준엄하심과 자비로우심으로 그를 돌봐 주소서."[65] 중보기도를 드린다는 것은 그리스도 앞에 설 수 있고 그의 자비를 받을 수 있는 우리의 권리를 형제에게 양도하는 것을 뜻한다.

이로써 중보기도란 우리가 날마다 하나님과 형제에게 빚지고 있는 섬김의 행위라는 사실이 분명해진다.[66] 이웃을 위한 중보기도를 거부하는 사람은 이웃을 위한 그리스도인의 섬김을 거부하는 것이다. 또한 중보기도가 일반적이고 애매한 것이 아니라, 극히 구체적인 것이라는 사실도 분명해졌다. 특정한 인물과 어려움, 따라서 특정한 기도가 중요하다. 나의 중보기도가 분명해질수록 약속도 그만큼 더 확실해진다.

우리는 마지막으로 중보기도의 섬김이 시간을 내야 하는 일이라는 사

---

65) 참조. 롬 11 : 22.

66) 중보기도의 신학에 대해선 참조. DBW 1(SC), 123–126과 강의 "Das Wesen der Kirche."(1932 DBW 11, 293f.)

실을 외면할 수 없다. 모든 그리스도인, 특히 전체 공동체에 책임을 지고 있는 목사들은 중보기도를 위한 시간을 가져야 한다. 바르게 행해진 중보기도는 그것만으로도 매일의 명상 시간을 대신할 수 있다. 이 모든 사실들은 중보기도가 모든 그리스도인과 그리스도인 공동체에 주어진 하나님의 은총의 선물임을 입증해 준다. 우리는 여기서 한없이 큰 것을 받기 때문에 단지 기쁜 마음으로 이 기도를 붙잡아야 한다. 중보기도를 위해 우리가 드리는 시간은—날마다 하나님과 공동체에 대해 느끼게 되는—새로운 기쁨의 근원이 될 것이다.

성서 묵상과 기도, 그리고 중보기도는 우리가 마땅히 갚아야 할 섬김이며, 이러한 섬김에서 하나님의 은총이 발견되기 때문에, 우리는 다른 섬김의 행위뿐 아니라 이 일을 위해서도 시간을 정해 놓고 훈련해야 한다. 이것은 결코 '율법주의'(Gesetzlichkeit)가 아니라, 질서요 신실함이다. 이른 아침이 대체로 가장 적당한 시간이 될 수 있다. 그 누구도 우리에게서 이 시간을 빼앗을 권리가 없다. 그리고 우리는 아무리 어려운 일이 있어도 전혀 방해를 받지 않는 고요한 시간을 가질 수 있어야 한다. 목사에게 이것은 그의 직무 수행 여부가 달려 있는 의무요, 결코 외면할 수 없는 의무다. 날마다 해야 하는 일을 신실하게 수행하는 법을 배우지 못한 사람이 어떻게 큰일을 신실하게 수행할 수 있겠는가?

그리스도인은 날마다 많은 시간을 비(非)그리스도교적 환경 속에서 홀로 지내야 한다. 이 시간은 '검증'(Bewärung)의 시간이다. 이 시간은 참된 명상의 시간과 참된 공동체를 시험해 보는 시간이다. 공동체는 개인을 자유롭고 강하며 성숙하게 만드는 데 이바지했는가? 아니면 그를 비자립적이며 의존적으로 만들었는가? 공동체는 그가 다시 스스로 걸을 수 있도록 잠시 손을 잡아 준 것인가, 아니면 그를 걱정 많은 사람, 믿을 수 없는 사람으로 만들어 놓았는가? 이것이야말로 모든 그리스도교적 삶의 공동체에 제기되는 가장 긴박하고 중대한 물음이다. 또한 명상의 시간이 그리스도인을 비실제적인 세계로 인도했는지, —즉 이 세계로부터 나와 다시 그의 일이 있는 지상의 세계로 돌아갈 때 그로 하여금 놀라 깨어나도록 만들었는지 — 아니면 그를 하나님의 실제적인 세계로 인도했는지 — 즉 그로 하여금 이 세계로부터 힘을 얻고 정화되어 다시 일상의 세계로 돌아가도록 만들었는지 — 의 여부는 바로 여기서 결정된다. 명상의 시간은 그를 잠시 — 일상생활로 돌아오면 곧 사라지고 마는 — 영적 황홀경 상태 속에 사로잡아 두었던 것인가, 아니면 하나님의 말씀을 그의 마음속 깊이 드리워 하나님의 말씀이 하루 종일 그를 떠나지 않고 강하게 만들며, 그로 하여금 사랑을 행하고 복종하며 선행을 하도록 만들었는가? 이에 대해서는 오직 그날만이 대답할 수 있을 것이다. 그리스도인 공동체의 보이지 않는 현재는 개인들에게 하나의 현실이며 도움이 되는가? 다른 사람들의 중보기도가 하루 종일 나를 지탱해 주는가? 하나님의 말씀이 실제로 내게 위로와 힘이 되는가? 아니면, 홀로 있음을 공동체에 맞서, 그리고 말씀과 기도에 맞서 악용하고 있는 것은 아닌가? 홀로 있는 시간도 공동체에 영향을 미칠 수 있다는 사실을 개인들은 알아야 한다. 홀로 있으면서도 공동체를 깨뜨리고 흠집 낼 수 있으며, 반대로 공동체를 강화시키고 거룩하게 만들 수도 있다.

그리스도인의 모든 자기 양육은 공동체를 섬기는 것이기도 하다. 뒤집어 말하자면, 전체 공동체에 해악을 끼치지 않는 개인적인 — 생각과 말, 그리고 행동으로 짓는 — 죄란 존재하지 않는다고 말할 수 있다. 병균이 몸에 침투하더라도 우리는 그것이 어디서 왔는지, 몸 어디에 스며들어 있는지 모른다. 그러나 몸은 병들어 있다. 그리스도인 공동체도 이와 같다. 우리는 한몸의 지체들**이다**. 우리가 원할 때에만 그렇게 되는 것이 아니라, 우리의 전 존재 속에서 우리는 이미 한몸의 지체들이다. 그러므로 모든 지체는 몸 전체를 건강하게 만들기도 하고, 타락시키기도 한다. 이것은 결코 이론이 아니라, — 그리스도인 공동체 속에서 파괴와 축복을 일삼으며 몸서리치도록 분명하게 경험되는 — 영적 현실이다.

고된 일과 후에 그리스도인 가정 공동체로 돌아오는 사람은 홀로 있으면서 받은 축복을 가지고 돌아온다. 그리고 그 자신은 새롭게 사귐의 복을 받게 된다. 공동체의 능력 안에서 홀로 있는 사람은 복되다. 그리고 홀로 있음의 능력 안에서 공동체를 붙잡는 사람도 복되다. 그러나 홀로 있음의 능력과 공동체의 능력은 공동체 속에서 개인에게 주어지는 하나님의 말씀의 능력일 뿐이다.

섬김

“그들 가운데 누가 가장 크냐 하는 생각이 번져 나갔다.”(눅 9:46) 이러한 생각을 누가 그리스도인 공동체 속에 뿌리는지를 우리는 잘 알고 있다. 그러나 모일 때마다 이러한 생각이 불화의 씨앗으로 나타나지 않는 공동체는 없다. 우리는 아마도 이러한 사실을 충분하게 고려하지 않는 것 같다. 사람들은 모이자마자, 서로를 관찰하고 정죄하며 편을 가르기 시작한다. 따라서 그리스도인 공동체는 성립되는 순간부터 – 보이지도 않고 자각도 되지 않는 – 생사를 건 무서운 싸움 속으로 휘말려 들어간다. “그들 가운데 이런 생각이 번져 나갔다.” 공동체를 무너뜨리는 데에는 이것만으로도 충분하다. 따라서 모든 그리스도인 공동체의 생존에 반드시 필요한 것은 첫 순간부터 이 위험한 원수에게 눈을 떼지 않고 그것을 송두리째 뽑아버리는 것이다. 시간을 허비해서는 안 된다. 인간은 다른 사람을 만나는 순간부터 다른 사람에 대항해 진지를 차지하고 구축하려 한다. 여기서 강자와 약자가 생긴다. 강하지 않은 자는 약자의 권리를 자신의 것으로 움켜잡고 이것을 강자에 대항하기 위한 도구로 사용한다.[67] 또한

67) 참조. 각주 39.

여기서 유능한 사람과 무능한 사람, 단순한 사람과 까다로운 사람, 경건한 사람과 덜 경건한 사람, 사교적인 사람과 별난 사람이 생겨난다. 무능한 사람도 유능한 사람이 가진 지위를 차지해야 하지 않는가? 까다로운 사람도 단순한 사람이 가진 지위를 차지해야 하지 않는가? 나는 유능하지는 않지만 아마도 경건할 것이다. 나는 경건하지는 않지만 그것을 원하지도 않았다. 사교적인 사람은 한순간에 모든 것을 얻을 수 있고 별난 사람을 웃음거리로 만들 수 있지 않는가? 별난 사람은 사교적인 사람의 무적의 원수가 되고, 드디어는 사교적인 사람을 정복할 수 있지 않는가? 도대체 어떤 인간이 본능적인 자신감을 가지고 — 그곳에 서서 자신을 방어하고, 결코 다른 사람에게 양보하지 않으며, 자기 주장의 모든 동력을 동원해 차지하려는 — 진지를 찾으려 하지 않겠는가? 이 모든 것은 가장 예의 바르거나 경건한 모습으로도 나타날 수 있다. 그러나 그리스도인 공동체는 분명 어디선가 "누가 제일 크냐 하는 생각이 그들 가운데 번진다"는 사실을 인식해야 한다. 공동체에 이러한 사실 인식은 매우 중요하다. 이러한 생각은 자기 정당화를 위한 자연적 인간의 투쟁이다. 자연적 인간은 자기 정당화를 오직 다른 사람과 비교하고 다른 사람을 판단하며 심판하는 데서 찾으려 한다. 자기 정당화와 심판은 — 은혜에 의한 칭의와 섬김이 그렇듯이 — 하나의 짝을 이룬다.

우리의 악한 생각을 가장 효율적으로 극복하는 길은 악한 생각을 전혀 말로 표현하지 않는 것이다. 자기 정당화의 영은 오직 은혜의 영에 의해서만 극복될 수 있다. 그러나 말로만 표현되지 않는다면 심판하는 생각들은 위축되고 질식되어 버릴 것이다. 그러나 죄의 고백만은 예외다. 이에 대해서는 나중에 다시 말할 기회가 있을 것이다. 자기 혀에 굴레를 씌우는 사람은 마음과 몸을 다스리는 사람이다.(약 3:3f.) 그러므로 그리스도인 공동체 생활의 결정적인 규칙은 형제에 대한 은밀한 말을 금지시키는 것이다.[68] 그렇다고 다른 사람을 바르게 인도하려는 권면까지 막으라는 것은 결코 아니다. 이에 대해서는 또다시 말할 기회가 있을 것이다. 다른 사람에 대한 은밀한 말은 – 그것이 비록 호의적이며 돕는 것처럼 보이는 곳에서도 – 결코 발설되어서는 안 된다. 왜냐하면 형제를 미워하는 마음은 그에게 해를 입히려 할 때마다 이런 가면을 쓰고 숨어 들어오기 때문이다. 여기서는 이러한 규칙의 개별적인 제약들에 관해 상술할 수 없다. 이러한 제약들은 그때마다의 결단에 맡길 수밖에 없다. 그러나 이러한 규칙은 성서의 요청에 상응하는 명백한 사상이다. "너는 앉아서 네 형제를 헐뜯고, 네 어머니의 아들을 중상하는도다. 그러나 나는 너를 벌하고 그것을 네 눈앞에 드러내리라."(시 50:20f.) "사랑하는 형제들아, 서로 헐뜯지 말라. 제 형제를 헐뜯고 심판하는 사람은 율법을 헐뜯고 율법을 심판하는 것이니라. 네가 만일 율법을 심판한다면, 너는 율법을 행하는 자가 아니라 심판자니, 복을 줄 수도 있고 벌할 수도 있는 입법자는 한 분뿐이니라. 네가 누구이기에 감히 남을 심판하느냐?"(약 4:11–12) "입에서 더러운 악담을 쏟아 내지 말라. 오직 덕을 세우는 데 필요한 착한 말을 하여 듣는 사람들에게 복이 되게 하라."(엡 4:29)

이와 같이 처음부터 혀를 훈련시키면, 사람들은 저마다 비할 나위 없이 귀중한 것을 발견하게 될 것이다. 그는 – 다른 사람을 쉬지 않고 관찰하며 비난하고 정죄하며 그를 자기 마음대로 조종할 수 있는 자리에 앉히고 억압하는 – 일을 중단할 수 있게 될 것이다. 그는 이제 형제로 하여금 – 하나님께서 그에게 자유를 주셨듯이 – 자유롭게 살도록 만든다. 시야는 넓어지고, 형제에 놀라움을 금치 못하면서 창조주 하나님의 찬란한 영광을 처음으로 보게 된다. 하나님은 다른 사람을 우리가 만드는 방식으로 창조하지는 않으셨다. 하나님이 우리에게 형제를 주신 것은 그를 지배하기 위함이 아니라, 우리로 하여금 형제 너머에 계신 창조주를 발견하도

---

68) 베트게에 의하면, 핑켄발데에는 단 하나의 규칙만이 있었다고 한다. 그 규칙은 다음과 같다. "그 자리에 없는 목사후보생에 대해 말해서는 안 된다. 단 부득이하게 말해야 할 경우에는 무슨 일이 일어났는지를 그 후보생에게 이야기해 주어야 한다."(DB 491)

록 하기 위함이다. 전에는 단지 나를 성가시게 만들었던 사람이 이제는 피조물의 자유 속에서 나의 기쁨의 토대가 된다. 하나님은 다른 사람을 내가 좋아하는 형상대로, 즉 나의 형상대로 만들려는 것을 원치 않는다. 하나님은 다른 사람을—나로부터 자유롭게—당신의 형상대로 지으셨다. 다른 사람에게 하나님의 형상이 어떻게 나타날지는 누구도 미리 알 수 없다. 그러나 그것은 분명 하나님의 자유로운 창조에 토대를 둔 완전히 새로운 모습일 것이다. 그 형상은 내게 낯설게, 심지어는 하나님답지 않은 모습처럼 보일지도 모른다. 하나님은 다른 사람을 십자가에 달리신 분, 곧 당신의 아들의 형상대로 지으셨다. 그러나 그것을 깨닫기 전에는 이러한 형상마저도 내게 낯설고 하나님답지 않은 것처럼 보였다.

공동체 안에는 강함이나 약함, 영리함이나 어리석음, 유능하거나 무능함, 경건하거나 덜 경건함이 있을 수 있다. 그러나 공동체 안에 있는 개인들의 이러한 상이함은 결코 왈가왈부의 대상이 되거나 심판하며 정죄할 이유가 될 수 없으며, 자기 주장의 근거도 될 수 없다. 오히려 이러한 상이함은 서로 즐거워하고 섬겨야 할 이유가 된다. 지금도 공동체의 모든 지체는 자신만의 자리를 받아들인다. 그러나 그 자리는 가장 효과적으로 자신을 주장할 수 있는 자리가 아니라, 자신의 섬김을 극대화할 수 있는 자리다. 그리스도인 공동체에서 중요한 것은 모든 개인이 하나의 사슬을 잇는데 반드시 필요한 지체들이라는 사실이다. 가장 작은 지체라도 꼭 맞물려지면 사슬이 끊어지지 않는 법이다. 할 일이 없는 지체가 생기는 것을 방치하는 공동체는 바로 그 지체 때문에 몰락하게 된다. 따라서 모든 개인에게—의혹의 시간들 속에서도 자신이 불필요한 존재나 쓸모없는 존재가 아님을 깨닫도록—공동체를 위한 특정한 임무를 부여하는 것이 바람직하다. 모든 그리스도인 공동체는 약자만이 강자를 필요로 하는 것이 아니라, 강자도 약자 없이는 존재할 수 없음을 알아야 한다. 약자를 축출하는 것은 공동체의 죽음을 뜻한다.

그리스도인 공동체를 지배하는 것은 자기 정당화와 그것으로부터 나오는 폭력적인 행위가 아니라, 은총에 의한 칭의와 이 칭의로부터 나오는 섬김이어야 한다. 삶 속에서 한번이라도 하나님의 자비를 체험한 사람은 그 후로는 오직 섬기려고만 할 것이다. 심판자의 교만한 권좌가 그를 유혹하지 못한다. 그는 오히려 미천하고 작은 사람들 곁으로 내려가려 한다. 왜냐하면 하나님께서 그를 찾아내신 곳이 바로 그 낮은 곳이기 때문이다. "높은 것을 바라지 말고, 낮은 데 내려가서 비천한 사람들과 함께 머무르라."(롬 12:16)

섬기는 것을 배우려는 사람은 먼저 자신을 낮게 평가하는 법부터 배워야 한다. "아무도 자신을 분수 넘게 생각하지 말라."(롬 12:3) "자기 자신을 바르게 알고 자신을 낮게 생각하는 법을 배우는 것이야말로 우리가 배워야 할 가장 고상하고 유익한 교훈이다. 스스로는 아무것도 하려 하지 말고 언제나 다른 사람으로부터 좋은 생각을 얻는 것이 위대한 지혜요, 완전함이다."(토마스 아 켐피스)[69] "스스로 슬기로운 척하지 말라."(롬 12:16) 예수 그리스도 안에서 죄 사함을 받은 사람만이, 즉 이러한 죄사함으로부터 사는 사람만이 자신을 낮게 평가한다. 그는 그리스도가 그를 용서해 주셨을 때 그의 교활함도 몰락할 수밖에 없었다는 사실을 알게 될 것이다. 이러한 것은 선과 악이 무엇인지를 알려 했지만 이러한 교활함 속에서 죽고 만 첫 사람 아담의 교활함을 연상시켜 준다. 그러나 지상에서 태어난 첫 번째 사람은 아우를 죽인 가인이다. 이것이 바로 교활함의 결과다. 그리스도인은 자신을 교활한 사람으로 간주할 수 없기 때문에 자신의 계획과 의도도 낮게 평가한다. 그는 또한 이웃과의 만남을 통해 자신의 뜻이 꺾이는 것을 다행으로 생각할 것이다. 그는 이웃의 뜻을 자기 뜻보다 더 중요하고 절박하게 여길 준비가 되어 있다. 자신의 계획이 수포로 돌아간들 그것이 무슨 해가 되겠는가? 자신의 뜻을 관철시키는 것보다 이웃을 섬기는 것이 더 낫지 않은가?

---

69) Thomas a Kempis, Imitatio Christi I, 2, 16f.

다른 사람의 뜻뿐 아니라 그의 명예도 내 명예보다 중요하다. "서로 자기에게 영광을 돌리고, 오직 하나님에게서 오는 영광을 구하지 않으면서 어찌 믿는다고 하리요."(요 5:44) 명예욕은 믿음을 방해한다. 명예를 찾는 사람은 더는 하나님과 이웃을 찾지 않는다. 내가 억울한 일을 당한들 그것이 무슨 해가 되겠는가? 하나님이 내게 자비를 베풀지 않았다면, 하나님으로부터 더 심한 벌을 받지 않았을까? 나의 불의함에도 불구하고 하나님은 나를 천 번씩이나 공정하게 대해 주시지 않았던가? 겸손해지기 위해선 나의 작은 억울함을 말없이 참으면서 감당하는 법을 배우는 것이 낫지 않겠는가? "참는 마음은 교만한 마음보다 나으니라."(전 7:8) 은총으로 의롭다 함을 얻은 사람은 그 어떤 모욕이나 상처에도 저항하지 않는다. 오히려 모욕과 상처를 — 벌주시고 은혜를 베푸시는 — 하나님께서 주신 것으로 받아들이려 한다. 모욕을 당할 때 참기는커녕 바울도 자신의 로마 시민권을 주장했고,[70] 예수도 자신을 때리는 자들에게 "왜 나를 때리느냐"[71]고 반박한 일을 상기시키는 것은 좋지 않은 징조다. 모욕을 당할 때 예수와 바울처럼 먼저 침묵하는 법을 배우지 않는다면, 결코 예수와 바울처럼 행동하지 못할 것이다. 공동체 속에서 너무 쉽게 번져나가는 감성적인 죄는 얼마나 잘못된 명예욕, 즉 얼마나 큰 불신앙이 공동체 안에 살아 있는지를 지적해 준다.

마지막으로 극단적인 말을 해야겠다. 솔직하게 말하자면, 영리한 척하지 않고 낮은 사람들과 어울리는 것은 자신을 죄인의 괴수로 간주하는 것을 뜻한다. 이 말은 자연적 인간의 전적인 저항뿐 아니라 자의식이 강한 그리스도인의 저항도 불러일으킨다. 그리고 너무 과장되고 거짓된 말처럼 들릴지도 모른다. 그러나 바울도 자신이 가장 큰 죄인이라고 말하지 않았는가?(참조. 딤전 1:15) 그것도 자신이 사도로 섬기고 있음을 말하

70) 참조. 행 22:25-29.

71) 요 18:23.

는 맥락에서 이러한 말을 하지 않았던가? 나를 이러한 깊이로 인도하지 않는 죄 인식은 진정한 죄 인식이 아니다. 내 죄가 다른 사람의 죄에 비해 더 작게 보이거나 덜 사악해 보인다면, 자신의 죄를 전혀 깨닫지 못하고 있는 것이라고밖에 말할 수 없다. 내 죄는 필연적으로 가장 크고 무거우며 사악한 죄일 수밖에 없다. 형제를 사랑하는 사람은 다른 사람의 죄는 덮어주지만, 자신의 죄에 대해서는 추호의 변명도 하지 않는다. 그러므로 내 죄가 가장 무거운 죄일 수밖에 없다. 공동체 속에서 형제를 섬기려는 사람은 모름지기 이러한 겸손의 깊이까지 내려가지 않으면 안 된다. 다른 사람의 죄가 내 죄보다 무거워 보이지 않는데 어떻게 거짓 없이 겸손하게 그를 섬길 수 있겠는가? 나를 다른 사람보다 높이면, 그에게서 무슨 희망을 기대할 수 있겠는가? 그것은 위선적인 겸손이 될 것이다. "그대가 다른 모든 사람보다 작다는 것을 깊이 느끼지 못한다면 성화의 사역에서 한걸음 더 나아갔다고 생각하지 말라."(토마스 아 켐피스)[72)]

그러면 그리스도인 공동체에서 형제의 바른 섬김은 어떻게 이루어지는가? 우리는 너무 성급하게 — 이웃을 참으로 섬기는 길은 하나님의 말씀으로 섬기는 길밖에 없다고 — 대답하려는 경향이 있다. 물론 이에 비길 만한 섬김이 없다는 것은 분명하다. 사실 다른 모든 섬김은 말씀으로 섬기는 일을 위해 존재한다. 그러나 말씀을 전하는 설교자만이 그리스도인 공동체를 이루는 것은 아니다. 만일 여기서 다른 요소들이 고려되지 않는다면 엄청난 과오를 저지르게 될 것이다.

한 사람이 공동체 안에서 다른 사람에게 빚지고 있는 **첫 번째** 섬김은 다른 사람의 말을 들어주는 것이다. 하나님에 대한 사랑이 그분의 말씀을 듣는 데서부터 시작되듯이, 형제에 대한 사랑도 형제의 말에 귀를 기울여 주는 것을 배우는 데서부터 시작된다. 우리를 향한 하나님의 사랑은 우리에게 당신의 말씀만 주시는 것이 아니라, 당신의 귀도 빌려주신다는 사실

---

72) Thomas a Kempis, Imitatio Christi I, 2, 12.

에서 잘 나타난다. 따라서 형제에게 귀를 기울이는 법을 배운다면 우리가 우리의 형제에게 행하는 것이 곧 하나님의 역사하심이 된다.

그리스도인들, 특히 설교자들은 다른 사람들과 함께 있을 때면 언제나 그들에게 무엇인가를 '제공'해야 된다고 생각하기 쉽다. 그리고 그것을 그들이 할 수 있는 유일한 섬김이라고 생각한다. 그러나 그들은 들어주는 것이 말하는 것보다 더 큰 섬김이 된다는 사실을 망각하고 있다. 세상에는 자신에게 귀를 기울여줄 사람을 찾는 사람이 많다. 그러나 그리스도인 가운데 들을 귀를 가진 사람을 찾기란 그리 쉽지 않다. 왜냐하면 그들은 들어야 할 때도 입을 열기 때문이다. 형제에게 귀를 기울이지 않는 사람은 머지않아 하나님께도 귀를 기울이지 않을 것이요, 하나님 앞에서도 언제나 말만 할 것이다. 여기서 영적 생명의 죽음이 시작된다. 결국 남는 것은 영적인 수다뿐이며, 경건한 말에 압도된 승려풍의 자기 낮춤 뿐이다. 인내심을 가지고 오래 들을 수 없는 사람은 언제나 다른 사람의 귀에 들어가지도 않을 말을 하면서도 이러한 사실을 전혀 깨닫지 못한다. 내 시간은 너무 소중해서 다른 사람의 말을 듣는 데 시간을 허비할 수 없다고 생각하는 사람은 실제로 하나님과 형제를 위해 전혀 시간을 낼 수 없는 사람이다. 그는 오직 자기 자신과 자신의 계획을 위해서만 시간을 낸다.

형제적 목회와 설교의 근본적 차이는 말씀을 전하는 임무에 듣는 임무가 더해진다는 데 있다. 그런데 귀를 반쯤만 열어놓고 듣는 경우도 있다. 이러한 들음은 다른 사람이 할 말을 이미 알고 있다고 생각하는 데서부터 생긴다. 따라서 참을성을 가지고 주의 깊게 들어주지 않는다. 그것은 형제를 무시하는 것이요, 결국은 자신이 말할 때를 기다리는 것뿐이며 따라서 다른 사람을 무시하는 것이다. 이것으로는 결코 우리의 임무가 완수되지 않는다. 그리고 여기서도 형제를 대하는 우리의 태도가 하나님과의 관계를 그대로 반영한다는 것이 분명해진다. 우리가 사소한 것에서 형제의 말에 귀를 기울이지 않는다면, 하나님께서 우리에게 위탁하신 가장 큰 들음의 섬김, 즉 형제의 고해를 들어주는 섬김을 수행할 수 없게 된다. 이것은 너무나 당연하다. 세속적 사회도 진지하게 들어주는 행위를 통해서만 진정으로 다른 사람을 도와줄 수 있다는 것을 알고 있다. 그리고 그들은 이러한 인식 위에서 세속적인 정신치료를 수행해 나간다.[73] 많은 사람들, 심지어 그리스도인들마저도 이러한 세속적인 정신치료에 매료되어 있다. 그러나 그리스도인들은 자신들의 듣는 직무가 — 그 자신도 위대한 경청자이시며, 그리스도인들을 당신의 사역에 동참시키시는 — 그분이 위탁하신 것이라는 사실을 잊어버렸다. 우리는 하나님의 귀로 들어야 한다. 그래야만 하나님의 말씀을 가지고 말할 수 있다.

그리스도인 공동체에서 한 사람이 다른 사람에게 행해야 하는 **두 번째** 섬김은 기꺼이 다른 사람을 돕는 것이다. 여기서는 무엇보다도 그리 중요하지 않은 사소한 일에서 겸손하게 도와주는 것을 염두에 두어야 한다. 모든 공동체에는 도와주어야 할 일들이 얼마나 많은지 모른다. 가장 사소한 섬김이라도 무시해서는 안 된다. 그리 중요하지 않은 사소한 것을 도와주느라 귀중한 시간을 공연히 낭비한다고 걱정하는 것은 대개의 경우 자신의 일을 너무 중요하게 생각하기 때문이다. 우리는 하나님께서 우리의 길을 방해하실 때를 미리 준비해야 한다. 하나님은 우리에게 — 우리가 갈 길을 자신의 길이라고 주장하고 그 길을 양보해 달라고 간청하는 — 사람들을 보내심으로써 거듭, 아니 날마다 우리의 길과 계획을 가로막으신다. 우리는 강도 만난 자를 지나쳤던 제사장처럼 우리의 중요한 일에 몰두한 나머지 그들을 지나쳐 버릴 수도 있다.[74] 아마 성서를 읽으면서 그렇게 했는지도 모른다. 그러나 우리의 삶 속에 분명하게 세워져 있는 십자가의 표식은 지나쳐 버리게 된다. 십자가의 표식은 우리의 길이 아니라

---

73) "**세속화된 목회**"란 주제에 대해서는, 그리고 심리치료와 실존철학에 의존하는 목회에 대해서는 그의 강의 "목회"(1935/39 GS V, 370-373)를 참조. 또한 WEN 357을 참조.

74) 참조. 눅 10:31.

하나님의 길이 중요하다는 사실을 지시하는 것이다. 그리스도인들과 신학자들이 종종 자신들의 일만을 중요하고 절박한 것으로 간주한 나머지 그들의 일에 방해가 되는 것은 그 어떠한 것도 받아들이려 하지 않는다는 것은 정말 이상한 일이다. 그들은 하나님을 섬긴다고 생각하지만, 실제로는 하나님의 '굽었지만 반듯한 길'(Gottfried Arnold)[75]을 무시하는 것이다. 그들은 어긋난 인생길 같은 것은 알려고도 하지 않는다. 섬겨야 할 때 손을 아끼지 않는 것, 우리의 시간을 우리 마음대로 하는 것이 아니라 하나님으로 하여금 채우시도록 만드는 것이야말로 겸손의 수업에 속한다. 수도원에서 수도원장에게 복종의 서약을 한 수도사는 시간을 자기 마음대로 할 수 있는 권한을 스스로 포기한다. 개신교의 공동체 생활에서는 자유롭게 형제를 섬기는 것이 서약을 대신한다. 다른 사람들을 돕는 일상에서 사랑과 자비의 일을 무시하지 않는 사람만이 하나님의 사랑과 자비의 말씀을 기쁘고도 믿을 만하게 선포할 수 있다.

셋째, 우리는 다른 사람의 짐을 짊어지는 섬김에 관해 말해야 한다. "서로 남의 짐을 지라. 그리하여 그리스도의 법을 이루라."(갈 6:2) 그리스도의 법은 다른 사람의 짐을 짊어지는 법이다. 짐을 짊어진다는 것은 용납한다는 것이다. 형제는 그리스도인에게 짐이 된다. 다름 아닌 그리스도인에게 정말 짐이 된다. **이방인**에게는 형제가 전혀 짐이 되지 않는다. 그는 다른 사람이 지워주는 짐을 거부한다. 그러나 그리스도인은 형제의 짐을 짊어져야 한다. 그는 형제를 용납해야 한다. 다른 사람은 내게 짐이 될 때에만 형제가 되고 지배의 대상이 되지 않는다. 인간의 짐은 하나님에게도 너무 무거워 십자가에서 짊어질 수밖에 없으셨다. 하나님은 인간을 예수 그리스도의 몸에서 진정 용납하셨다. 그래서 그는 어머니가 자식을, 목자가 잃은 양을 짊어지듯이 사람의 모든 짐을 짊어지셨다. 하나님

---

75) 독일찬송가 230장 1절("주님, 당신은 당신의 자녀들을 구원으로 인도하십니다."), Gottfried Arnold(1666-1714)의 시 4:4 찬송.

께서 인간을 받아들이신 곳에서 사람은 하나님을 땅바닥에 내동댕이쳤다. 그러나 하나님은 그들 곁에 계셨고, 그래서 그들은 하나님과 함께할 수 있었다. 하나님은 이렇게 인간을 용납하심으로써 그들과의 사귐을 유지하셨다. 이것이 바로 십자가에서 성취된 그리스도의 법이다. 그리스도인은 이 법에 참여한다. 그들은 형제를 짊어지고 용납해야 한다. 그러나 더 중요한 것이 있다. 그들이 이제 성취된 그리스도의 법 아래서 형제도 짊어질 수 있게 된 것이다.

성서는 '짊어진다'는 말을 눈에 띌 정도로 많이 하고 있다. 성서가 예수 그리스도의 전 업적을 이 말로 표현할 정도다. "그는 진정 우리의 병을 지셨고 우리의 아픔을 몸에 지니셨고 우리가 받을 벌을 몸으로 담당하셨으니, 이는 우리로 평화를 누리게 하려는 것이니라."(사 53장)[76] 따라서 성서는 그리스도인의 삶을 십자가를 짊어지는 삶으로 표현한다. 그리스도인의 삶은 여기서 실현되는 그리스도의 몸의 공동체다. 그리스도의 삶은 한 사람이 다른 사람의 짐을 체험하게 되는 십자가 공동체다. 다른 사람의 짐을 체험하지 못한다면, 그리스도인 공동체라 할 수 없다. 이 짐을 짊어지려 않으려는 것은 그리스도의 법을 거부하는 것이다.

이미 말했듯이, 그리스도인에게 짐이 되는 것은 무엇보다도 다른 사람의 '**자유**'에 있다.[77] 다른 사람의 자유는 그리스도인의 자기 영광과 대립된다. 그러나 기독교인은 다른 사람의 자유를 인정해야 한다. 다른 사람에게 자유를 주지 않고 자신의 모습만을 강제로 각인시킨다면, 그리스도인도 이 짐을 벗어버릴 수 있다. 그러나 하나님으로 하여금 당신의 형상을 다른 사람 안에 창조하시도록 만드는 그리스도인은 타자에게 자유를 허용하며 다른 피조물의 자유의 짐을 짊어질 수 있게 된다. 다른 사람의 자유에는 우리가 본질, 특성, 소질 같은 말로 이해하는 모든 것이 포함되

---

76) 참조. 사 53:4-5.

77) 참조. 『신도의 공동생활』의 공동체 단락.

어 있다. 그것은 또한 우리가 참아내기 어려운 약점들과 기괴한 성격까지도 내포한다. 그리고 그와 나 사이에서 온갖 불화와 대립과 충돌을 야기시키는 모든 것을 포함한다. 다른 사람의 짐을 짊어진다는 것은 그의 피조적 현실을 용인하는 것이며, 그것을 긍정하는 것이고, 또한 그것을 용납하는 가운데 그것에 대해 기쁨을 느낄 때까지 돌파해 나가는 것을 말한다.

이러한 것은 특히 믿음이 강한 자들과 약한 자들이 한 공동체 안에 결합되어 있는 곳에서 어려워진다. 약한 자는 강한 자를 심판하지 말고, 강한 자는 약한 자를 멸시하지 말아야 한다. 약자는 교만을, 강자는 무관심을 경계해야 한다. 그 누구도 자신의 권리를 주장하지 말아야 한다. 강자가 넘어질 때 약자는 병적인 즐거움을 품지 말아야 하며, 약자가 넘어질 때 강자는 즐거운 마음으로 그를 다시 일으켜 세워 주어야 한다. 양자 모두에게 필요한 것은 충분한 인내심이다. "홀로 있는 사람은 불행하여라. 그가 넘어졌을 때, 그를 도와줄 사람이 옆에 없도다."(전 4:10) 성서는 다른 사람의 자유를 존중하면서 다른 사람을 용납하라고 말한다. "서로 용납하라."(골 3:13) "아주 겸손하고 부드럽게 그리고 참을성을 가지고 살라. 그리고 사랑으로 서로 용납하라."(엡 4:2)

다른 사람의 자유란 주제에서 문제가 되는 것은 자유가 **죄** 속에서 악용될 수도 있다는 사실이다. 죄는 그리스도인에게 그의 형제가 지워주는 짐이 된다. 다른 사람의 죄를 짊어지는 것이 그의 자유를 짊어지는 것보다 훨씬 더 어렵다. 왜냐하면 죄 속에서는 하나님과의 사귐뿐 아니라, 형제와의 사귐도 깨어지기 때문이다. 여기서 그리스도인은 예수 그리스도 안에서 세워진 다른 사람과의 사귐이 단절되는 아픔을 겪게 된다. 그러나 우리가 그것을 짊어질 때, 하나님의 크신 은총이 비로소 명백하게 드러난다. 죄인을 멸시하지 않고 짊어질 수 있다는 것은 그를 포기하지 않는 것이고, 그를 받아들이는 것이며, 용서를 통해 그에게 사귐의 특권을 보존해 주는 것이다. "사랑하는 형제들이여, 누가 그만 죄에 빠져 들어가면, 그대들은 너그러운 마음으로 그가 다시 바로 서도록 도와주시오."(갈 6:1) 그리스도가 죄인인 우리를 받아들여 우리의 짐을 짊어지신 것처럼, 우리도 공동체 안에서 죄인들을 짊어지고, 죄의 용서를 통해 예수 그리스도의 공동체로 받아들여야 한다. 우리는 형제의 죄를 감수해야 하며, 결코 심판해서는 안 된다. 이것이 그리스도인에게는 은총이다. 공동체 안에서 발생하는 죄들은 어떤 죄들인가? 그것들은 다름 아닌 불성실한 기도와 중보기도, 형제를 온전히 섬기지 못한 것, 형제에게 권면과 위로를 주지 못한 것, 그의 개인적인 죄, 그리고 – 자신과 공동체, 그리고 형제들에게 해를 끼치는 – 영적 방종 등을 반성하거나 자책하지 않는 것들이 아닐까? 개인의 모든 죄가 전체 공동체를 괴롭히고 고발하기 때문에 교회는 – 형제의 죄 때문에 생기는 모든 아픔을 감수하고, 짐을 질 만한 자격이 있기에 무거운 짐을 지면서도 – 죄를 짊어지고 용서하는 것을 기뻐한다. "보라! 그대가 그들을 모두 짊어지면, 그들 모두가 그대를 짊어지리라. 그리고 모든 것은 좋든 나쁘든 공동의 것이다."(루터)[78]

용서의 섬김이란 한 사람이 다른 사람에게 날마다 해야 하는 일이다. 용서의 섬김은 '**말없이**' 서로를 위해 중보기도하는 가운데 나타난다. 그리고 이러한 섬김에 싫증을 내지 않는 공동체의 모든 지체는 형제들이 자신을 똑같이 섬길 것이라는 사실을 믿어도 좋다. 자진해서 다른 사람의 짐을 짊어지는 사람은 이미 누군가가 자신도 짊어지고 있음을 깨닫는다. 그리고 오직 이러한 능력 안에서만 스스로 다른 사람의 짐을 짊어질 수 있다.

귀기울이는 섬김, 적극적인 도움의 섬김, 다른 사람의 짐을 지는 섬김이 신실하게 행해질 때 궁극적이며 최고의 것, 즉 말씀의 섬김도 이루어질 수 있다.

여기서 중요한 것은 인간이 인간에게 하는 자유로운 말이지, 그 어떤

78) M. Luther, Ein Sermon von dem hochwürdigen Sakrament. 151.(WA 2,745)

직무에 매이거나 시간과 장소에 매인 말이 아니다. 즉 한 사람이 다른 사람에게 사람의 말을 가지고 하나님의 온갖 위로와 경고의 말씀을 증거하고, 하나님의 자비와 준엄하심을 증언하는 세계 내의 유일무이한 상황이 문제가 된다. 이 말씀은 한없는 위험에 둘러싸여 있다. 이 말씀에 바르게 귀를 기울이지 않으면서 어떻게 다른 사람들에게 바른 말을 해줄 수 있겠는가? 그 말이 적극적인 도움을 주는 일과 모순된다면 그 말이 어떻게 믿을 만하고 진실한 말이 될 수 있겠는가? 다른 사람을 감당하려는 태도가 아니라 조급함과 억압적인 영에서 나오는 말이 어떻게 해방과 치유를 가져다주는 말이 될 수 있겠는가? 누군가가 내게 귀를 기울이고 나를 섬기며 감당할 때에만 내 입이 쉽게 다물어지는 법이다. 말뿐인 것에 대한 깊은 불신 때문에 형제에게 하는 본연의 말도 힘을 잃는다. 무력한 인간의 말이 어떻게 다른 사람에게 영향력을 미칠 수 있을까? 빈말을 늘어놓아야 할 필요가 있을까? 우리도 형식적인 영적 체험자처럼 다른 사람의 실제적인 곤궁을 빈 말로 지나쳐 버리려 하는가? 하나님의 말씀을 쓸데없이 많이 하는 것처럼 위험한 일이 또 있을까? 반면에 말을 했어야 할 때 입을 다물고 있었던 것에 대해선 누가 책임을 져야 하는가? 침묵을 지켜야 할 책임과 말해야 할 책임 사이에 있는 완전히 자유로운 이 말씀에 비해 강단 위에서 질서정연하게 말하는 것은 얼마나 쉬운 일인가?

말씀에 대한 책임은 두려움을 자아낸다. 그러나 이 두려움에는 다른 사람에 대한 두려움이 이어진다. 한 형제에게 예수 그리스도의 이름을 입에 올린다는 것은 결코 수월한 일이 아니다. 여기서도 참과 거짓이 뒤섞인다. 누가 이웃의 세계 속으로 들어갈 권한이 있는가? 그를 세우고 만나서 궁극적인 것에 관해 말할 권한이 누구에게 있단 말인가? 모든 사람이 이런 권한, 아니 이런 의무를 가지고 있다고 말하는 것은 위대한 그리스도교적 통찰력에 이르지 못했다는 증거가 될 뿐이다. 다른 사람을 압제하려는 마음이 여기서 다시 가장 사악한 방식으로 숨어 들어올 수 있다. 사실 다른 사람은 공연한 간섭으로부터 자신을 지킬 권리와 책임, 그리고 의무를 가지고 있다. 다른 사람은 — 폭로되면 크게 손상을 입을 수밖에 없으며, 포기하면 자신을 파멸시킬 수밖에 없는 — 그만의 비밀을 가지고 있다. 이 비밀은 지식이나 감정의 비밀이 아니라, 그의 자유, 그의 구원, 그의 존재의 비밀이다. 그러나 이러한 바른 인식도 살인자 가인의 말에 너무 — 위험하게 — 가깝다. "내가 내 아우를 지키는 자니이까?"[79] 이 말은 다른 사람의 자유를 존중해 주는 것처럼 보이지만, 하나님의 말씀의 저주 — "나는 그의 피를 네 손에서 요구하리라"(겔 3 : 18) — 아래 있는 말이다.

그리스도인들의 공동생활에서는 한 사람이 다른 사람에게 하나님의 말씀과 뜻을 증언해야 할 때가 — 언젠가는, 그리고 어떻게든 — 오고야 만다. 모든 사람에게 가장 중요한 것을 형제들끼리 서로 이야기하지 않는다는 것은 생각조차 할 수 없는 일이다. 한 사람이 다른 사람에게 결정적인 섬김을 고의로 행하지 않는 것은 결코 그리스도인의 자세가 아니다. 그 말을 입에 올리기를 원치 않는다면 우리는 우리 자신을 검증해 보아야 한다. 우리는 아직도 형제를 바라보면서 — 우리가 결코 훼손해서는 안 되는 — 그의 인간적 위엄만을 보고 있는 것은 아닌가? 그뿐 아니라 그가 — 아무리 나이가 많고 지위가 높으며 중요한 사람이라 해도 — 우리와 똑같은 죄인으로서 하나님의 은혜를 간구하는 사람이며, 우리와 마찬가지로 많은 것을 필요로 하고, 도움과 위로와 용서가 필요한 사람이라는 사실을 잊고 있는 것은 아닌가? 그리스도인이 서로 말을 주고받을 수 있는 토대는 우리가 다른 사람을 — 도움이 주어지지 않으면, 아무리 높은 영광의 자리에 있다 해도 고독하고 버림받은 — 죄인으로 인식하는 것이다. 이러한 사실은 결코 다른 사람을 경멸하는 것도 아니며, 모욕하는 것도 아니다. 오히려 그에게 인간의 유일한 명예를 지시해 주는 방식이라고 말할 수 있다. 우리는 그가 죄인으로서 하나님의 은총과 영광에 참여해야

79) 참조. 창 4 : 9.

하며, 그가 바로 하나님의 자녀라는 사실을 인식해야 한다. 이러한 인식은 – 형제에게 하는 – 우리의 말에 반드시 필요한 자유와 개방성을 부여해 준다. 우리는 우리 모두에게 필요한 도움을 바라며 말을 주고받는다. 우리는 그리스도께서 우리에게 지시하신 길을 가자고 서로 권면한다. 우리는 우리의 자멸을 초래할 불순종을 멀리하자고 서로 권고한다. 우리는 피차 부드러울 수도 있고 준엄할 수도 있다. 하나님의 자비와 준엄하심을 알기 때문이다.[80] 우리가 왜 서로를 두려워해야 하는가? 우리 모두는 하나님만을 두려워해야 할 사람들이 아닌가? 우리는 왜 우리의 형제가 우리를 알아주지 않는다고 생각해야 하는가? 누군가가 우리에게 하나님의 위로와 격려의 말씀을 더듬거리며 전할지라도, 우리는 그 말을 잘 이해하지 않는가? 우리는 위로나 권면의 말씀을 전혀 필요로 하지 않는 사람이 있다고 생각하는가? 그렇다면 왜 하나님께서 우리에게 그리스도인 형제를 선사했겠는가?

우리가 다른 사람이 우리에게 하는 말을 가만히 듣는 연습을 하면 할수록, 또한 심한 비판과 권면들을 겸손하게 감사하는 마음으로 받아들이는 연습을 하면 할수록, 우리는 그만큼 더 자유롭고 진실하게 우리 자신의 말을 할 수 있다. 너무 예민하고 자만해서 형제의 진지한 말을 거부하는 사람은 다른 사람에게 겸손한 마음으로 진리를 말할 수 없다. 왜냐하면 그는 다른 사람이 그를 거부하는 것을 두려워하며, 거부당하면 모욕을 받는다고 느끼기 때문이다. 이렇게 예민한 사람은 형제에게 좋은 말만 하지만, 곧 형제를 멸시하고 중상하는 사람으로 변한다. 그러나 겸손한 사람은 언제나 진리와 사랑 안에 머문다. 그는 하나님의 말씀에 매여 있고, 그 말씀의 인도를 받아 형제에게 나아간다. 자신을 위해 구하는 것이 아무것도 없고 두려워하는 것도 없기 때문에 그는 말씀으로 다른 사람을 도울 수 있다.

---

80) 참조. 롬 11:22. 루터 성서의 번역: "따라서 하나님의 선하심과 진실하심을 보라."

형제가 죄에 빠졌을 때 그를 훈계하는 것은 불가피한 일이다. 하나님의 말씀이 그것을 요구하기 때문이다. 공동체의 양육 훈련은 가장 작은 모임에서부터 시작된다. 가정 공동체와 전 공동체가 가르침이나 삶에서 하나님의 말씀을 떠나 위태롭게 되었을 때에는 권면과 훈계의 말씀이 주어져야 한다. 다른 사람의 죄를 묵과하는 관대함 만큼 무서운 것도 없다. 반면에 형제를 죄의 길에서 돌이키는 준엄한 훈계만큼 자비로운 것도 없다. 우리가 하나님의 말씀으로 하여금 – 우리를 심판하고 동시에 도와주면서 – 우리 사이에 머무르도록 하는 것이야말로 자비로운 섬김이다. 또한 참된 공동체가 궁극적으로 선사해 줄 수 있는 것이 바로 이것이다. 우리가 아니라 하나님이 심판하신다. 하나님의 심판은 돕고 치유하시는 심판이다. 우리는 마지막까지 형제를 섬길 뿐이지, 결코 우리를 형제 위에 세워서는 안 된다. 그에게 심판하고 분리시키는 하나님의 말씀을 전할 때에도, 그리고 하나님께 복종하는 가운데 그와의 사귐을 중단해야 될 때에도 우리는 그를 섬겨야 한다. 우리는 우리로 하여금 다른 사람을 신실하게 대하도록 만드는 것이 우리의 인간적 사랑이 아니라, 오직 심판을 통해서만 인간에게 다가오시는 하나님의 사랑이라는 사실을 알고 있다. 하나님의 말씀은 심판하심으로써 인간을 섬긴다. 하나님의 심판을 섬김으로 받아들이는 사람을 하나님은 도우신다. 이곳이 바로 형제를 위한 우리의 – 모든 인간적 행위의 – 한계가 명백하게 드러나는 장소다. "아무도 형제를 구할 수 없고, 그를 위해 하나님께 속죄할 길 없어라. 한 넋을 건지는 일은 한없이 값진 일이어서, 영원히 이루어지지 않는 일이옵니다!"(시 49:7-8) 이와 같이 자신의 가능성을 단념하는 것이야말로 – 하나님의 말씀만이 형제에게 줄 수 있는 – 구원의 도우심의 전제가 되며, 또한 구원의 도우심을 확증하는 길이 된다. 형제의 삶을 좌우할 수 있는 힘이 우리에게는 없다. 우리는 부서져 가는 것을 함께 모을 수 없으며, 죽어 가는 것을 살릴 수 없다.

그러나 하나님은 부서져 가는 것을 모으시고, 분열 속에서 사귐을 만들어 내시며, 심판을 통해 은총을 주신다. 하나님은 당신의 말씀을 우리 입에 두셨다. 그리고 우리를 통해 말씀하시려 한다. 그러나 우리가 하나님의 말씀을 가로막으면, 죄 있는 형제의 피가 우리에게 돌아온다. 우리가 그분의 말씀을 이행하면, 하나님은 우리를 통해 형제를 건지신다. "한 죄인을 그릇된 길에서 돌이키는 사람은 한 넋을 죽음에서 건질 것이요, 허다한 죄를 덮는 것입니다."(약 5 : 20)

"그대들 가운데 크게 되려는 사람은 섬기는 사람이 되어야 하느니라."(막 10 : 43) 예수는 공동체 내의 모든 권위를 형제를 섬기는 일과 연관시키셨다. 진정한 영적 권위는 듣는 섬김, 돕는 섬김, 다른 사람의 짐을 지는 섬김, 그리고 선포의 섬김이 이루어지는 곳에서만 존재한다. 다른 사람의 중요한 속성과 뛰어난 능력, 그리고 그의 힘과 재능에 — 그것이 영적인 것이라 해도 — 의지하는 개인숭배는 모두 속된 것이요, 그리스도인 공동체가 결코 받아들여서는 안 되는 것이다. 아니, 그리스도인 공동체를 오염시키는 것이다. 오늘날 우리는 흔히 '주교다운 사람', '사제 같은 사람', '전권을 가진 인간'을 갈망하는 소리를 종종 듣게 된다. 그러나 이런 기대는 대개의 경우 — 사람을 경모하고 보이는 인간의 권위를 세우고 싶은 — 병든 마음의 욕구로부터 나오는 것이다. 왜냐하면 진정한 섬김의 권위는 매우 소박하게 보이기 때문이다. 감독을 묘사하는 데 있어서 신약성서만큼이나 이러한 욕망에 적극 반대하는 것도 없을 것이다.(딤전 3 : 1f.) 신약성서는 인간 재능의 마력이나 영적 인물의 빛나는 성품에 관해서는 한마디 말도 하지 않는다. 신약성서에 의하면, 감독은 소박한 사람, 믿음과 생활이 건전하고 참된 사람으로서 공동체를 바르게 감독하는 사람이다. 그의 권위는 섬김의 책임을 완수하는 데 있다. 사람은 결코 경탄의 대상이 될 수 없다. 그릇된 권위를 추구하는 사람은 결국 그 어떤 직접성, 즉 교회 안에 그 어떤 인간적 결합을 세우려 한다.

진정한 권위는 모든 직접성이 — 권위 문제와 관련해 — 해로운 것임을 알게 된다. 그리고 홀로 권위를 가지신 오직 한 분만을 섬길 때에만 권위가 생긴다는 사실도 알게 된다. 엄격하게 말하자면, 진정한 권위는 자신이―다음과 같은―예수의 말씀에 속박되어 있음을 깨닫느냐에 달려 있다. "그대들의 주는 한 분 그리스도뿐이요, 그대들은 다 형제들이니라." (마 23:8) 공동체는 뛰어난 인물이 아니라, 예수와 형제들을 참으로 섬기는 사람을 필요로 한다. 그러나 공동체에서 찾아보기 힘든 사람은 전자가 아니라 후자다. 공동체는 예수의 말씀을 소박하게 섬기는 사람만을 신뢰한다. 왜냐하면 공동체는 자신이 인간의 지혜가 아니라 선한 목자의 인도하심을 받는다는 사실을 잘 알고 있기 때문이다. 권위의 문제와 밀접하게 연관되어 있는 영적 신뢰의 문제는 자기 마음대로 처리할 수 있는 특별한 은사가 아니라 예수 그리스도를 섬기는 신실함에 달려 있다. 자신의 권위를 세우지 않고 오직 말씀의 권위에 복종하며 형제들 가운데 단지 한 형제가 된 예수의 종만이 목회의 권위를 갖는다.

고해와 성만찬

"서로 죄를 고백하라."(약 5:16) 자신의 죄악에 홀로 남겨진 사람은 완전히 고독한 사람이다. 그리스도인은 공동의 기도회와 기도에도 불구하고, 그리고 섬김 안에 있는 모든 사귐에도 불구하고 홀로 남겨질 수 있다. 즉 사귐에 이르는 마지막 돌파가 이루어지지 않을 수도 있다. 경건치 못한 죄인들이 만나는 것이 아니라, 신실하고 경건한 자로서 교제하기 때문이다. 경건한 공동체는 그 누구도 죄인이 되는 것을 허락하지 않는다. 그래서 사람들은 저마다 자기 자신과 공동체 앞에서 자신의 죄를 숨길 수밖에 없다. 죄인이 되어서는 안 된다는 것이다. 그러므로 경건한 사람들 가운데 갑자기 죄인이 나타나는 것은 많은 그리스도인에게는 생각조차 할 수 없는 경악스러운 일이 되고 만다. 그래서 우리는 우리의 죄로 인해 홀로 있게 된다. 거짓과 위선 속에서 말이다. 왜냐하면 누가 뭐래도 우리는 죄인이기 때문이다.

그러나 복음이 우리를 진리 안에 세우고－그대는 죄인이다. 가장 큰 죄인이다. 그러나 그대 자신의 본 모습인 이러한 죄인으로서 그대를 사랑하시는 하나님께 나아오라고－말씀하시는 것을 경건한 사람들은 쉽게 이해하지 못한다. 그러나 이것은 분명 복음의 은총이다. 하나님은 있는 그대로의 그대 자신을 원하신다. 하나님은 그대에게 제사나 공적 같은 것을 바라지 않으신다. 하나님은 오직 그대만을 원하신다. "내 아들아, 네 마음을 내게 주려마!"(잠 23:26) 하나님은 죄인에게 복을 주시기 위해 그대에게 오셨다. 기뻐하라! 이 소식이 바로 진리에 의한 해방이다. 그대는 하나님 앞에서 자신을 숨길 수 없다. 그대가 사람 앞에서 쓰는 탈은 하나님 앞에서는 쓸모없는 것이 된다. 하나님은 있는 그대로의 그대 자신을 원하시며, 그런 그대에게 자비를 베푸시려 한다. 그대는 자신이나 형제에게 그대가 마치 죄 없기나 한 것처럼 거짓말할 필요가 없다. 그대는 죄인이어도 좋다. 그리고 이것에 대해 하나님께 감사해야 한다. 그분은 죄는 미워하지만 죄인은 사랑하시기 때문이다.

그리스도는 우리가 그를 믿을 수 있도록 육신 안에서 우리의 형제가 되셨다. 그리스도 안에서 하나님의 사랑이 죄인들에게 다가온 것이다. 그분 앞에서 사람들은 죄인이어도 좋다. 그리고 오직 그렇게 되어야만 도움을 받을 수 있다. 그리스도 앞에서 모든 가식은 종말을 고한다. 죄인의 비참함과 하나님의 자비야말로 예수 그리스도 안에 나타난 복음의 진리다. 공동체는 이러한 진리 안에서 살아야 한다. 그래서 그리스도는 그에게 속한 사람들에게 죄의 고백을 듣고 그의 이름으로 죄를 용서해 주는 전권을 주셨다. "그대들이 누구의 죄든 용서하면 그 죄는 사함을 받으려니와, 그대들이 누구의 죄든 풀어 주지 않으면 매인 대로 있으리라."(요 20:23)

이로써 그리스도는 우리에게 공동체를 이루어 주시고, 공동체 안에서 형제를 은총으로 만드셨다. 이제 형제가 그리스도의 자리에 들어선다. 그러므로 나는 형제 앞에서 거짓을 꾸밀 필요가 없다. 이 넓은 세상 가운데 오직 형제 앞에서만 나는 - 나의 본래의 모습인 - 죄인이 되어도 좋다. 여기서 그리스도의 진리와 자비가 통치하신다. 그리스도는 우리를 돕기 위해 우리의 형제가 되셨다. 이제 그를 통해 우리의 형제가 - 그분께서 위탁하신 전권을 가지고 - 우리를 위해 그리스도가 되었다. 형제는 하나님의 진리와 은총의 표시로서 우리 앞에 서 있다. 그는 돕기 위해 우리에게 주어졌다. 그는 그리스도를 대신해 우리 죄의 고백을 듣고 그리스도를 대신해 우리의 죄를 용서해 준다. 그는 하나님처럼 우리의 고해의 비밀을 지켜준다. 형제에게 고해하러 가는 것은 곧 하나님께 나아가는 것이다.

이렇게 그리스도인 공동체 안에서는 형제끼리 서로 고해하고 용서하라는 부르심이 나타난다. 이 부르심은 사실 공동체 안에서 하나님의 위대하신 은혜로 나아가라는 부르심이다.

고해 속에서 **공동체에로의 돌파**(Durchbruch zur Gemeinschaft)가 이루어진다. 죄는 인간과 홀로 있으려 한다. 죄는 인간에게서 공동체를 빼앗아 간다. 외로우면 외로울수록 죄의 권세는 사람에게 더 큰 파괴력을 행사한다. 죄 속에 깊이 빠져 들어가면 갈수록, 고독은 그만큼 더 절망적이 된다. 죄는 드러나기를 원치 않는다. 죄는 빛을 두려워한다. 그리고 표출되지 않은 것의 어둠 속에서 죄는 인간의 전 존재를 오염시킨다. 이러한 일이 경건한 공동체 한가운데서 일어날 수 있다. 그러나 고해 속에서 복음의 빛이 닫힌 마음의 어둠 속으로 들어온다. 죄는 빛으로 나아올 수밖에 없다. 표출되지 않았던 것이 공공연하게 표출되고 고백된다. 은밀하게 숨겨져 있던 모든 것이 이제 환하게 드러난다. 죄를 드러내 고백하기까지는 치열한 투쟁이 벌어진다. 그러나 하나님은 놋쇠로 만든 문을 부수고 쇠빗장을 꺾으신다.(시 107:16) 그리스도인 형제 앞에서 죄를 고백할 때 비로소 자기 정당화의 마지막 아성이 포기된다. 죄인이 자신을 맡긴다. 죄인이 그의 모든 악을 내려놓는다. 그는 자신의 마음을 하나님께 바친다. 그리고 그는 그의 모든 죄가 예수 그리스도와 형제의 공동체 안에서 용서받았음을 발견하게 된다. 표출되고 고백된 죄는 모든 힘을 상실한다. 그 죄는 이미 죄로 드러나 심판을 받았다. 죄가 이제는 공동체를 파괴할 수 없다. 이제는 공동체가 형제의 죄를 짊어진다. 그는 이제 자신의 죄와 홀로 있는 것이 아니다. 그는 고해를 통해 그의 죄악을 '벗어버리고' 하나님께 맡긴다. 그의 죄악은 그에게서 제거되었다. 이제 그는 예수 그리스도의 십자가 안에서 하나님의 은총으로 사는 죄인들의 공동체 속에 존재한다. 이제 그는 죄인으로 존재해도 좋지만 하나님의 은총을 즐거워하게 된다. 그는 자신의 죄를 고백해도 좋다. 그러나 바로 이러한 고백 안에서 비로소 공동체를 발견하게 된다. 숨겨진 죄는 그를 공동체로부터 분리시켰고, 외관상의 모든 공동체를 거짓으로 만들었다. 그러나 고백된 죄는 그로 하여금 — 예수 그리스도 안에서 형제들과 함께 이루어가는 — 참된 공동체로 나아가도록 돕는다.

여기서는 단지 두 그리스도인 사이에서 일어나는 고해에 대해서만 언급했다. 공동체와의 사귐이 다시 회복되어야 하지만, 공동체의 모든 지체에게 죄를 고백할 필요는 없다. 내 죄의 고백을 듣고 용서해 주는 한 형제 속에서 공동체 전체가 이미 나를 만났다. 한 형제와의 만남을 통해 발견한 공동체 안에서 공동체 전체의 사귐이 내게 선사되었다. 여기서는 그 누구도 자신의 명령과 전권 속에서 행동하지 않고, 오직 예수 그리스도의 명령 속에서 행동한다. 이 명령은 공동체 전체에 주어진 것이며, 개인은 단지 그것을 이행하도록 부름을 받았을 뿐이다. 형제적 고해 공동체 속에 있는 그리스도인은 결코 홀로 있는 것이 아니다.

고해 속에서 **십자가에로의 돌파(Durchbruch zum Kreuz)**가 이루어진다. 모든 죄의 뿌리는 교만(superbia)이다.[81] 나는 나를 위해 존재하려 한다. 나는 내 자신에 대해서, 그리고 내가 미워하고 소원하는 것뿐 아니라, 내가 살고 죽는 일에 이르기까지 다 내 마음대로 하려 한다. 사람의 몸과 마음은 교만으로 불타오르고 있다. 왜냐하면 인간은 바로 그의 죄악 속에서 하나님처럼 되기를 원하기 때문이다. 형제 앞에서 행하는 고해는 가장 깊은 겸손이다. 고해는 나를 아프게 하며, 작게 만든다. 고해는 교만을 무

---

81) '자만', '교만', '거만' 등으로 번역된다. 고전적 전통은 시락서 10:14f.("모든 죄의 뿌리는 교만이다.")에 근거해 자만을 하나님에 대항하는 죄의 뿌리로 간주한다. (참조. 창 3:5) 또한 참조. Thomas Aquin, S.th. II–II q. 162 a.7.

쉽게 쳐서 넘어뜨린다. 형제 앞에서 죄인으로 선다는 것은 견디기 힘든 치욕이다. 그러나 구체적인 죄를 고백하는 가운데 옛 사람은 고통스럽게 형제의 눈앞에서 치욕적인 죽음을 맞이한다. 이러한 겸손의 행위는 정말 감당하기 어려운 것이다. 따라서 우리는 형제들 앞에서 고해하는 것을 피할 수 있다고 거듭 생각한다. 우리의 눈은 어두워져서 낮아짐의 약속과 영광을 더는 보지 못한다. 만민이 쳐다보는 가운데 죄인의 치욕적인 죽음을 우리 대신 당하신 분은 다름 아닌 예수 그리스도셨다. 그는 우리를 위해 행악자로서 십자가에 달리는 것을 부끄러워하지 않으셨다. 우리로 하여금 진실로 그리스도의 십자가에 참여할 수 있도록 우리를 고해의 치욕적인 죽음으로 인도하는 것은 오직 예수 그리스도와의 사귐 뿐이다. 예수 그리스도의 십자가는 모든 교만을 멸망시킨다. 우리가 그분을 만날 수 있는 장소, 즉 죄인의 공공연한 죽음의 자리로 나아가는 것을 부끄러워한다면, 우리는 예수 그리스도의 십자가를 발견하지 못할 것이다. 또한 우리가 죄인의 치욕적인 죽음을 고해 속에서 받아들이지 못한다면, 우리는 십자가를 지는 것을 거부하게 될 것이다. 고해는 우리로 하여금 예수 그리스도의 십자가 공동체로 나아가도록 만든다. 고해는 우리로 하여금 십자가를 긍정하도록 만든다. 우리가 형제 앞에서, 다시 말하자면 하나님 앞에서 자신을 낮추게 되면, 우리의 마음과 몸에 깊은 아픔이 스며든다. 그러나 이러한 아픔 속에서 우리는 예수의 십자가를 우리의 구원과 축복으로 체험하게 된다. 옛 사람은 죽는다. 그러나 그를 이기신 분은 하나님이시다. 이제 우리는 그리스도의 부활과 영생에 참여하게 되었다.

고해 속에서 **새 생명에로의 돌파(Durchbruch zum neuen Leben)**가 이루어진다. 죄를 미워하고 고백하며 용서함을 받는 곳에서 과거와의 완전한 단절이 이루어진다. "옛것은 지나갔느니라." 죄와의 관계가 끊어지는 곳에 회심이 존재한다. 고해가 곧 회심이다. "보라, 이제 모든 것이 새롭게 되었도다."(고후 5:17) 그리스도께서 우리와 더불어 새로운 시작을 감행하셨다. 처음 제자들이 그의 부르심을 듣고 모든 것을 버리고 그를 따라나섰던 것처럼, 그리스도인은 고해 속에서 모든 것을 버리고 그를 따르게 된다. 고해는 곧 그리스도를 따르는 삶이다. 예수 그리스도와 함께 하는 삶, 그의 공동체와 함께 사는 삶이 시작되었다. "자기의 잘못을 승인하지 않는 사람은 앞이 막히나, 그것을 고백하고 버리는 사람은 자비를 받으리라."(잠 28:13) 고해 속에서 그리스도인은 자신의 죄를 맡기기 시작한다. 죄의 지배는 이미 무너졌다. 이제부터 그리스도인은 승리에 승리를 거듭한다. 세례를 받을 때 우리에게 일어났던 일이 고해 속에서 우리에게 새롭게 선사된다. 우리는 어둠에서 건져냄을 받아 예수 그리스도의 나라로 들어가게 되었다. 이것이 바로 기쁜 소식이다. 고해는 세례의 기쁨을 새롭게 한다. "밤새 울음이 깃들어도, 아침에는 기쁨이 찾아오리라."(시 30:5)

고해 속에서 **확신에로의 돌파(Durchbruch zur Gewißheit)**가 이루어진다.[82] 하나님 앞에서 죄를 고백하는 것이 형제 앞에서 죄를 고백하는 것보다 쉬운 이유는 무엇일까? 하나님은 거룩하시며 죄가 없으시다. 그분은 악에 대한 의로운 심판자시며, 모든 불순종의 적이시다. 그러나 형제는 우리처럼 죄가 있으며, 은밀한 죄의 밤을 경험하는 자다. 형제에게 이르는 길이 거룩하신 하나님께 이르는 길보다 더 쉽지 않은가? 만일 그렇지 않다면 우리는 자신에게 물어야 한다. 우리는 하나님 앞에서 우리의 죄를 고백하면서 스스로를 속이지는 않았는가? 우리는 오히려 우리의 죄를 우리 자신에게 고백하고 스스로 용서한 것은 아닌가? 우리가 수도 없이 거듭 추락하고 불순종하는 것은 실제적인 죄의 용서가 아니라 자기 용서로부터 살기 때문이 아닌가? 자기 용서는 결코 죄와의 단절을 가져올 수 없다. 오직 심판하시고 은혜를 베푸시는 하나님의 말씀만이 우리를 죄로부터 단절시킬 수 있다. 죄의 고백과 죄의 용서가 우리 자신이 아니라 살아 계신 하나님에 의한 것이라는 확신을 누가 우리에게 줄 수 있는

82) 참조. N 264f.

가? 이러한 확신을 우리의 형제를 통해 우리에게 주시는 분은 바로 하나님이시다. 형제는 자기 기만의 사슬을 끊어준다. 형제 앞에서 죄를 고백하는 자는 이제 그가 여기서 홀로 있는 것이 아님을 알게 되며, 다른 사람의 현실 속에서 하나님의 현재를 경험하게 된다. 내가 죄의 고백 속에서 홀로 있다면, 모든 것은 어둠 속에 잠길 것이다. 그러나 형제 앞에서는 죄가 환하게 드러날 것이다. 죄는 언젠가는 드러난다. 따라서 내 죄가 오늘 나와 형제 사이에서 드러나는 것이 마지막 날 최후의 심판의 빛 속에서 드러나는 것보다 나을 것이다. 우리가 형제에게 죄를 고백할 수 있는 것은 하나님의 은혜이며, 최후의 심판의 공포에서 벗어날 수 있도록 도와준다. 내게 형제를 주신 것은 나로 하여금 그를 통해 이미 여기서 하나님의 심판과 은혜의 현실을 확신하도록 하기 위함이다. 형제 앞에서 죄의 고백이 이루어질 때 나의 죄의 고백이 자기 기만으로부터 벗어날 수 있듯이, 용서의 약속도 형제가 하나님의 위탁과 이름 속에서 용서를 선포할 때에만 내게 확실한 것이 된다. 하나님은 당신의 용서를 확신시키기 위해 내게 – 형제 앞에서의 – 고해를 선사하셨다.

이러한 확신을 얻기 위해선 고해할 때 **구체적인** 죄를 고백하는 것이 중요하다. 일반적인 죄의 고백으로는 자기 자신을 정당화시킬 뿐이다. 인간 본성의 완전한 상실과 타락은 내게 경험되는 특정한 죄 속에서 경험된다. 따라서 십계명을 기준으로 검증해 볼 때 고해를 바르게 준비할 수 있다. 그렇지 않다면, 형제에게 고해하면서도 위선자가 될 수 있다. 그리고 위로도 받지 못하게 된다. 예수는 죄가 명백하게 드러난 사람들, 즉 세리와 창녀들을 상대했다. 그들은 용서가 왜 필요한지를 알고 있었다. 그리고 용서받은 것은 그들의 특정한 죄들이었다. 소경 바디매오에게 예수는 물으셨다. 내가 무엇을 해주면 좋겠는가?[83] 우리는 고해할 때 이 물음에 대한 명백한 답변을 알고 있어야 한다. 고해할 때 드러나는 특정한 죄

83) 막 10 : 51, 눅 18 : 41.

들은 모두 용서받는다. 그리고 인식된 죄뿐 아니라 인식되지 않은 죄들도 모두 용서받는다.

이 모든 것은 무엇을 말하는가? 형제에게 고해하는 것이 하나님의 법이란 말인가? 고해는 율법이 아니라, 죄인을 위한 하나님의 도우심이라는 선물이다. 물론 고해 없이도 하나님의 은혜로 확신과 새 생명, 십자가와 공동체에 다가갈 수 있는 사람이 있을 수 있다. 그리고 용서와 죄의 고백에 대해 한번도 의심해 본 적이 없는 사람도 있을 수 있으며, 홀로 하나님 앞에서 고백함으로써 모든 것을 선사받은 사람도 있을 수 있다. 그러나 여기서 우리는 이렇지 못한 사람들을 위해 말해왔다. 루터도 형제에게 고해하지 않고는 그리스도인으로 살 수 없다고 생각한 사람들 가운데 한 사람이었다. 그는 대교리문답서에서 이렇게 말한다. "따라서 내가 고해를 권면하는 것은 그리스도인이 되라고 권면하는 것이다."[84] 아무리 찾고 애써도 공동체와 십자가, 새 생명과 확신의 큰 기쁨을 발견하지 못하는 사람들에게 고해 속에서 하나님께서 우리에게 주신 선물이 제시되어야 한다. 고해는 그리스도인의 자유에 속하는 것이다. 그러나 하나님께서 필요하다고 생각하셔서 주신 도움을 거부하고도 화를 입지 않을 사람이 과연 있을까?

고해는 누구에게 해야 하는가? 예수의 약속에 의하면, 모든 그리스도인 형제들은 다른 사람의 고해를 들어줄 수 있다. 그러나 그가 우리를 이해하게 될까? 그의 삶은 우리보다 고결하기에 우리의 죄를 이해하지 못하고 우리를 외면해 버리지는 않을까? 그러나 예수의 십자가 아래 사는 사람, 예수의 십자가 속에서 모든 인간과 자신의 깊은 무신성(無神性)을 인식한 사람에게는 그 어떤 죄도 낯설지 않다. 예수를 십자가에 못박은 자신의 죄에 경악을 금치 못하는 사람은 형제의 가장 지독한 죄에도 더

84) M. Luther, Der große Katechismus, Vermahnung zur Beicht. 1529.(WA 30/I, 238; BSLK 732)

는 놀라지 않는다. 그는 예수의 십자가로부터 인간의 마음을 인식한다. 그는 인간의 마음이 죄와 연약함 속에서 완전히 몰락했으며, 죄 속에서 방황하고 있음을 안다. 그는 또한 인간의 마음이 은혜와 자비 속에서 받아들여졌다는 사실도 알고 있다. 오직 십자가 아래 있는 형제만이 내 고해를 들어줄 수 있다. 고해를 들어줄 수 있도록 만드는 것은 삶의 경험이 아니라 십자가 체험이다. 인간에 대해 가장 많은 경험을 쌓은 사람도 예수의 십자가 아래 사는 소박한 그리스도인만큼 사람의 마음을 알지 못한다. 가장 위대한 심리학적 통찰력과 재능, 그리고 경험도 한 가지, 즉 죄의 정체성만큼은 파악하지 못한다. 그들은 인간의 곤궁과 약함, 그리고 실패는 알고 있다. 그러나 인간의 무신성은 알지 못한다. 따라서 그들은 인간이 홀로 그의 죄 때문에 몰락하며 오직 용서에 의해서만 구원받을 수 있다는 사실을 알지 못한다. 오직 그리스도인만이 이 사실을 안다. 심리학자 앞에서 나는 단지 환자에 불과하지만, 그리스도인 형제 앞에서는 죄인이어도 좋다. 심리학자는 나의 마음을 먼저 탐구하지만, 마음속 가장 깊은 곳은 발견하지 못한다.

그러나 그리스도인 형제는 안다. 나와 같은 죄인이 고해하기를 원하며 – 하나님의 용서를 갈망하는 – 하나님 없이 사는 사람이 다가온다는 것을! 심리학자는 하나님이 존재하지 않는 것처럼 나를 바라보지만,[85] 형제는 – 예수 그리스도의 십자가에 나타난 – 하나님의 심판과 은혜 앞에서 있는 나를 바라본다.[86] 우리가 고해에 인색하고 서투르다면, 그것은 심리학적 인식 부족이 아니라 십자가에 달리신 예수 그리스도를 사랑하지 않기 때문이다. 날마다 그리스도의 십자가와 진지하게 교제하는 그리스도인에게는 심판하는 마음과 – 무엇에나 관대한 – 연약한 마음이 사라

85) 참조. WEN 393: "… '하나님이 계시지 않는다 해도'(etsi deus non daretur) 자연법을 국제법으로 제시했던 H. Grotius는 정당하다."

86) 각주 12, 73번 참조.

지고, 하나님의 진지함과 사랑의 영을 받게 될 것이다. 죄인으로서 하나님 앞에서 죽고 은총을 통해 죽음에서 살아나는 삶이 날마다 현실이 될 것이다. 따라서 그는 — 죄인의 죽음을 통해 하나님의 자녀의 삶으로 인도하시는 — 하나님의 자비로운 사랑으로 형제를 사랑하게 된다. 누가 우리의 고해를 들을 수 있는가? 스스로 십자가 아래 거하는 사람만이 고해를 들어줄 자격을 갖는다. 그리고 십자가에 달리신 분에 관한 말씀이 살아 있는 곳에서도 고해가 존재한다.

고해를 행하는 그리스도인 공동체는 두 가지 위험을 경계해야 한다. 첫째 위험은 고백을 듣는 사람과 관계되는 것이다. 한 사람이 모든 사람의 고해를 듣는 것은 좋지 않다. 그 사람에게 너무 큰 부담이 될 것이다. 따라서 고해가 그에게는 공허한 행위가 되며, 이로부터 고해가 악용되어 다른 사람들을 영적으로 억압하며 지배하는 불행한 결과가 초래될 것이다. 이러한 무시무시한 위험에 빠지지 않으려면 고해를 해보지 않은 사람이 고해를 듣는 일이 없도록 해야 한다. 오직 겸손해진 사람만이 해를 끼치지 않으면서 고해를 들어줄 수 있다. 두 번째 위험은 고해하는 자와 관계된 것이다. 고해하는 자는 자신의 구원을 보존하기 위해 그의 고해가 경건한 공적이 되는 것을 경계해야 한다. 그렇지 않으면, 고해는 가장 가증스럽고 비참하며 고약한 마지막 체념이 되고 만다. 그리고 가장 방탕한 수다가 되고 만다. 경건한 공적으로서의 고해는 악마의 생각이다. 오직 하나님의 은혜와 도우심, 그리고 용서만을 바라보지 않고는 고해의 심연 속으로 들어갈 수 없다. 우리가 고해를 하는 것은 오직 사죄의 약속이 있기 때문이다. 공적으로서의 고해는 영적 죽음이지만, 약속을 바라보며 하는 고해는 생명이다. 죄의 용서만이 고해의 근거와 목적이 된다.

고해는 그리스도의 이름 안에서 완결된 행위다. 따라서 공동체에서는 요청이 있을 때마다 고해가 실시된다. 그러나 고해는 공동체의 공동의 **성만찬**을 준비하는 데 기여하기도 한다. 하나님과 화해하고 인간들과 화해한 그리스도인은 예수 그리스도의 살과 피를 받기 원한다. 그 누구도 형제와 화해하지 않고는 제단에 예물을 드릴 수 없다는 것이 예수의 말씀이다.[87] 이 명령은 모든 예배와 기도에도 해당된다. 또한 성례전을 받으러 나갈 때에도 반드시 명심해야 하는 말씀이다. 공동의 성만찬을 받기 전에 공동체의 모든 지체는 한 자리에 모여 지난날의 잘못들을 서로 고백하고 용서받아야 한다. 형제에게 나아가는 일을 부끄러워하는 사람은 주의 식탁에 나아갈 준비가 되어 있지 않은 사람이다. 형제들이 서로 성례전에 참여해 하나님의 은혜를 받기 원한다면, 먼저 모든 분노, 분쟁, 질투, 악담, 불화들이 사라져야 한다. 형제에게 용서를 비는 것이 아직 고해는 아니지만 예수의 명백한 말씀 아래 있다는 사실만큼은 확실하다. 그러나 성만찬을 준비하는 사람들에게 – 그들을 불안하게 만들고 괴롭혔던 죄, 그리고 하나님만이 아시는 죄가 용서받았다는 – 확신을 갈망하는 마음이 생겨난다. 이러한 소원에 고해와 사죄가 선포된다. 자신의 죄로 인해 심히 불안해지고 곤궁에 빠질 때, 그리고 용서의 확신이 간절해질 때, 예수의 이름이 그를 고해로 초대한다. 예수가 하나님을 모독했다는 비난을 받은 적이 있었다. 예수가 죄인들을 용서해 주셨기 때문이다.[88] 이러한 일이 지금 예수 그리스도의 현존의 능력 속에서 그리스도인 공동체에서 일어난다. 한 사람이 – 삼위일체 하나님의 – 예수의 이름으로 다른 사람의 모든 죄를 용서한다.[89] 하늘의 천사들은 돌아온 죄인으로 인해 기뻐한다.[90] 이렇게 성만찬을 준비하는 것은 형제들의 권면과 위로, 기도와 불안, 그리고 기쁨으로 충만해진다.

성만찬을 받는 날은 그리스도인 공동체에서 가장 기쁜 날이다. 마음으로 하나님과 화해하고 형제들과 화해하면서 공동체는 예수 그리스도의 살과 피를 받는다. 그리고 그 살과 피 안에서 용서와 새 생명과 복을 받는

---

87) 마 5:23 참조.

88) 막 2:7, 마 9:3, 눅 5:21 참조.

89) 마 6:14, 18:21, 34, 눅 6:37, 약 5:16 참조.

90) 눅 15:7 참조.

다. 하나님과의 사귐과 인간과의 새로운 사귐이 선사되는 것이다. 성만찬 공동체는 그리스도인 공동체의 완성 그 자체다. 공동체의 지체들은 주의 식탁에서 받은 살과 피로 하나가 된다. 그들은 영원히 함께할 것이다. 여기서 공동체가 목적에 도달하게 된다. 여기서 그리스도와 그의 공동체에 대한 기쁨이 절정에 이른다. 말씀 아래 모이는 그리스도인의 공동생활은 성례전에서 성취된다.

Das Gebetbuch der Bibel

Eine Einführung in die Psalmen

성서의 기도서

-시편 개론-

“주여, 우리에게 기도를 가르쳐 주소서”[1] 제자들은 이렇게 예수께 간청했다. 이렇듯 그들은 스스로 기도할 수 없음을 고백했다. 그들은 기도를 배워야 했다. 기도를 배운다는 것은 우리에게는 모순으로 가득 찬 말처럼 들리기 쉽다. 사람들은 생각으로 가득 차 있는 마음 때문에 자기 힘으로 기도하려 하거나 기도를 전혀 배우려 들지 않는다. 우리의 마음 안에 스스로 기도할 수 있는 능력이 있다는 생각은 오늘날 그리스도교 안에 널리 확산되어 있지만, 사실은 매우 위험한 것이다. 그렇게 되면, 우리는 우리의 소원과 소망, 그리고 탄식과 고발, 환호－이 모든 것은 우리 마음이 스스로 할 수 있는 것들이다.－를 기도와 혼동하게 된다. 이로써 우리는 땅과 하늘, 인간과 하나님을 혼동하게 된다. 기도란 단지 마음을 털어놓는 것이 아니라, 충만하거나 빈 마음으로 하나님께 나아가는 길을 발견하고 그분과 대화를 나누는 것이다. 인간은 이러한 일을 스스로 행할 수 없다. 바로 이러한 일을 위해 인간은 예수 그리스도를 필요로 한다.

제자들은 기도하려 했지만 어떻게 기도할지를 몰랐다. 하나님과 대화하기를 원했지만 할 수 없었다. 하나님 앞에서 벙어리가 되고, 모든 외침이 자신 안에서 맴돌며, 마음과 입이 하나님이 원치 않는 왜곡된 언어를 말하는 것을 감지한다는 것은 그들에게 커다란 고통이었다. 이러한 곤궁 속에서 우리는 우리에게 도움을 줄 수 있고 기도를 아는 사람을 찾는다. 기도를 아는 사람이 우리를 그의 기도 속으로 받아들인다면, 우리가 그의 기도를 함께 드릴 수 있다면, 도움이 되지 않겠는가! 물론 여기서 경험 많은 그리스도인이 많은 것을 도와줄 수 있지만, 그들은 예수 그리스도를 통해서만 우리를 도울 수 있다. 그들이 기도에서 진정한 스승이 되려 할 때 그들을 친히 도와주셔야 할 분이 바로 그리스도시며, 그들이 지시해야 할 분도 그리스도시기 때문이다. 그리스도가 우리를 그의 기도 속으로 받

1) 눅 11 : 1.

아들이고, 우리가 그의 기도를 함께 드릴 수 있도록 허락하며, 하나님께 나아가는 길에서 우리를 동반하고, 우리에게 기도하는 법을 가르쳐 주신다면, 우리는 기도 상실의 고통으로부터 해방될 것이다. 이것이 바로 예수 그리스도께서 원하시는 것이다. 그분은 우리와 더불어 기도하기를 원하신다. 그분의 기도를 함께 기도할 때 우리는 하나님이 우리의 기도를 듣고 계신다는 확신 속에서 기뻐할 수 있다. 우리의 의지, 우리의 마음이 그리스도의 기도에 합류하게 되면, 우리는 바르게 기도할 수 있다. 우리는 오직 예수 그리스도 안에서만 기도할 수 있고, 그분과 함께 우리의 기도도 상달될 수 있다.

이와 같이 우리는 기도하는 법을 배워야 한다. 어린이들은 아버지가 하시는 말씀을 듣고 말하는 법을 배운다. 어린이는 아버지의 언어를 배운다. 하나님이 우리에게 말씀하셨고 또한 지금도 말씀하고 계시기 때문에 우리는 하나님에게 말하는 법을 배운다. 하늘 아버지의 언어에서 그의 자녀들은 그와 더불어 말하는 것을 배운다. 하나님의 말씀을 따라 말하면서 우리는 그에게 기도하기 시작한다. 우리 마음의 잘못되고 뒤엉킨 언어가 아니라 하나님이 예수 그리스도 안에서 우리에게 말씀하셨던 분명하고 순수한 언어로 우리는 하나님께 말해야 한다. 그리고 하나님은 바로 이러한 언어 속에서 우리의 기도를 들으려 하신다.

예수 그리스도 안에 있는 하나님의 언어는 성서 안에서 우리를 만난다. 우리가 확신과 기쁨을 갖고 기도하길 원한다면 성서의 말씀이 우리 기도의 확고한 기초가 될 것이다. 여기서 우리가 알게 되는 것은 하나님의 말씀이신 예수 그리스도가 우리에게 기도하는 법을 가르쳐 주신다는 사실이다. 하나님으로부터 나오는 말씀들은 우리가 하나님께 나아가는 길이 된다.

성서 가운데는 기도만을 담고 있어서 다른 책들과 구별되는 한 책이 있다. 이 책이 바로 시편이다.[2)] 성서 가운데 기도서가 있다는 사실은 매우 놀라운 것이다. 성서는 우리를 향한 하나님의 말씀이다. 그러나 기도는 인간의 말이다. 그러면 이것이 어떻게 성서에 들어오게 되었는가? 오해하지 말아야 할 것은 성서가 하나님의 말씀이라는 사실이다. 이러한 사실은 시편에도 해당된다. 그렇다면 하나님을 향한 기도들이 하나님 자신의 말씀이란 말인가? 이것은 매우 이해하기 어려운 말처럼 들린다. 그러나 오직 예수 그리스도에게서만 올바른 기도를 배울 수 있다는 사실, 그리고 이러한 기도는 우리와 함께 인간의 삶을 사시는 하나님의 아들이 영원히 살아 계시는 하나님 아버지께 드리는 말씀이라는 사실을 고려하면 이해가 쉬워질 것이다. 예수 그리스도는 인간의 모든 곤궁과 기쁨, 그리고 모든 감사와 희망을 하나님 앞에 가져갔다. 그리스도의 입을 통해 인간의 말은 하나님의 말씀이 되며, 우리가 그의 기도를 함께 드릴 때 하나님의 말씀이 다시 인간의 말이 된다. 따라서 성서의 모든 기도는 우리가 예수 그리스도와 더불어 드리는 기도가 된다. 그리스도는 우리를 성서의 기도 안으로 받아들이고, 그 기도를 통해 우리를 하나님 앞에 세운다. 그렇지 않다면 기도는 바른 기도가 될 수 없을 것이다. 왜냐하면 오직 예수 그리스도 안에서만, 오직 예수 그리스도와 함께할 때에만 바르게 기도할 수 있기 때문이다.

따라서 성서의 기도, 특히 시편을 읽고 기도할 때 우리는 시편과 우리의 관계가 아니라 시편과 예수 그리스도의 관계를 물음의 대상으로 삼아야 한다. 우리는 시편이 어떻게 하나님의 말씀으로 이해될 수 있는지를 물어야 한다. 이러한 물음을 통해서만 비로소 시편을 함께 기도할 수 있게 된다. 우리가 지금 마음속에서 느끼고 있는 것을 시편이 표현하고 있는지는 중요하지 않다. 아마도 바르게 기도하기 위해선 우리 자신의 마음에 맞서면서 기도하는 것이 필요할 것이다. 중요한 것은 우리의 기도의 소원이 아니라 하나님이 우리로부터 받으시기를 원하시는 기도다. 우리가 오직 자신만을 의지하려 든다면 주기도문의 네 번째 간구만을

2) 시편 이해에 대해서는 본서의 함께하는 날 단락 참조.

기도하게 될 것이다. 그러나 하나님은 다른 기도를 원하신다. 우리의 마음의 빈곤이 아니라 하나님의 말씀의 부요함이 우리의 기도를 규정해야 한다.

따라서 성서가 기도서도 포함하고 있다는 것은 다음의 사실을 지시해준다. 즉 하나님의 말씀에는 그가 우리에게 하시려는 말씀뿐 아니라 그가 우리로부터 들으려는 말씀도 내포되어 있다는 것이다. 왜냐하면 하나님의 말씀은 – 그분이 사랑하시는 – 아들의 말씀이기 때문이다. 우리가 그와 더불어 말하고 사귐을 가질 수 있는 것만큼이나 하나님께서 우리에게 말씀하신다는 사실도 커다란 은총이다. 우리는 예수 그리스도의 이름으로 기도함으로써 그렇게 할 수 있다. 시편이 우리에게 주어진 것은 우리로 하여금 시편을 예수 그리스도의 이름으로 기도하도록 만들기 위함이다.

제자들의 간청에 따라 예수는 그들에게 주기도문을 주셨다.[3] 주기도문 안에 모든 기도가 들어 있다. 주기도문에 들어 있는 것이 바른 기도요, 주기도문에 들어 있지 않은 것은 기도도 아니다. 성서의 모든 기도는 주기도문에 요약되어 있다. 모든 기도가 측량할 수 없는 방식으로 받아들여졌다. 그러나 주기도문은 이 기도들을 불필요한 것으로 만들지 않는다. 오히려 이 기도들은 – 주기도문이 모든 기도의 꽃이고 통일인 것처럼 – 결코 고갈되지 않는 주기도문의 부요함이다. 루터는 시편에 대해 이렇게 말한다. "시편은 주기도문 속으로, 그리고 주기도문은 시편 속으로 이끌려 들어간다. 이로써 어느 하나를 다른 하나로부터 이해할 때 가장 잘 이해할 수 있게 되고, 기쁜 마음으로 양자를 조화시킬 수 있다."[4] 이렇게 주기도문은 우리가 예수 그리스도의 이름으로 기도하는지 아니면 자신의 이름으로 기도하는지를 구분하는 시금석이 된다.

---

3) 마 6:9-13, 눅 11:2-4 참조.

4) M. Luther, Vorrede zur Neuburger Psalterausgabe, 1545.(WA. DB 10/II, 155)

따라서 시편이 신약성서와 결합되어 있다는 것은 중요한 의미를 갖는다. 시편은 예수 그리스도의 교회의 기도이며, 주기도문에 속하는 기도다.

시편의 기도자

150편의 시편 가운데 73편이 다윗 왕의 것이며, 12편은 다윗이 채용한 노래의 명인 아삽의 것이고, 12편은 다윗 아래서 일했던 레위 지파 고라 자손의 것이다. 그리고 2편은 솔로몬 왕의 이름으로 전해 내려오는데, 아마도 다윗과 솔로몬 밑에서 노래의 명인으로 활동했던 헤만과 에단이 각각 한 편씩 썼던 것 같다. 따라서 다윗의 이름이 특별한 방식으로 시편과 결합되어 있다고 말하는 것은 결코 과장이 아니다.

다윗이 비밀리에 왕으로 기름 부음 받은 후—하나님의 저주를 받고 악한 영에 사로잡혀 고통을 당하던—사울 왕의 부름을 받고 그에게 수금을 연주해 주었다는 기록이 있다. "하나님이 부리신 악신이 사울에게 이를 때에 다윗이 수금을 취하여 손을 탄즉 사울이 상쾌하여 낫고 악신은 그에게서 떠났다."(삼상 16:23) 다윗이 최초로 시편을 쓰기 시작했던 때가 바로 이때였던 것 같다. 그는—왕으로 기름 부음 받을 때 그에게 임하셨던—하나님의 영의 능력 가운데서 노래를 불러 악령들을 추방했다. 우리에게 전해진 시편 가운데 다윗이 기름 부음 받기 전에 쓴 시편은 한 편도 없다. 메시아 왕으로 부름 받은 자가—약속의 왕 예수 그리스도는 그의 자손이 될 것이다.—후에 성서에 받아들여질 노래를 기도했다.

성서의 증언에 의하면, 다윗은 – 하나님의 선택된 백성의 – 기름 부음 받은 왕으로서 예수 그리스도의 모상이다. 다윗에게 일어난 것은 다윗 안에 존재하고 그에게서 나실 분, 즉 예수 그리스도 때문에 일어나는 사건이다. 그는 이러한 사실을 알고 있었던 것 같다. "그는 선지자라 하나님이 이미 맹세하사 그 자손 중에서 한 사람을 그 위에 앉게 하리라 하심을 알고 미리 보는 고로 그리스도의 부활하심을 알았다."(행 2:30-31) 다윗은 그의 직무와 삶, 그리고 말 속에서 이미 그리스도의 증인이었다. 사실 신약성서는 그 이상을 말하고 있다. 다윗의 시편에서는 이미 약속된 그리스도 자신이(히 2:12, 10:5), 달리 말하자면 성령이 말씀하신다.(히 3:7) 다윗이 말했던 동일한 말들을 다윗 안에서 미래의 메시아가 말씀하신다. 다윗의 기도들은 예수 그리스도에 의해 함께 드려졌던 기도들이다. 아니 그리스도 자신이 그의 선구자 다윗 안에서 기도하셨다.

이와 같은 신약성서의 짧은 언급은 전체 시편에 중요한 빛을 던져 준다. 즉 이러한 언급은 시편을 그리스도와 관련시킨다. 세부적으로는 더 숙고해 보아야 하지만, 우리에게 중요한 것은 다윗도 마음의 충만함으로부터 기도했을 뿐만 아니라 그의 마음 안에 자리 잡은 그리스도로부터 기도했다는 사실이다. 다윗의 시편에서 기도드리는 사람은 물론 다윗 자신이지만, 다윗 안에서, 그리고 그와 함께 그리스도께서 기도하셨다. 노년의 다윗은 이러한 사실을 신비스러운 방식으로 다음과 같이 표현했다. "이새의 아들 다윗이 말함이여, 높이 들리운 자 야곱의 하나님에게 기름 부음 받은 자, 이스라엘의 노래 잘하는 자가 말하도다. 여호와의 신이 나를 빙자하여 말씀하심이여 그 말씀이 내 혀에 있도다." 그리고는 미래의 정의의 왕, 예수 그리스도에 대한 마지막 예언이 뒤따른다.(삼하 23:1f.)

이로써 우리는 다시금 앞에서 획득한 인식에 도달하게 되었다. 물론 모든 시편이 다윗의 것은 아니다. 그리고 신약성서의 그 어떤 구절도 모든 시편을 그리스도의 것이라고 말하지는 않는다. 그러나 이러한 암시들은 다윗의 이름과 결합된 모든 시편에 매우 중요한 의미를 갖는다. 사실 예수 자신이 시편에 의존하면서 그의 죽음과 부활, 그리고 복음을 선포하고 있지 않은가?(눅 24:44f.)

한 인간과 예수 그리스도가 동시에 한 시편을 기도했다는 사실이 어떻게 가능한가? 인간의 모든 약함을 자신의 몸에 짊어지고 전 인류의 마음을 하나님 앞에 쏟아놓으며 우리를 대신해 우리를 위해 기도하시는 분은 바로 인간이 되신 하나님의 아들이다. 그는 고통과 아픔, 죄책과 죽음을 우리보다 더 깊이 인식했다. 따라서 하나님 앞에 상달된 기도는 그에 의해 받아들여진 인간 본성의 기도다. 그것은 사실상 우리의 기도다. 그러나 그는 우리를 우리 자신보다 더 잘 알고 있으며 우리를 도우시는 참 인간이기 때문에, 그 기도는 사실상 그의 기도가 된다. 그리고 그의 기도이기 때문에 동시에 우리의 기도도 될 수 있다.

누가 시편을 기도하는가? 다윗(솔로몬, 아삽 등)이 기도하고, 그리스도가 기도하며, 우리가 기도한다. 우리란 다름 아닌 시편의 부요함을 기도할 수 있는 전체 교회를 말한다. 또한 우리란—그리스도와 그의 공동체에 참여하고 그의 기도를 함께 드리는—모든 개인을 가리킨다. 다윗, 그리스도, 공동체, 내 자신이 기도를 드린다. 그리고 우리가 이 모든 것을 서로 함께 숙고한다면 우리에게 기도를 가르치기 위해 하나님께서 걸어가신 놀라운 길을 인식하게 될 것이다.

이름, 음악, 시구의 형식

시편의 히브리어 제목은 대부분 '찬송'으로 불린다. 그러나 시편 72:20은 이전의 모든 시편을 '다윗의 기도'로 부른다. 양자는 우리를 당혹스럽게 만들지만, 이해가 불가능한 것은 아니다. 사실 시편은 얼핏 보기에도 찬송만도, 기도만도 아니다. 교훈의 시편이나 탄식의 시편도 근본적으로는 찬송이다. 왜냐하면 이 시편들도 궁극적으로는 하나님의 영광을 찬양하기 때문이다. 또한 한 번도 하나님께 말 건네지 않는 시편들(예를 들자면, 1, 2, 78편)도 기도로 불릴 수 있다. 왜냐하면 그 시편들도 궁극적으로는 하나님의 생각과 의지를 묻는 시편이기 때문이다. 시편을 뜻하는 'Psalter'란 말은 본래 악기를 의미하는 말이었지만, 전래과정에서 – 노래로 하나님께 드려진 – 기도 모음이란 뜻을 갖게 되었다.

오늘날 우리에게 전승된 시편들은 대부분 음악 예배를 위해 지어진 것들이다. 사람들의 목소리와 모든 종류의 악기들이 함께 사용되었다. 여기서도 본래적인 제의 음악의 기원은 다윗이다. 그가 수금으로 악령을 추방했듯이, 거룩한 예배 음악도 실제적인 능력을 갖게 되었다. 따라서 예언자의 선포를 위해 사용되었던 말이 이러한 음악을 위해서도 사용되었다. (대상 25:2) 시편에 많이 나타나는 이해하기 어려운 제목들은 노래하는 사람들을 위한 지침들이었다. 시편 한가운데 자주 등장하는 '셀라'라는 말도 이러한 맥락 속에서 이해될 수 있을 것이다. 이 말은 아마도 음악에 삽입된 간주를 뜻하는 말이었을 것이다. "셀라는 고요함을 유지하며 시편의 말씀들을 부지런히 숙고하라는 뜻을 가지고 있다. 왜냐하면 시편은 – 성령이 영혼에 제시하고 그 영혼을 감동시킨 것을 파악하고 이해할 수 있는 – 조용하면서도 고요한 영혼을 요구하기 때문이다."(루터)[5)]

시편은 대개 돌림노래로 불려졌다. 각각의 두 구절들을 서로 결합시키는 시편의 시구 형식도 이에 맞추어진 것이다. 따라서 시편은 본질적으로 동일한 사상을 서로 다른 말들로 표현하고 있다. 이것이 바로 시구의 평행법이다. 이러한 형식은 우연한 것이 아니라, 기도를 중단하지 말고 서로 함께 기도하라고 권면하는 것이다. 너무 성급하게 기도하는 습관을 가진 사람들에게는 불필요한 반복처럼 보이겠지만 이것이야말로 기도할 때 '집중력'과 '함께 모일 것'을 요구하는 것이며, 동시에 많은 사람 – 아니 모든 신도 – 이 서로 다른 말로 기도하지만 실제로는 동일한 것을 기도하고 있다는 사실을 나타내는 표징이다. 이러한 시구 형식은 무엇보다도 시편을 함께 기도할 것을 요청한다.

---

5) 본회퍼는 여기서 에어랑엔(Erlangen)판을 인용한다. M. Luther, Auslegung des 67. Psalmen, 1521.(EA 39, 220) WA 8, 25는 약간의 수정을 가했다. 이러한 해석에 대해선 또한 참조. M. Luther, Operationes in Psalmos, 1519–1521.(WA 5, 81)

예배와 시편

주일마다, 심지어는 매일마다 시편을 교독하거나 노래하는 교회들이 많다. 이러한 교회들은 측량할 수 없는 부요함을 보존하고 있다. 왜냐하면 이렇게 매일 시편을 읽어야만 하나님의 기도서 안으로 들어갈 수 있기 때문이다. 시편을 단지 때에 따라 읽는 경우에도 이 기도들은 우리에게 엄청난 사상과 능력을 부어주어 경박한 것에 마음을 빼기지 않도록 만든다. 그러나 시편을 진지하면서도 정기적으로 읽기 시작한 사람은 여느 가볍고 익숙한 "경건의 기도를 중단하고, 다음과 같이 말하게 될 것이다. 아하, 내가 시편에서 발견하게 되는 것은 달콤한 것, 힘, 열정, 불이 아니다. 그것은 내게 너무 냉랭하고 가혹하게 느껴진다."[6)]

교회에서 시편을 더는 기도하지 않는다면, 매일 드리는 아침과 저녁 기도회에서라도 이 시편을 더 많이 읽어야 한다. 그리고 가능하다면 매일 더 많은 시편을 함께 읽고 기도해야 한다. 그렇게 한다면, 우리는 시편을 일년에 여러 차례 통독하게 되고 점점 더 깊이 시편의 세계 속으로 들어가게 될 것이다. 우리는 우리 마음대로 시편을 선별해 읽어서는 안 된다.

---

6) M. Luther, Vorrede zur Neuburger Psalterausgabe, 1545.(WA. DB 10/II, 157)

이러한 선별적 읽기는 성서의 기도서에 불명예를 가져다주고, 우리가 기도해야 할 것을 하나님보다 더 잘 안다고 생각하도록 부추긴다. 고대 교회에서는 '다윗의 모든 시편'을 암송하는 것이 특별한 일이 아니었다. 동방교회에서는 시편 암송이 교회 직무의 전제였다. 교부 히에로니무스(Hieronymus)에 의하면, 당시에는 들이나 정원에서 시편을 암송하는 소리를 쉽게 들을 수 있었다고 한다.[7] 시편은 초대교회의 삶을 충만하게 만들어 주었다. 그러나 이 모든 것보다 중요한 것은 예수가 십자가에서 시편을 기도하시면서 돌아가셨다는 사실이다.[8]

그리스도의 교회는 시편의 상실과 함께 소중한 보화를 잃어버렸다. 그러나 시편을 다시 찾는다면, 상상조차 할 수 없는 능력들을 다시 얻게 될 것이다.

---

7) 참조. Hieronymus, Epistola ad Marcellam 24, 4(PL 22, 428)와 Epistola ad Marcellam 43, 3.(PL 22, 479) 본회퍼는 이러한 해석을 F. Delitzsch, Die Psalmen, 43에서 받아들였다. 또한 참조. F. Deltizsch, Biblischer Kommentar über die Psalmen.(본회퍼 소장도서; 시 119편에 밑줄이 많이 그어져 있다.)

8) 마 27:46, 막 15:34(시 22:2 – "나의 하나님, 나의 하나님 어찌하여 나를 버리시나이까?"), 눅 23:46.(시 31:6 – "아버지 내 영혼을 당신에 손에 맡기나이다.")

분류

우리는 시편 기도의 주요 주제들을 다음과 같이 창조, 율법, 구속사, 메시아, 교회, 삶, 고난, 죄책, 원수, 종말로 분류한다. 이 모든 주제를 주기도문에 편입시키고, 시편이 예수의 기도에 어떻게 받아들여졌는지를 제시하는 것은 그리 어려운 일이 아닐 것이다. 그러나 우리는 연구 결과를 선취하지 않기 위해 시편 그 자체가 취한 분류를 따른다.

창조

성서는 하나님을 천지의 창조자로 선포한다. 많은 시편이 하나님께 존귀와 찬양과 감사를 드리라고 말한다. 그렇지만 창조만을 말하고 있는 시편은 하나도 없다.[9] 세계의 창조자로 인식되는 하나님은 당신의 말씀 안

9) 본회퍼는 그리스도의 계시와 무관하거나, 이 계시에 포괄되지 않는 '창조 계시' – 민족적이거나 인종 이데올로기적으로 이질화된 신학이 이러한 입장을 대변한다. – 에 반대한다.(참조. DB 260ff.) 그는 이러한 계시 이해 대신에 그리스도론적

에서 당신의 백성에게 당신을 계시했던 하나님이시다. 하나님께서 우리에게 말씀하시고, 당신의 이름을 계시하셨기 때문에 우리는 그를 창조자로 믿을 수 있다. 그렇지 않았다면 우리는 그를 알 수 없었을 것이다. 창조는—예수 그리스도 안에 나타난 그의 계시 속에서 우리에게 보여 주신—하나님의 능력과 신실하심의 상이다. 우리에게 당신을 구속자로 계시해 주신 하나님을 우리는 경배한다.

시편 8편은 하나님의 이름과 인간에 대한 하나님의 은혜로운 행위를—창조로부터는 파악될 수 없는—그의 사역의 절정으로 찬양한다. 시편 19편은 별들의 황홀한 운행을 찬양하지만, 곧이어 새로운 맥락에서 하나님의 율법 계시의 더 큰 영광을 기억하고 우리를 회개로 부른다. 시편 29편은 번개 가운데 등장하는 하나님의 엄청난 힘으로 우리를 깜짝 놀래주는 것처럼 보이지만, 사실은 하나님께서 당신의 백성에게 선사하시는 능력과 복, 그리고 평화를 지시한다. 시편 104편은 하나님께서 하신 많은 일을 바라보지만, 이 모든 창조가 그분 앞에서는 아무것도 아님을 인식한다. 오직 하나님의 영광만이 영원하시고, 최후에는 하나님께서 죄인들을 멸망시키실 것이다.

창조 시편들은 서정시가 아니라, 하나님의 백성을 위한 지침, 즉 경험된 구원의 은혜 속에서 세계의 창조자를 발견하고 경배하라는 지침이다. 창조는 신도들을 돕는다. 우리가 감사의 노래로 받아들인다면, 하나님의 모든 피조물은 선하다.(딤전 4:3) 그러나 우리는 예수 그리스도 안에 나타난 하나님의 계시와 일치하는 것에 대해서만 감사할 수 있다. 예수 그리스도 때문에 창조는 그의 모든 은사와 함께 존재한다. 따라서 우리를 포괄하시는 우리 주 예수 그리스도와 더불어, 그리고 그분 안에서와 그분

이며 종말론적인 창조해석을 제시한다. 참조. AS 12, 131, SF 11f., 110f., D. Bonhoeffer, Zur theologischen Begründung der Weltbundarbeit.(1932 GS II, 149ff.)

을 통해서 우리는 하나님께 그분의 창조의 영광에 대해 감사한다.

율법

하나님의 율법을 감사, 찬송, 간구의 대상으로 간주하는 세 편의 시편(1, 19, 119편)은 우리에게 율법의 선함을 독특한 방식으로 보여 주려 한다. 우리는 '율법'을 대개 하나님의 구속 행위와 복종의 새로운 삶을 위한 지침으로 이해한다. 하나님이 예수 그리스도를 통해 우리의 삶에 커다란 전환을 가져다주시면, 우리는 하나님의 율법과 계명들을 온전히 기뻐하게 된다. 그러나 하나님께서 어느날 내게 계명을 숨기시고(119:19), 나로 하여금 그분의 뜻을 인식할 수 없도록 만드는 것은 새로운 삶에 주어지는 가장 깊은 불안이 된다.

하나님의 명령들을 아는 것이 은총이다. 하나님의 명령은 우리가 스스로 만든 계획들과 갈등들로부터 우리를 해방시켜 준다. 하나님의 명령은 우리의 발걸음을 굳건하게 만들며, 우리의 길을 즐겁게 만든다. 하나님이 계명을 주시는 것은 우리로 하여금 그 계명을 채우도록 하기 위함이다. 그러나 예수 그리스도 안에서 모든 구원을 발견한 자에게는 "이 계명들이 무겁지 않다."(요일 5:3) 예수는 스스로 율법 아래 있었고 아버지에 대한 완전한 복종 속에서 율법을 성취하셨다. 하나님의 뜻은 그의 기쁨이며, 그의 음식이다. 이렇게 그는 우리 안에서 율법의 은총에 감사했고, 우리에게 율법의 성취에 대한 기쁨을 선사해 주셨다. 이렇게 우리는 율법에 대한 사랑을 고백하고, 우리가 율법을 즐겨 지키겠다고 약속하며, 우리가 율법 안에서 – 형벌을 받지 않고 – 보존되기를 간구한다. 우리는 율법을 자신의 능력으로 행하지 않는다. 오히려 우리를 위해서, 그리고 우리 안에 계신 예수 그리스도의 이름으로 율법을 간구한다.

아마도 시편 119편은 매우 길고 균일해서 이해에 어려움을 줄지도 모른다.[10] 여기서는 낱말과 낱말, 문장과 문장을 천천히 조용하게 인내심을 가지고 탐구해 나가는 것이 도움이 될 것이다. 그러면 반복되는 것처럼 보이는 것들이 사실은 하나의 문제, 즉 하나님의 말씀을 사랑하는 문제에서 나타난 새로운 방향 전환임을 인식하게 될 것이다. 이 사랑이 끝날 수 없듯이 그 사랑을 고백하는 말씀들도 끝이 없다. 하나님의 말씀들은 온전한 사랑 속에서 우리를 동반하며, 그 단순함에서 어린이와 성인, 그리고 노인의 기도가 된다.

구속사

시편 78, 105, 106편들은 하나님의 백성의 역사, 하나님의 선택하시는 은혜와 신실하심, 그리고 그의 백성의 신실하지 못함과 배은망덕을 말하고 있다. 시편 78편은 기도의 형식을 전혀 갖추고 있지 않다. 이 시편을 어떻게 기도해야 하는가? 시편 106편은 지나간 구원의 역사를 바라보며 감사, 경배, 간구, 죄의 고백, 도움의 기도를 드릴 것을 우리에게 요구하고 있다. 당신의 백성을 영원히 보존하시는 하나님의 선하심에 대한 감사, ─ 이러한 하나님의 선하심은 우리의 선조뿐 아니라 오늘날의 우리도 경험할 수 있는 것이다. ─ 출애굽으로부터 골고다에 이르기까지 하나님께서 우리에게 베푸시는 기적에 대한 경배, 하나님의 계명을 지금보다 더 잘 지키겠다는 맹세, 하나님의 약속에 의지하며 하나님의 은혜를 간구하는 것, 하나님의 크신 자비 앞에서 자신의 죄와 불성실, 그리고 무가치함을 고백하는 것, 하나님의 백성의 궁극적 회집과 구원을 간구하는 것 등이 시편 106편의 내용이다.

---

10) 참조. 시 119편에 대한 단편들.(1939/40 GS IV, 505-543) 당시 본회퍼는 시편을 산발적으로 연구했다.

우리는 하나님께서 전에 당신의 백성에게 행하셨던 모든 것을 오늘 우리를 위해 하신 것으로 바라보면서 시편을 기도한다. 우리는 우리의 죄책과 하나님의 은혜를 고백하고, 전에 행하셨던 하나님의 선하신 행위들에 근거해 하나님께 당신의 약속을 간언하고, 그 약속의 완성을 간구하면서 시편을 기도한다. 그리고 우리는 하나님께서 그의 공동체와 함께 이루시는 하나님의 전체 역사가 이미 – 우리를 도우셨으며, 지금도 도우시는 – 예수 그리스도 안에서 이루어졌음을 보면서 시편을 기도한다. 우리는 예수 그리스도로 말미암아 하나님께 감사와 간구, 고백을 드린다.

메시아

하나님의 구속사는 메시아 파송에서 완성된다.[11] 예수 자신의 해석에 의하면, 시편은 메시아를 예언했다.(눅 24:44) 시편 22편과 69편은 교회에서 그리스도의 수난 시편들로 알려져 있다.

예수는 십자가에서 친히 시편 22편의 앞부분을 기도했으며, 그것을 분명 당신의 기도로 만드셨다. 히브리서 2:12는 시편 22:23을 그리스도의 말씀과 결합시킨다. 그리고 9절과 19절은 예수의 십자가 처형에 대한 직접적 예언들이다. 다윗도 한때 고난 가운데서 이 시편을 기도했었다. 그러나 그는 하나님에 의해 기름 부음을 받았지만 인간들에게 박해받는 왕으로서, 또한 그리스도의 선조로서 그렇게 기도했다. 그는 그리스도를 자신 안에 담지한 사람으로서 기도했다. 그리스도는 이 기도를 받아들였고, 그분에 의해 비로소 이 기도가 의미를 획득한다. 그러나 우리는 그리스도

11) **그리스도론적 해석에 대해서는** 참조. D. Bonhoeffer, Christus in den Psalmen. (1935 GS III, 294–302) 이에 대해선 또한 참조. E. G. Wendel, Studien zur Homiletik D. Bonhoeffers, 87ff., 135ff.

의 수난에 동참했던 자로서 예수 그리스도의 공동체 안에서만 이 시편을 기도할 수 있다. 우연적이고 개인적인 수난이 아니라 우리를 위해 오셨던 그리스도의 수난으로부터 우리는 이 시편을 기도하게 된다. 그러나 우리는 예수 그리스도가 우리와 함께 기도하심을 들으며, 또한 그를 통해 다윗 왕의 기도를 듣게 된다. 그리고 우리는 이 기도를 따라하면서 – 그러나 그 기도의 깊이를 측량하거나 체험하지는 못하면서 – 그리스도와 더불어 기도하고 하나님의 보좌 앞으로 나아간다.

시편 69:6은 이해하기 어렵다. 왜냐하면 여기서는 그리스도가 하나님께 그의 어리석음과 죄책을 탄식하고 있기 때문이다. 물론 다윗은 여기서 자신의 죄책을 말하고 있다. 그러나 그리스도는 모든 인간의 죄책들, 즉 – 자신이 짊어지고 감당했으며 또한 그것으로 인해 하나님의 진노를 받게 되었던 – 다윗과 자신의 죄책을 고백하고 있다. 참 인간 예수 그리스도는 이 시편 속에서 기도하며, 우리를 그의 기도 안으로 받아들인다.

시편 2편과 110편은 원수에 대한 그리스도의 승리, 그의 나라의 건설, 하나님의 백성의 경배를 증언하고 있다. 여기서도 예언이 다윗과 그의 왕국을 지시한다. 그러나 우리는 다윗을 통해서 이미 도래하실 그리스도를 인식한다. 루터는 시편 110편을 "우리 주 예수 그리스도의 최고의 시편"으로 불렀다.[12)]

시편 20, 21, 72편들은 본래 이 땅의 왕 다윗과 솔로몬과 관련된 시편들이다. 시편 20편은 원수들에 대한 메시아 왕의 승리와 하나님께서 그의 희생을 받아들이실 것을 간구하고 있다. 시편 21편은 왕의 승리와 즉위에 대해 감사한다. 시편 72편은 가난한 사람들의 권리와 도움을 간구하며, 왕의 나라에서 평화, 지속적 통치, 영원한 영광을 간구한다. 우리는 이 시편들 속에서 예수 그리스도의 지상적 승리를 간구하며, 이미 주어진

---

12) M. Luther, Predigt über den 110 Pslam, 1535.(WA 41, 79)

승리에 감사하고, 왕이 되신 예수 그리스도 아래서 정의와 평화의 나라가 세워질 것을 간구한다. 시편 61 : 7f.와 63 : 12f.도 마찬가지다.

논란의 대상이 되고 있는 시편 45편은 메시아 왕에 대한 사랑과 그의 아름다움, 그리고 그의 부요함과 능력을 말하고 있다. 왕과의 혼인에서 신부는 자신의 백성과 아버지의 집을 잊어버리고(11절) 왕에게 충성을 맹세한다. 신부는 왕만을 위해 단장하고, 기쁜 마음으로 그에게 나아간다. 이것은 왕이신 예수와 그의 교회 사이에서 들려오는 사랑의 노래이며 기도다.

교회

시편 27, 42, 46, 48, 63, 81, 84, 87편들은 하나님의 도성 예루살렘, 하나님의 백성의 거대한 축제, 성전과 아름다운 예배를 노래하고 있다. 우리가 감사하고 기뻐하며 사모해야 할 것은 그의 공동체 안에 나타나시는 구원의 하나님의 현재다. 이스라엘인들에게 시온 산과 성전이 있다면, 우리에게는 모든 세계 안에 존재하는 하나님의 교회가 존재한다. 하나님은 항상 말씀과 성례전을 통해 당신의 교회 안에 거처를 마련하신다. 이 교회는 모든 원수의 방해를 무릅쓰고 존재한다.(46편) 무신적인 세계의 힘에 사로잡혀 있었던 교회의 포로생활도 끝났다.(126, 137편) 그리스도 안에서 그의 공동체에 현재하시는 자비로우신 하나님은 시편의 모든 감사와 기쁨, 그리고 모든 갈망의 성취시다. 예수 안에 분명 하나님이 계셨지만, 예수도 우리와 똑같은 인간이었기에 하나님과의 교제를 갈망했다.(눅 2 : 49) 이 예수는 오늘도 우리와 더불어 하나님의 온전한 임재와 현재가 그의 자녀들에게 이루어지기를 간구한다.

하나님은 당신의 공동체의 예배 안에 현존하실 것을 약속하셨다. 그래서 교회는 하나님의 질서에 따라 예배를 드린다. 그러나 완전한 예배는 예수 그리스도 자신이 이미 드리셨다. 그리스도는 이미 드려진 모든 제물을 당신의 자발적이고 죄 없는 희생 속에서 완성시켰다. 그리스도는 당신 안에서 우리를 위한 하나님의 희생과 하나님을 위한 우리의 희생을 드리셨다. 우리에게는 단지 기도와 찬양, 그리고―하나님의 계명을 따르는―삶 속에서 찬양과 감사의 제물을 드리는 일만이 남아 있다.(시 15, 50편) 이렇게 할 때 우리의 삶 전체는 예배와 감사제물이 된다. 하나님은 이러한 감사제물을 용납하시고 감사하는 자에게 구원을 베푸신다.(시 50:23) 그리스도로 말미암아 하나님께 감사를 드리고 교회 안에서 마음과 입과 손으로 그분을 찬양하라는 것이 시편의 가르침이다.

삶

진지하게 생각하는 그리스도인들은 시편 기도에 삶과 행복을 간구하는 모습이 자주 나오는 것을 보고 의아하게 생각할 것이다. 또 어떤 사람들은 그리스도의 십자가의 관점에서 하나님이 주시는 지상적 복들 자체가 의심스럽고 간구할 만한 것이 되지 못한다고 생각한다. 그러나 이러한 생각은 불건전한 생각일 뿐이다. 그들은 이러한 시편 기도들을 신약성서에서 극복되는 구약성서 신앙의 불완전한 전 단계로 본다. 그러나 이러한 생각을 하는 사람들은 하나님보다 더 경건하게 되려는 사람들이다.

일용할 양식을 구하는 것이 신체적 삶의 전체적인 필요 영역을 포괄한다면, 삶과 건강, 그리고 하나님의 사랑의 가시적 증거들을 구하는 것은 필연적으로 삶의 창조자이시며 보존자이신 하나님께 드리는 기도에 속한다. 신체적 삶은 멸시의 대상이 아니다. 하나님은 오히려 이 삶을 위해서 예수 그리스도 안에서 우리에게 그의 공동체를 선사하셨다. 이로써 우리는 이 세상이나 저 세상에서 그분 앞에 설 수 있게 되었다. 하나님은 우리가 당신을 더 잘 인식하고 찬양하며 사랑할 수 있도록 우리에게 지상적인 기도들을 주셨다. 하나님은 경건한 자들이 지상에서 잘살게 되기를 원하신다.(시 37편)[13] 하나님의 이러한 뜻은 예수 그리스도의 십자가에 의해서도 무효화되지 않는다. 오히려 십자가는 하나님의 이러한 뜻을 지지해 준다. 그래서 그들은 예수의 제자들처럼 예수를 따르기 위해 수많은 결핍을 감수해야 하는 곳에서도 "부족한 것이 있더냐?"는 예수의 물음에 "전혀 없습니다"라고 대답하게 된다.(눅 22:35) 이에 대한 전제는 다음과 같은 시편의 깨달음이다. "의인의 적은 소유가 많은 악인의 풍부함보다 승하다."(시 37:16)

우리가 시편처럼 이 모든 것을 은혜로우신 하나님과의 사귐에 대한 증거로 인식하고 하나님의 선하심이 삶보다 더 귀하다는 사실을 확신한다면, 우리는 시편기자와 더불어 삶, 건강, 평화, 세상적인 것을 간구하는데 있어서 전혀 양심의 가책을 받을 필요가 없다.(시 63:4, 73:25)

시편 103편은 우리로 하여금 삶을 유지시켜 주는 것으로부터 죄를 사해 주는 것에 이르기까지 하나님의 충만한 은사들을 하나의 거대한 통일체로 이해하도록 가르치며, 이에 대해 감사하고 찬양하며 하나님 앞에 나아가라고 가르쳐 준다.(시 65편도 참조) 창조주 하나님은 예수 그리스도로 말미암아 우리에게 생명을 주시고 보존해 주신다. 그분은 이와 같이 우리가 드디어는 죽음 앞에서 땅 위의 모든 것을 내려놓고 영생을 준비하기를 원하신다. 우리는 오직 예수 그리스도 때문에, 그리고 그의 명령에 따라 필요한 것들을 간구할 수 있다. 그리고 예수 그리스도 때문에 우리는 확신을 가지고 간구해야 한다. 그러나 우리는 필요한 것을 받을 때 예수 그리스도 때문에 우리에게 자비를 베푸시는 하나님께 마음으로부터 감사하는 것을 결코 중단해서는 안 된다.

---

13) 참조. 시 37:7.

고난

"그대는 탄식시편(Klagenpsalmen)보다 더 탄식과 비탄에 잠긴 슬픔의 말들을 어디서 찾아볼 수 있겠는가? 탄식시편에서 그대는 모든 성도가 죽음, 아니 지옥에 들어가는 것과 같은 고통을 당하고 있음을 보게 될 것이다. 하나님의 진노를 암울한 심정으로 바라보는 것이 얼마나 음울하고 어둡겠는가."(루터)[14]

시편은 세상이 우리에게 주는 수많은 고난들 속에서 바른 방식으로 하나님께 나아가는 길을 가르쳐 준다. 심각한 질병과 하나님과 사람들에게 버림받는 것, 위협, 박해, 옥살이와 감당하기 어려운 곤궁이 존재한다는 것을 시편들은 잘 알고 있다.(시 13, 31, 35, 41, 54, 55, 56, 61, 74, 79, 86, 88, 102, 105편 등) 시편들은 이러한 사실을 부정하지 않으며, 경건한 말로 자신을 속이지도 않는다. 시편들은 이러한 고난들을 신앙의 혹독한 시련으로 받아들이고, 이 고난들을 회피하지 않으며(시 88편), 오히려 하나님께 호소한다. 그 어떤 개인도 자신의 경험에만 의존한다면 탄식시편들을 따라 기도할 수 없다. 여기서 전개된 것은 모든 시대의 공동체가 짊어지고 나가야 할 곤궁이다. 예수 그리스도는 이 곤궁을 홀로 경험하셨다. 이 고난에는 하나님의 뜻이 있다. 아니 하나님만이 그 고난을 완전히 아시고 우리보다 그 고난들을 더 잘 아신다. 따라서 하나님만이 우리를 도우실 수 있다. 모든 물음 역시 언제나 하나님께로 향해져야 한다.

시편에는 너무 쉽게 고난에 복종하는 모습이 나타나지 않는다. 시편에는 항상 투쟁, 불안, 회의의 과정이 나타난다. 경건한 자들을 불행에 빠뜨리시고 불의한 자들의 형통을 허락하시는 하나님의 의가, 즉 하나님의 선하시고 은혜로우신 뜻이 흔들린다.(시 44:35)[15] 그리고 하나님의 행동도

---

14) M. Luther, Vorrede auf den Psalter, 1545.(WA. DB 10/I, 103)

이해되지 않는다. 그러나 깊은 절망 속에서도 하나님만은 대화의 상대자로 남아 있다. 고난당하는 인간은 다른 사람의 도움을 기대할 수 없을 뿐만 아니라, 자기연민 속에서 모든 곤궁의 근원과 목표인 하나님도 시야에서 잃어버린다. 그는 하나님을 위해 하나님에게 맞서는 투쟁을 시작한다. 진노하시는 하나님에게 수도 없이 하나님의 약속을—그리고 그분이 전에 베푸셨던 자비, 인간들 속에서 영광을 받으셨던 그의 이름을—간언한다.

내가 죄를 지어서 그렇게 되었다면 하나님은 왜 내 죄를 용서해 주시지 않는가? 내가 무죄하다면 왜 나의 고통을 끝내고 나의 무죄함을 내 원수들 앞에서 드러내 주지 않는가?(시 38, 79, 44편) 이러한 물음에 대한 이론적 대답은 존재하지 않는다. 물론 신약성서에서도 사정은 마찬가지다. 유일한 실제적인 대답은 예수 그리스도시다. 그러나 이 대답은 이미 시편에서 기도를 통해 주어졌다. 탄식시편에서 공통적인 것은 모든 고난과 시련을 하나님께 맡겨 버린다는 것이다. 우리는 그 고난들을 더는 감당할 수 없사오니 당신이 그것을 우리에게 거두어 가시고 스스로 감당해 주소서. 당신만이 이 고난을 해결할 수 있나이다. 이것이 모든 탄식시편의 목표다. 이 시편들은 질병을 스스로 짊어지고 우리의 모든 궁핍을 감당하셨던 분, 즉 예수 그리스도를 간구하고 있다. 이 시편들은 예수 그리스도를 고난 속에서 의지할 수 있는 유일한 도움으로 선포한다. 왜냐하면 그리스도 안에서 하나님이 우리와 함께하시기 때문이다.

탄식시편에서 중요한 것은 정의와 사랑이신 하나님과의 완전한 사귐이다. 그러나 예수 그리스도는 우리 기도의 목표가 될 뿐 아니라, 우리의 기도에서도 함께하시는 분이다. 모든 곤궁을 감당하셨던 그는[16] 그 곤궁을 하나님 앞에 가져가고, 우리를 위하여 하나님의 이름으로 다음과 같이

---

15) 시 44:35가 아니라, 44편과 35편을 말한다.

16) 사 53:4, 마 8:17, 요 1:29.

기도하신다. "내 뜻대로 마시고 당신의 뜻대로 하소서."[17] 우리를 위하여 그는 십자가에서 외친다. "나의 하나님, 나의 하나님, 왜 나를 버리시나이까?"[18] 그리스도가 우리와 함께하지 않는 고난이란 이 지상에는 존재하지 않는다. 이러한 사실을 우리는 알게 되었다. 그리스도는 우리와 함께 고난 당하시며 기도하시고 도움을 주시는 유일한 분이시다.

이러한 근거 위에서 위대한 신뢰의 시편들이 자라나고 있다. 그리스도 없는 하나님 신뢰는 공허하며 확신을 주지 못한다. 그것은 단지 자기 신뢰의 또 다른 형식일 뿐이다. 그러나 하나님이 예수 그리스도 안에서 친히 우리의 고난에 참여하셨다는 사실을 아는 자는 커다란 신뢰를 가지고 말하게 될 것이다. "주의 지팡이와 막대기가 나를 안위하시나이다."(시 23, 37, 63, 73, 91, 121편)[19]

죄책

시편에서 죄의 용서를 간구하는 기도는 우리가 기대했던 것만큼 많이 나타나지는 않는다. 대부분의 시편들은 죄의 용서에 대한 확신을 전제하고 있다. 이러한 것은 놀라운 일이다. 신약성서에서도 사정은 다르지 않다. 죄의 용서만을 맴돌고 있는 기도는 그리스도교적 기도를 왜곡시키고 위협한다. 예수 그리스도를 위해 죄를 내버려두라는 위로의 말씀도 있다.

그러나 시편에 참회의 기도가 전혀 없는 것은 아니다. 이른바 일곱 편의 참회 기도(6, 32, 38, 51, 102, 130, 143편)뿐 아니라 다른 시편(14, 15, 25, 31, 39, 40, 41편 등)도 하나님 앞에서 우리를 죄 인식의 깊이로 인도

17) 마 16:39.
18) 마 27:45.
19) 시 23:4.

하고, 우리로 하여금 우리의 죄책을 고백하도록 돕는다. 이 시편은 우리로 하여금 용서하시는 하나님의 은총을 전적으로 신뢰하도록 만든다. 루터가 이 시편을 '바울의 시편'으로 부른 것은 정당하다.[20] 대개의 경우 특별한 동기가 – 그것이 중한 죄책이든(시 32, 51편), 아니면 참회로 인도하는 예기치 않은 고난이든(시 38, 102편) 간에 – 이러한 기도를 하도록 만든다. 모든 경우에 소망은 하나님의 자유로운 용서에 기인한다. 이 시편은 우리에게 예수 그리스도의 말씀 안에서 하나님을 제시하고 약속한다.

그리스도인은 이러한 시편을 기도할 때 어려움을 느끼지 않는다. 그러나 그리스도가 이러한 시편을 우리와 함께 기도한다는 사실을 어떻게 생각해야 하느냐는 물음이 생겨난다. 어떻게 무죄한 자가 용서를 간구할 수 있는가? 여기서 우리는 무죄한 자가 세상의 모든 죄를 짊어지고 우리를 위해 죄인이 되었다고밖에 말할 수 없다.(고후 5:21) 예수는 자기 자신 때문에 용서를 구하는 것이 아니다. 그는 – 그가 스스로 짊어지고 그것 때문에 고난 당하신 – 우리의 죄 때문에 용서의 기도를 드리시는 것이다. 그는 전적으로 우리에게 오시며, 하나님 앞에서 우리와 똑같은 인간이 되기를 원하신다. 그는 이와 같이 우리와 더불어 가장 인간적인 기도를 드

---

20) 이러한 도식은 K. Holl, Luthers Bedeutung für den Fortschritt der Auslegungskunst, 549에 근거하고 있다. "간단히 말하자면 이것은 **바울적 복음**인데, 루터가 유형론적 의미로 시편에서 끄집어낸 것이다. …" 또한 참조. 549f.: "루터는 물론 성서가 모든 부분에서 하나의 동일한 의미를 갖는다고 확신했다. 이러한 전제하에서 그는 자신이 가장 중요한 것으로 생각하는 성서, 즉 바울의 복음을 시편에 따라 해석했다. 그는 그 자신이 이로써 텍스트에 가장 심한 폭력을 가했다는 사실을 깨닫지 못했다. 시편들은 실상 전체 구약성서와 마찬가지로 자기 의를 설교하고 있다.… 바울의 해석은 본문과는 정반대의 사실을 말하고 있다. 그것은 단지 참회 시편에서만 실제적인 거점을 갖는다." '루터 르네상스'를 주도했던 칼 홀(1866–1926)이 본회퍼의 루터 이해에 미친 영향과 본회퍼의 비판적 유보에 대해서는 참조. DBW 1(SC), 310f., DBW 9(1918–1927), 305ff., DB 97f.

림으로써 당신이 하나님의 진정한 아들임을 입증하신다.

특히 개신교인들에게 기이하게 보이고 걸림돌이 되는 것은 시편에서 종종 경건한 자의 죄책 못지않게 경건한 자들의 무죄가 말해지고 있다는 사실이다.(시 5, 7, 9, 16, 17, 26, 35, 41, 44, 59, 66, 68, 69, 73, 86편 등) 우리는 이것을 그리스도인이 받아들일 수 없는 이른바 구약성서적 공적(에 의한 칭의) 사상의 잔재로 간주할 수도 있을 것이다. 그러나 이러한 생각은 전혀 피상적이고 하나님의 말씀의 깊이를 알지 못하는 무지의 소치다. 사람이 자신의 무죄를 자기의인(自己義認)의 방식으로 말할 수 있다는 것은 분명하다. 그러나 가장 겸손한 죄의 고백도 이러한 방식으로 할 수 있다는 사실을 우리는 알지 못하는 것인가? 하나님의 말씀을 떠나면, 자신의 죄책을 자신의 무죄처럼 말하게 된다.

그러나 중요한 것은 기도의 동기가 무엇이냐가 아니라, 기도의 내용이 참된 것이냐는 물음이다. 그러나 신앙을 가진 그리스도인이라면 자신의 죄책뿐 아니라 자신의 무죄와 의로움에 대해서도 똑같이 중요한 것을 말해야 한다. 그리스도인이 하나님의 은혜와 예수 그리스도의 공로를 통해 하나님 앞에서 전적으로 의롭고 무죄하게 되었다는 것, 그리고 "예수 그리스도 안에 있는 자에게는 결코 정죄함이 없다"(롬 8:1)는 것이 그리스도인의 신앙이다. 그리고 그리스도인에게 주어진 무죄와 의를 확신하고 하나님의 말씀에 근거해 그것에 감사하는 것이 그리스도인의 기도다. 우리는 – 우리를 향하신 하나님의 행동을 진지하게 받아들인다면 – 겸손과 확신을 가지고 다음과 같이 기도할 수 있으며, 또한 그렇게 기도해야 한다. "내가 그 앞에 완전하여 나의 죄악에서 스스로 지켰나이다."(시 18:23) "주께서 내 마음을 시험하시고 아무것도 찾지 못하였나이다."(시 17:3)[21] 이러한 기도를 통해 우리는 신약성서의 중심, 즉 예수 그리스도의 십자가

21) 참조. 루터 성서의 시 17:3. "주께서 내 마음을 시험하시고 밤에 나를 권고하시며 나를 감찰하셨으나 흠을 찾지 못하였으니…."

공동체 안에 서게 된다.

불의한 원수의 억압을 다루는 시편에서는 무죄에 대한 맹세가 특히 강하게 나타난다. 여기서는 — 그것에 의지하는 자에게는 너무나 지당한 — 하나님의 일의 정의가 숙고된다. 하나님의 일 때문에 우리가 박해를 당한다는 사실이 하나님의 원수에 맞서 우리를 정의로 세운다. 하나님의 은혜는 언제나 우리를 개인적으로 만나기 때문에 — 결코 사실적인 것에 그칠 수 없는 — 이러한 시편에서는 사실적인 무죄 외에도 개인적인 죄책의 고백이 등장한다.(시 41:5, 69:6) 이러한 죄책의 고백은 다시금 내가 실제로 하나님의 일에 참여하고 있다는 사실을 암시해 준다. 심지어 나는 같은 순간에 다음과 같이 기도할 수 있다. "하나님이여, 나를 판단하시되 경건치 아니한 나라에 향하여 내 송사를 변호하소서."(시 43:1)

우리 안에 그 어떤 결함이 존재하는 한 결코 무죄한 자의 고난을 당할 수 없다는 생각은 전적으로 비성서적이며 잘못된 생각이다. 구약성서나 신약성서도 이렇게 판단하지 않는다. 우리가 하나님의 일 때문에 박해를 받는다면 우리는 무죄한 자의 고난을 당하는 것이다. 즉 하나님과 더불어 고난을 당하는 것이다. 우리가 하나님과 함께 있으므로 무죄하다는 것은 우리가 죄의 용서를 간구하고 있다는 사실에서 진실로 입증된다.

그러나 우리는 하나님의 원수에 대해서만 무죄한 것이 아니라 하나님 앞에서도 무죄하다. 하나님은 우리가 — 당신이 우리로 하여금 참여하도록 만드신 — 당신의 일과 결합되어 있음을 보시고 우리의 죄를 용서해 주신다. 이와 같이 모든 무죄 시편들은 "그리스도의 피와 의, 이것이 나의 장식이며 영예의 옷이다. 하늘나라 가게 될 때 나는 그것으로 하나님 앞에 서리라"[22]는 찬송 속으로 흘러들어간다.

---

22) 독일찬송가 154장 1절. 본서의 함께하는 날 단락의 각주 24번 참조.

원수

시편 가운데 이른바 보복의 시편(Rachpsalmen)보다 우리에게 더 큰 어려움을 가져다주는 것은 없다.[23] 그러나 이러한 사고들이 시편 전체를 관통하고 있다.(5, 7, 9, 10, 13, 16, 21, 23, 28, 31, 35, 36, 40, 41, 44, 52, 54, 55, 58, 59, 68, 69, 70, 71, 137편 등) 이 시편들을 따라 기도하려는 모든 시도는 실패로 끝날 수밖에 없는 것처럼 보인다. 여기서는 사실 신약성서에 대한 이른바 종교적 전 단계가 제시된 것처럼 보이기도 한다. 그리스도는 십자가에서 그의 원수들을 위해서 기도했으며, 우리도 그렇게 하라고 가르치셨다. 어떻게 우리가 시편들과 더불어 원수들에 대한 하나님의 보복을 간구할 수 있을까? 물음은 이렇다. 즉 보복의 시편을 우리를 위한 하나님의 말씀으로, 그리고 예수 그리스도의 기도로 이해할 수 있는가? 우리는 그리스도인으로서 이러한 시편을 기도할 수 있는가? 우리는 여기서 다시 – 그것의 참됨을 입증할 수 없는 – 가능한 동기들이 아니라, 기도의 **내용**을 문제 삼게 된다.

여기서 말하고 있는 원수들은 하나님의 일에 대한 원수들이다. 그들은 하나님 때문에 우리를 공격하고 있다. 여기서는 결코 개인적인 원한 관계가 문제되지 않는다. 시편 기자는 결코 스스로 보복하지 않는다. 그는 보복을 오직 하나님의 손에 맡긴다.(롬 12:19) 이로써 그는 모든 개인적 보복 의지를 떨쳐버리고, 자신의 보복 욕구로부터 자유로워진다. 그렇지 않다면, 보복이 하나님께 맡겨지지 않는다. 실상 원수에 대해 무죄한 자만이 하나님께 보복을 간청할 수 있다. 하나님의 보복을 간구하는 기도는 하나님께 죄를 심판하시며 당신의 의를 집행하시라고 간구하는 것이다. 하나님이 당신의 말씀 위에 서실 때 이러한 심판이 집행되며, 그것도 당사

23) 참조. 본서의 함께하는 날 단락.

자에게 집행된다. 즉 나도 나의 죄와 더불어 이러한 심판 아래 서게 된다. 이러한 심판을 방해할 수 있는 권리가 내게는 전혀 없다. 이러한 심판은 하나님 때문에 집행되어야 하며, 물론 놀라운 방식으로 이루어진다.

하나님의 보복은 죄인이 아니라 죄 없는 사람, 죄인의 자리에 대신 선 하나님의 아들에게 내려졌다. 예수 그리스도는 하나님의 보복을 짊어짐으로써 시편의 기도를 성취하셨다. 그는 죄에 대한 하나님의 진노를 가라앉히고, 하나님의 심판이 집행되는 시간에 "아버지 저들을 용서하소서. 저들은 자기들이 하는 일을 알지 못하나이다."[24]라고 기도했다. 하나님의 진노를 친히 짊어진 자만이 그렇게 기도할 수 있었다. 이것은 하나님의 사랑에 대한 모든 오해가 종식되는 것을 의미한다. 하나님의 사랑을 오해하는 사상들은 죄를 진지하게 받아들이지 않는다. 하나님은 유일한 의인에게서 당신의 원수를 증오하고 심판하신다. 그 의인은 하나님의 원수에 대한 용서를 간청한다. 오직 예수 그리스도의 십자가에서만 하나님의 사랑이 드러난다.

보복의 시편은 이렇게 예수의 십자가와 용서하시는 하나님의 원수 사랑으로 나아간다. 나 스스로는 하나님의 원수를 용서할 수 없고, 오직 십자가에 달린 그리스도만이 그렇게 할 수 있다. 나는 오직 그를 통해서만 원수를 사랑할 수 있다. 이렇게 보복의 집행은 예수 그리스도 안에서 만인을 위한 은혜가 되었다.

물론 시편과 함께 약속의 시간 안에 있는 것은 성취의 시간 안에 있는 것과는 질적으로 다르다. 이러한 차이는 모든 시편에 해당된다. 나는 이 시편의 놀라운 성취를 확신하는 가운데 보복의 시편을 기도한다. 나는 하나님에게 보복을 부탁하고, 모든 원수 가운데서 당신의 의를 집행해 주실 것을 기도한다. 그리고 나는 하나님이 신실하셨으며 십자가에서 진노의 심판 속에서 의를 세우셨고 이러한 진노가 우리에게 은혜와 기쁨이 되었

24) 눅 23:34.

다는 것을 알게 된다. 예수는 하나님께서 친히 당신의 보복을 자신의 몸에 가하실 것을 간구하신다. 그는 매일–나와 하나님의–모든 원수를 위한 십자가의 신실하심과 은혜로 나를 인도하신다.

오늘도 나는 오직 그리스도의 십자가를 통해서, 즉 하나님의 보복의 집행을 통해서만 하나님의 사랑을 믿고 원수를 용서할 수 있다. 예수의 십자가는 모든 사람에게 해당된다. 그를 거역하는 자, 예수의 십자가의 말씀을 더럽히는 자에게는 하나님의 보복이 가해질 것이다. 그는 현세나 내세에서 하나님의 저주를 받아야 할 것이다. 그리스도를 미워하는 자들에게 주어지는 이러한 저주에 대해 신약성서는 분명한 어조로 말하고 있다. 그리고 이 점에서 신약성서는 구약성서와 다르지 않다. 그리고 하나님이 그의 마지막 심판을 집행하실 그날에 주어지는 교회의 기쁨에 대해서도 분명하게 말하고 있다.(갈 1:8f., 고전 16:22, 계 18, 19, 20:11) 이렇게 십자가에 달리신 예수는 보복의 시편들을 바르게 기도하라고 가르치신다.

종말

그리스도인들의 희망은 그리스도의 재림과 죽은 자들의 부활을 향한다. 시편은 이러한 희망을 문자적으로 언급하지는 않는다. 예수의 부활 이후 종말의 때까지 나타날 일련의 구분된 구속사적 사건들이 구약의 관점에서는 여전히 분리될 수 없는 하나의 전체로 나타난다. 계시의 하나님과 사귀는 삶, 세상에서 궁극적인 하나님의 승리, 메시아 왕국의 건설 등은 시편에 나타난 기도의 대상들이다.

내용적으로는 여기서 신약성서와의 차이가 전혀 드러나지 않는다. 사실 시편들은 지상의 삶 속에서 이루어지는 하나님과의 사귐을 간구한다. 그러나 그들은 이러한 사귐이 지상의 삶 속에서 해소되는 것이 아니라 지상의 삶을 넘어서는 것이며, 아니 그것과 대립되는 것임을 잘 알고 있었다.(시 17:14f., 6:34[25]) 하나님과 교제하는 삶은 이미 죽음 너머에 있다. 죽음은 사실 신체와 영혼에게는—결코 취소될 수 없는—쓰라린 종말을 의미한다. 죽음은 죄 값이며, 이에 대한 회상은 반드시 필요하다.(시 39, 102편) 그러나 죽음 저편에 영원한 하나님이 계신다.(시 90, 102편) 따라서 죽음이 아니라 하나님의 능력 안에 있는 삶이 승리하게 된다.(시 16:9ff., 56:13, 49:16, 73:24, 118:15f.) 우리는 이러한 삶을 예수 그리스도의 부활에서 발견하며 이러한 삶을 현세나 내세에서 얻게 되기를 간구하고 있다.

하나님과 메시아의 종말 승리에 대한 시편(2, 96, 97, 98, 110, 148-150편)은 우리를 만물의 종말에 대한 찬송과 감사, 그리고 간구로 인도한다. 이때 온 세상은 하나님께 영광을 돌리고, 구원받은 공동체는 하나님과 더불어 영원히 통치하며, 악의 세력들은 무너지고 하나님께서 홀로 통치하실 것이다.

우리는 시편을 더 잘 기도하는 법을 배우기 위해 시편들을 간략하게 연구해 보았다. 위에서 다룬 시편들을 주기도문과 연결시키는 일은 그리 어렵지 않을 것이다. 우리가 다루었던 부분들의 순차를 조금만 바꾸면 될 것이다. 그러나 더 중요한 것은 우리가 신실함과 사랑을 가지고 우리 주 예수 그리스도의 이름으로 이 시편들을 기도하기 시작하는 것이다.

"우리에게 시편과 주기도문으로 기도하는 법을 가르쳐 주신 사랑하는 주님, 기도의 영과 은혜의 영을 우리에게 허락하사 우리가 열심과 진지한 믿음을 가지고 올바르게, 그리고 중단하지 않고 기도하게 하소서. 기도는 반드시 필요합니다. 이것이 바로 그분께서 우리에게 요구하신 것이고 우리에게서 받으시려는 것입니다. 그분에게 찬양과 존귀, 그리고 감사를 드립니다. 아멘."(루터)[26]

---

25) 시 6편과 34편을 의미한다.

26) M. Luther, Vorrede zur Neuburger Psalterausgabe, 1545.(WA. DB 10/II, 157)

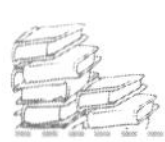

편집자 후기

I

교회적 · 시대사적 배경

『신도의 공동생활』은 본회퍼가 1935년부터 1937년까지 핑켄발데 목사후보생 훈련원 학생들과 함께, 그리고 "형제의 집"에서 실천했던 것을 기술하고 성찰한 책이다. 그리스도교 공동체의 형태와 의미에 대한 물음은 이미 오래 전부터 본회퍼의 관심을 사로잡아 왔었다. 본회퍼는 베를린 대학 신학부의 사강사 시절부터 학생들을 수련회에 초대했었다. 이러한 것은 당시의 대학에서는 평범한 일이 아니었다.[1] 그들은 베를린 북쪽에 위치한 라인스베르크(Rheinsberg)에 있는 청소년 휴양소 프레벨로프(Prebelow)나 비젠탈(Biesenthal)에 있는 한 별장에서 모임을 가졌었다. 이 모임의 시간은 아침과 저녁기도회, 명상의 시간, 찬양, 그리고 신학적 대화들로 채워졌다. 이러한 모임에서 이미 핑켄발데 공동생활의 윤곽이

1) 참조. DB 252f.

그려졌다. 프레벨로프에서 가진 대화들은 참가자들로 하여금 목사후보생 훈련원의 엄격한 질서를 쉽게 받아들이도록 만들었다. 그렇지만 대다수는 아직 핑켄발데의 규율에 어려움을 겪었다. 1931년과 1932년에 본회퍼가 런던에서 목회를 시작했을 때에도 공동체 모임이 형성되었다. 주제는 "그리스도교적 삶"이었는데, 이것과 관련해 본회퍼는 항상 구체적인 실현을 중시했다. 본회퍼는 1931년 한 친구에게 이렇게 썼다. "보이지 않는 것이 우리를 망가뜨린다."[2)]

견고한 그리스도교적 공동체의 삶을 본회퍼는 영국 체류 시 성공회 수도원들과 자유교회 공동체들과의 교류를 통해 연구할 수 있었다. 벨(Bell) 주교의 소개로 본회퍼는 미어필드(Mirfield)에 있는 부활 공동체(Community of Ressurection)를 알게 되었다. 그곳에서 본회퍼는 특히 시편 119편에 매력을 느끼게 되었고, 켈헴(Kelham)의 거룩한 선교회(Society of the Sacred Mission)도 알게 되었다. 그뿐 아니라 그는 리치몬드에 있는 감리교 대학과 버밍햄 근처 셀리오크에 있는 퀘이커 본부도 방문했었다.[3)] 이러한 준비 끝에 그는 1935년 고백교회의 목사후보생 훈련원 가운데 하나를 책임지게 되었다. 고백교회는 1934년 베를린 달렘(Dahlem) 총회의 결의에 따라 – 수많은 희생을 치루고서야 – 목사후보생 훈련원과 신학교를 설립할 수 있었다. 신학교는 처음부터 국가와 당 기관의 지속적인 제약과 박해를 받았다. 고백교회는 이러한 상황 속에서 한편으로는 자신의 교육 주권을 명시하려 했고, 다른 한편으로는 – 고백교회의 입장에서 보면 독일 그리스도교인들과 그 동맹세력들의 침투로 인해 더는 용납할 수 없게 된 – 대학의 신학부에 대항하는 세력을 형성하려 했다. 따라서 교회 투쟁(Kirchenkampf)에서 목사후보생 훈련원생들은 특별한 의미를 갖는다.

---

2) 1931 GS I, 61.

3) DB 475.

본회퍼는 직접적인 실천에 중점을 두었다. 따라서 고백교회를 지지하는 감독이 있는 교구에서 복음 전도를 실시하는 것이 핑켄발데 신학교의 학습 과제였다. "형제의 집"에서 함께 살았던 당시의 훈련원생 핵심 멤버들은 교회 투쟁에서 이러한 정신적 전통의 담지자가 되었다. 구 프로이센 지방의 형제회들은 몇몇 젊은 목사들을 이러한 봉사에 참여하도록 만들었다. "형제의 집 설립" 목적은 핑켄발데 영성의 표제어로 간주될 수 있는 다음의 문장 속에 잘 나타난다. "우리의 목표는 수도원적 은둔이 아니라 밖을 향한 섬김(Dienst nach außen)을 위해 가장 내적으로 집중하는 데 있다."[4] 당시 "밖을 향한 섬김"이란 "… 현재와 장차 있을 교회 투쟁 속에서 결단을 촉구하고 영들을 분리하기 위해 하나님의 말씀을 설교하고 … 새롭게 등장하는 모든 위기 상황 속에서 즉시 말씀 선포에 봉사할 준비를 하는 것을 의미한다."[5]

본회퍼는 1934년 9월 11일 그의 스위스 친구 에어빈 주츠(Erwin Sutz)에게 다음과 같은 내용의 편지를 썼다. "나는 새로 세워질 신학교 책임자로서 독일로 돌아가야 할 것인지, 아니면 인도로 가야할지를 놓고 고심하고 있습니다.… 신학의 후학들을 양성하는 일은 오늘날 순수한 교리, 산상설교, 그리고 예전을 진지하게 받아들이는 교회적 · 수도원적 학교가 맡아야 합니다."[6] 그러나 이러한 말들이 '수도원적 은둔'을 의미하는 것은 아니었다.

1936년 9월 19일 칼 바르트에게 보낸 편지를 보면 핑켄발데 신학교에서 공동의 삶을 추구했던 이유가 더욱 분명하게 나타난다. "젊은 신학생들에게는 대학 경험의 관점뿐 아니라 교회 내에서 – 특히 이곳 동부에 있는 – 교회가 요청하는 자립적인 사역의 관점에서도 전적으로 다른 소양,

---

4) 1935 GS II, 449.

5) Ebd.

6) 1936 GS I, 42.

즉 신학교의 공동생활만큼은 포기하지 않는 전적으로 새로운 교육이 필요하다고 확신합니다. 신학교에 들어오는 형제들 대부분이 얼마나 공허감에 사로잡혀 있으며 얼마나 탈진해 있는지를 사람들은 전혀 모를 것입니다. 신학적 인식과 성서적 지식뿐 아니라 개인적인 삶에 있어서도 그들은 공허한 상태입니다."[7] 고백교회도 이러한 문제를 해결할 수 없었다. "젊은 신학생에게 주어진 이러한 과제를 교회의 과제로 인식하고 실천에 옮겼던 사람들은" 극소수였다. "근본적으로는 모두가 다 이러한 사람들을 기대합니다. 저도 그 일을 제대로 해낼 수는 없겠지만 형제들에게 길을 제시해 줄 수는 있습니다. 그리고 이러한 일이 제가 보기에는 가장 중요한 것 같습니다."[8] 신학 연구, 그리고 목회 공동체는 오직 "아침과 저녁의 말씀 모임과 굳건한 기도시간을 통해 규정된" 삶 속에서만 자라날 수 있다는 것이다. "… 이것이 율법적이라는 비난은 전혀 맞지 않는 것입니다. 그리스도인이 기도가 무엇인지를 철저하게 배우고 그 일에 시간을 바치는 것이 어떻게 율법적이란 말입니까? 최근에 고백교회의 지도적 인사가 제게 이렇게 말했습니다. '우리는 지금 명상할 시간이 없습니다. 목사후보생들은 설교하고 교리문답을 배워야 합니다.' 이것은 오늘날 젊은 신학생들의 상황을 전혀 모르거나 설교와 교리문답이 어디서 나오는지를 전혀 모르는 무지의 소산입니다. 젊은 신학생들이 오늘날 우리에게 진지하게 제기하고 있는 문제들은 이렇습니다. 기도하는 것을 어떻게 배울 수 있습니까? 성서를 어떻게 읽어야 합니까? 우리가 여기서 그들을 돕지 않는다면, 그들은 전혀 도움을 받을 수 없습니다. … 이 모든 것은 실제로 신학적 · 주석적 · 교의학적 연구가 진지하게 병행될 때에만 가능합니다. 이 점은 내게 분명합니다. 그렇지 않다면 이 모든 물음은 잘못된 강조점을 갖게 될 것입니다."[9]

---

7) 1936 GS II, 285.
8) Ebd.

칼 바르트의 답변에서도 바로 이러한 강조점이 문제가 되었다.[10] 바르트는 이러한 관심에 열린 자세를 갖고 있었다. 그러나 그는 '칭의와 성화'의 물음에 대해 "이의 제기, '관심', 보완책과 급진적 대안들을 연속적으로 제시함으로써" 다소간의 우려를 표명했다. 그의 판단에 의하면, 이러한 모든 현상의 공통분모는 "인간에게 속한 영역 안에서 그 어떤 것을(실제로는 추상적인!) 실현하기 위해 근원적인 그리스도론적-종말론적 단서를 단념하는 것이다." 바르트는 고백교회의 젊은이들에게 "이러한 흐름이 다가오고 있음"을 인식했고, "그래서 당신이 여기서 대변자와 지도자로 부름 받았고, 또한 그러한 능력을 가지고 있다고 봅니다. 이것이 맹목적인 소음이 아니라면, 나는 내 나이 때에 배워야 할 것을 배우고 필요한 경우 내 노트를 수정할 수 있을 정도는 되기를 바랍니다. … 그러나 당신은 내가 기다려 보는 것을 이해해야 합니다."[11] 바르트는 물론 노트를 고쳐 쓸 필요가 없었고—본회퍼가 죽은 다음에야 비로소—"칭의와 성화"의 주제에 있어서 본회퍼와 거의 일치함을 확인할 수 있었다.[12] 바르트는 『교회교의학』에서 『신도의 공동생활』을 더는 다루지 않았다.

고백교회의 목사후보생들은 목사후보생 훈련원에 진실 어린 마음을 가지고 들어오지는 않았다. 왜냐하면 그들은 스스로 체념한 가운데 그리스도론적-종말론적 신학에서 벗어나 그 어떤 추상적 실현으로 후퇴하려 했기 때문이다. 그들 가운데 몇몇은 이미 감옥, 추방을 경험했으며, 모두 차별 대우와 불이익을 당했기 때문에 "원수들 앞에서" 신학적으로 잘 차려진 풍요로운 식탁을 즐거워했다. 그들은 광신자나 논쟁자로 낙인찍혔기 때문에 같은 생각을 가진 사람들과의 사귐을 기뻐했다. 그들은 또한 고백교회의 패잔병 무리처럼 모여들었지만, 서로 사귐을 갖게 된 것을 기

9) 앞의 책, 285f.

10) 앞의 책, 287-291.

11) 앞의 책, 289.

12) 참조. KD IV/2, 604, 612f.

빠했다. 그들은 — 언제나 식사 시간에 — 본회퍼를 통해 교회의 모든 투쟁과 수난은 — 말씀과 성도의 교제 속에 계시는 — 그리스도의 현재에 대한 무조건적 신뢰 속에서만 존속할 수 있다는 것을 깨닫게 되었다. 물론 반대도 있었다.[13]

당시 그들은 본회퍼가 형제 공동체에서 영적(pneumatische) 관계와 정신적(심리적) 관계를 왜 그렇게 날카롭게 대립시켰는지를 잘 알고 있었다. 그가 중시했던 것은 오직 그리스도를 통해서만 형성되는 공동체였지, 결코 인간의 빛이나 권위에 대한 인간적 요청, 또는 연대성이나 우정에 기초한 공동체가 아니었다. 그는 말씀을 신뢰했다. 즉 말씀이 성도의 공동체를 부르고 형성해 간다고 믿었다. 당시 당면한 교회 투쟁 앞에서 심리주의와 예전주의(Liturgismus)의 내면성으로 도피했던 집단들이 생겨났었음을 감안해 보면, 본회퍼의 예리한 통찰력이 더욱 잘 이해될 수 있다.[14]

핑켄발데에서의 실천은 어떠했는가?

매일의 삶에서 가장 중시되었던 것은 하나님의 말씀이었다. 신학생들은 함께하는 날을 열어주는 기도회가 시작될 때까지 묵상의 시간을 가져야 했다. 이것은 당시 신학교 건물의 열악한 상황 속에서는 결코 쉬운 일이 아니었다. 대부분의 학생들은 강당에서 숙박했고, 씻을 수 있는 시설도 부족하였다.

기도회는 정해진 찬송과 즉석에서 선택된 찬송들, 그리고 긴 시편기도로 구성되어 있었다. 수도원에서처럼 여기서도 한 주일에 시편 전체를 기도하는 것을 목표로 삼았다. 성서 읽기에서는 구약성서 한 장과 신약성서

13) 참조. W.-D. Zimmermann(Hg.), Begegnungen mit Dietrich Bonhoeffer, 80.
14) 참조. E. Bethge, Nachwort(1979) zu GL, 112.

여러 장들을 읽었다. 토요일에만 본회퍼가 성서를 해석했다. 그는 매일 자유로운 기도를 드렸다. 신학교에서 기도와 성서해석은 중요한 영적 의미를 가졌다. 정해진 찬송을 부른 후 축도로 기도회는 끝난다. 간소한 아침 식사를 마친 후(하루 식비는 1제국 마르크였다.) 각자 방에서 홀로 조용히 30분간의 묵상 시간을 가졌다. 묵상 시간은 그 주간의 성서 구절에 집중했다. 잡념들을 중보기도로 바꾸어 보려는 시도들이 헛된 생각을 떨쳐버리는데 도움이 되었다. 묵상 시간에는 다른 사람을 방해하는 대화나 행동이 금지되었다. 전화도 받지 않았다.

명상이 끝나면 신학교의 정상적인 신학 수업이 시작된다. 첫 과정에서 본회퍼는 『나를 따르라』를 강의했다. 그리고 점심식사 전 30분 동안 찬송 시간을 가졌다. 단음으로 부르는 이 찬송시간을 본회퍼는 매우 중시했다.[15] 옛 찬송과 새 찬송을 부르는 찬송 시간도 순조롭게 진행되었다. 요하킴 카니츠(Joachim Kanitz)와 에버하르트 베트게(Eberhard Bethge)는 알프레드 슈티어(Alfred Stier)가 인도했던 찬양 시간에 심혈을 기울였다. 찬양은 주로 1933년 개신교 청년을 위해 오토 리트뮐러(Otto Riethmüller)가 출간했던 찬양집 『새 노래』(Ein neues Lied)에 실려 있는 곡들을 중심으로 진행되었다. 하인리히 쉬츠(Heinrich Schütz)의 찬송가들이 – 전적으로 성서에 기초하고 있었기 때문에 – 각별한 사랑을 받았다. 아담 굼펠츠하이머(Adam Gumpelzhaimer)의 "하나님의 어린양"(Agnus Dei) 같은 찬송은 신학교 성가대가 가장 심취했던 곡이었다. 식사 시간에는 수도원에서처럼 교부들의 글을 읽지는 않았다. 오히려 요한네스 길호프(Johannes Gillhoff)의 『미국 기행자, 위른야콥 스벤』(Jürnjacob Swehn) 같은 글들을 읽었다. 놀이와 음악으로 구성된 공동의 저녁 시간 이후에는 아침 기도회와 같은 형식의 저녁 기도회가 그날의 마지막 말씀으로 주어졌다. 기도회는 약 45분간 진행되었으며, 10시 이후에는 종종 피로가 느

---

15) 본서의 함께하는 날 단락을 참조.

껴졌다.

공동체 생활의 절정은 매달 갖는 성찬식이었다. 성찬식은 세심하게 준비되었다. 본회퍼는 신학생들에게 상호 간의 고해를 권유했으며, 그 자신도 한 신학생에게 고해를 했다. 공동체가 특히 중시했던 것은 '핑켄발데의 규칙'(Finkenwalder Regel)이었다. 즉 그 자리에 없는 형제에 대해 말하는 것은 엄격하게 금지되었다.

공동생활은 신학교 밖에서도 계속되었다. '졸업생들'은 의무적으로 서로를 방문해야 했다. 그들은 또한 매년 휴가 때 핑켄발데의 과정에 정기적으로 참여해야 했다. 본회퍼는 이 과정에 참여하는 것을 그 어떤 다른 것보다 우선시했다. 보존되어 있는 마지막 회람에 이르기까지 본회퍼는 늘 – 성서의 말씀을 듣고 서로를 위해 말씀을 듣는 – 공동체를 그들에게 회상시켜 주고 있다. 본회퍼는 물론 비인간적인 징집이 판을 쳤던 전시에는 졸업생들이 그러한 의무들로 인해 '망가지지'(kaputtmachen) 않도록 배려해 주었다. 체제 전복 후 목사들에게 주어졌어야 할 한 인사말 초안에서 그는 다음과 같이 말한다. "우리는 그대들을 새로운 삶의 질서로 부릅니다. 각자가 자신만의 길을 가려했고 형제를 떠나 있었습니다. 우리는 이러한 고통을 이미 충분하게 겪었습니다. 그것은 예수 그리스도의 영이 아니라 고집과 안일의 영입니다. 이러한 영은 우리의 말씀 선포에 커다란 손실을 입혔습니다. 오늘날 그 어떤 목사도 홀로 자신의 직무를 수행할 수 없습니다. 목사는 형제들을 필요로 합니다. 우리는 그대들을 기도와 말씀 묵상, 그리고 성서 연구에 신실하게 집중할 수 있는 시간으로 부릅니다. 우리는 그대들에게 형제적 대화와 고해의 도움을 요청하라고 권합니다. 우리는 형제를 섬기는 것을 목회자 직무의 거룩한 의무로 해석합니다. 우리는 그대들에게 부탁합니다. 기도하는 가운데 설교를 준비하고 서로 도와 올바른 말씀을 발견하십시오.…"[16)]

성과와 영향력

『신도의 공동생활』은 전쟁이 발발했던 1939년에 출간되었고 놀랍게도 전쟁 후에 신판들이 거듭 발간되었다. 이 책은 본회퍼의 책 가운데 가장 많이 출판된 책이다. 당시 이 책은 많은 사람의 자성과 명상에 도움을 주었다. 당시 인간적 유대관계가 철저하게 파괴되었던 상황 속에서 이 책은 형제자매 공동체로 나아갈 용기를 북돋아 주었다. 그리스도와 연관된 책임적 공동생활을 추구하는 곳마다 이 책이 회자되었다.

『저항과 복종』이라는 제목으로 1951년에 출간된 옥중서신들에 나오는 개념들인 '차안성'(Diesseitigkeit), '세상적 그리스도교'(das weltliche Christentum), 그리고 '세계의 성숙성'(die Müdigkeit der Welt)에 대한 본회퍼의 사상은 『신도의 공동생활』에 새로운 빛을 던져 주었다. 단지 피상적이고 절충적인 해석만이 — 전기와 후기의 본회퍼 사이에 극복할 수 없는 대립이 존재한다는 — 잘못된 결론을 내릴 수 있었다. 고대 교회의 신앙의 비밀훈련(Arkandisziplin)[17]을 회상하면서 "기도와 인간들 사이에서 정의를 행하는 것"에 관해 말하는 옥중서신에서 『신도의 공동생활』의 근본적인 관심사가 재발견되는 것을 어떻게 간과할 수 있는가! 제3제국 시대에 가장 자주 인용되었던 "유대인을 위해 외치는 자만이 그레고리우스 성가를 부를 수 있다"[18]는 말은 자신을 돌보거나 재생산하는 것이 아니라 약자들을 대변하는 것을 교회의 과제로 삼았던 모든 사람에게 표제어가 되었다.

핑켄발데의 공동체 형태를 반복하거나 지속하는 것은 전후의 변화된 조건하에서는 불가능했다. 말씀 아래서 함께하는 삶을 불러일으키기 위

16) 1942 GS II, 439f.

17) WEN 328.

18) DB 685. 날짜의 수정에 대해서는 E. Bethge, Dietrich Bonhoeffer und die Juden, 195f.를 참조.

해선 '공동생활'이란 말만으로도 충분하리라는 희망은 — 예를 들자면 — 새로 설립된 브란덴부르크 신학교에서는 너무 무모한 생각으로 판명되었다. 그 신학교에 소집된 신학생들의 전제와 기대들은 핑켄발데와는 무척 달랐다. 연합교회에서는 신학교를 다니는 것을 단지 지정된 교육과정으로만 이해했다. 신학생들은 이 과정을 단지 빨리 마치려 했다. 이에 반해 고백교회를 지지하는 젊은 신학생들에게는 고백교회 신학교의 교육이 그들의 신앙고백이 되었다. 그 밖에도 그들은 당시의 투쟁과 통한의 시간이 지난 후에는 조용히 신학적으로 연구할 수 있는 가능성을 선호했다. 후에도 그들에게는 지도자의 탁월한 권위나 — 인간학적 신학으로부터 그리스도론적 신학으로의 전환에 대한 — 창조적인 신학 사상이 결여되어 있었다. 『신도의 공동생활』의 관심사는 제도적인 것과 예전적인 것, 그리고 권위에 대해 매우 회의적이 되어 버린 시대 속으로 옮겨져야 했다. 칼 바르트에게 보낸 편지에서 언급했던 본회퍼의 경고가[19] 현실이 된 것이다. 교회가 행동주의적 집단들과 정치적으로 몸을 사리면서 현상태(status quo)에 굴복하는 이른바 '경건한' 공동체로 분열될 수 있는 위험성은 더욱 커졌다.

그러나 『신도의 공동생활』은 전후 많은 공동체(Kommunität)에서 커다란 반향을 불러일으켰다. 임스하우젠(Imshausen) 공동체는 이 책의 영향력에 대해 다음과 같은 입장을 천명했다. "전후 개신교 공동체들이 서로의 관계를 재정립할 때 우리는 전혀 무관하게 출발했지만 '공동체'라는 명칭이 도처에서 사용되고 있다는 사실에 매우 놀랐습니다. 1950년대 적절한 이름을 찾고 있을 때 우리는 공동체를 지칭하는 프랑스어 'communautés'를 통해 본회퍼의 '공동생활'을 회상하게 되었습니다. 종교개혁 전통의 새로운 공동체 형식과 내용을 이보다 더 잘 표현한 것은 아직까지 존재하지 않는 것 같습니다. 이러한 암시는 매우 분명했으며, 우리로 하여금

19) 각주 9 참조.

본회퍼가 핑켄발데에서 경험했던 것과 실천했던 것을 후에 의식화한 것이 우리에게 얼마나 커다란 도움이 되었는지를 깨닫도록 만들었습니다. 우리에게는 핑켄발데의 코이노니아 경험(Koinonia-Erfahrung)이 본회퍼의 증언을 통해 지속적인 의미를 갖습니다."[20] 본회퍼가 공동생활에 기여하려 했지만 고착화만큼은 피하려 했다는 사실이 잘 지적되고 있다. 차이들은 상황의 상이성에 기인한다. 예를 들자면, 당시 투쟁 상황의 양자택일로부터 영적 경험에 대한 회의가 생겨났을 것이다.

편집자가 떼제(Taizé) 공동체에 이 문제를 제시했을 때 그들은 슈츠(Frère Roger Schutz)와 본회퍼가 분명한 차이에도 불구하고 결코 간과될 수 없는 공통점을 가지고 있다는 사실을 지적했다. "그리스도교 공동체는 인류 가족의 수난과 희망들과 결코 분리될 수 없습니다."[21] 그의 입장표명은 다음과 같다. 예수 그리스도의 하나의 교회 안에 거하려는 본회퍼의 의식과 본회퍼의 다양한 에큐메니컬 운동은 그에게 그리스도의 몸의 통일성을 위한 열정을 불러일으켰으며, 떼제 공동체의 규율도 바로 이러한 통일성을 준엄하게 가르치고 있다. 본회퍼는 물론 고전적인 세 가지 수도원 서약 같은 것을 정해놓지는 않았지만, 그에게는 분명 이를 위한 단서들이 명백하게 발견된다. 떼제 공동체는 무엇보다도 개인적 고해를 중시하는 것을 가장 중요한 공통점 가운데 하나로 꼽고 있다. 다음의 진술은 양자 모두에게 타당하다. "그리스도는 그의 지상적 삶을 그의 제자들의 삶 속에서 계속해서 살고 계신다. 체현된 공동체는 큰소리 없이도 복음을 가시적인 것으로 만들어야 한다. 그리스도교적 공동체의 실존이 곧 증언이고 이미 선포다."[22] 이를 거부하는 공동체는 길을 잘못 인도하는 것이요, 부정하는 것이다.

---

20) 1986년 3월 9일 A. Schönherr에게 보낸 Hans Eisenberg의 편지.

21) 1986년 5월 5일 A. Schönherr에게 보낸 Frère Alois(Taizé)의 편지.

22) Ebd.

『신도의 공동생활』이 수많은 영성 훈련에, 그리고 목회자들과 그의 가족들의 영성에 끼친 영향들은 이루 다 말할 수 없다. 이 책의 영향력은 가톨릭과 정교회의 신학교에서도 감지된다. 이러한 영향력의 확산과 지속적인 매력은 이 책이 – 많은 사람이 갈망하는 – 새로운 형태의 그리스도교적 공동체 생활에 대한 지침서로 인식되고 있음을 말해준다. 그리스도의 교회로 존재하기 위해 타자를 위한 교회가 되어야 하는 과제는 교회가 그리스도의 말씀으로 항상 새롭게 태어나고 그 말씀으로 유지되는 형제자매 공동체가 될 때에만 달성될 수 있다.[23] 세상성과 신앙의 비밀훈련 사이에 존재하는 이러한 내적 연관성이야말로 『저항과 복종』과 『신도의 공동생활』이 왜 본회퍼의 책 가운데 가장 많이 알려지고 출판되었는지를 설명해 줄 수 있을 것이다.

II

『신도의 공동생활』의 정신과 내용

『신도의 공동생활』과 친숙해지려는 사람은 이 책을 대략 한 번만 읽어보아도 본회퍼가 교회의 기원과 본질, 장소와 과제에 대한 자신의 본질적 이해를 어떻게 관철시켜 나가는지를 곧 발견하게 될 것이다. 그는 교회 내에 존재하는 그리스도교적 삶의 형태를 – 전능한 국가 이데올로기라는 폭력의 형태와 하나님과 진리에 대한 물음들을 하찮은 것으로 간주함으로써 모든 것을 마비시키는 사회적 무관심성의 형태로 그리스도교에 대립하고 있는 – 세계감각(Weltgefühl)의 도전에 대한 응답으로 파악한다. 본회퍼처럼 세속적 세계의 세속성을 하나님에 의해 받아들여진 것으로

23) 참조. WEN 415.

이해하고, 본회퍼처럼 – 인간의 전체적 순종을 촉구하는 그리스도를 따르는 삶이 진지하게 숙고되며, 신앙이 구체적으로 실현되는 곳에서 – 교회를 바라보면, 근원적인 것에 충실하면서도 시대에 합당한 일상적 삶의 형태에 대한 물음을 중심에 세울 수 있다. 바로 여기서 공동체(Koinonia/Communio)로서의 교회의 본질이 신앙의 경험 속에서 현재화된다. 이것은 물론 교회가 – 공동체와 안전을 추구하는 – 인간의 자연적 갈망에 맞추어져야 한다는 것을 의미하지는 않는다. 교회는 이미 말씀과 은총 안에 나타난 하나님의 역사를 통해 이미 – 그리스도인이 신앙과 사랑 가운데서 자신을 그것에 결합시키는 – 실재로 파악되었다. 따라서 교구, 주일예배 공동체, 목회자 모임, 평신도 단체, 가정 공동체 등은 교회 밖에 있는 또 하나의 공동체로 존재하는 것이 아니다. 이러한 공동체들은 오히려 하나의 교회의 구체화, 즉 그 안에서 그리스도인 공동체라는 교회의 본질이 드러나는 가시적인 사회적 형태로서 **존재할** 뿐이다. 이 공동체들은 지역에 존재하는 교회다. 본회퍼는 성서에 기초한 이러한 기획 속에서 공동체에 대한 그리스도교적 관점들을 예시적으로 발전시켜 나간다.

공동체

본회퍼의 신학적 논거는 – 일치의 감정 속에서 자신을 지양시키려는 낭만적인 충동이나 자연적인 사회 형태들에 대한 – 분석에 의존하지 않는다. 본회퍼의 출발점은 계시 신학적이며 성서적이다. 예수의 교회는 자신이 디아스포라 속에서 세상 한가운데 있음을, 그리고 원수들 가운데서 세상 한가운데 있음을 안다. 그러나 교회는 바로 여기서 자신을 – 하나님 나라 구원의 – 종말적 공동체의 선취로 이해한다. 따라서 예수 그리스도의 교회는 희망의 징표도 된다. 그리고 종말에 대한 전망의 근거는 예수 그리스도 안에서 일어난 하나님의 성육신과 그분의 영의 파송이다. 따라서 본회퍼는 – 이것은 옛 교부들의 사상이기도 하다. – 교회를 하나님의 무한한 사랑의 삼위일체 안에서 일어나는 신적 인격들의 사귐을 모방하는 피조물로 파악한다. 그러나 영원한 말씀의 성육신 안에서 비로소 말씀의 피조물로서의 교회가 하나님의 영에 이끌려 원형을 향해 나아가는 역동성을 취하게 된다. 이때 그리스도의 몸 된 교회의 지체들인 형제자매의 진보적인 통일 속에서 인간과 하나님의 교제가 실현된다. 따라서 형제의 신체적 가까움에 대한 경험이 강조된다. 예수의 인성 안에서 우리를 만나시는 삼위일체 하나님과의 하나됨이 구체화되는 가시적 공동체가 바로 교회다.

이미 그리스도교적 실존 한가운데서 하나님의 창조적이고 구속하시는 말씀 아래서, 그리고 그 말씀으로부터 다른 사람들과 더불어 공동체적 삶을 영위하려는 경향이 나타난다. 말씀과 신앙의 상호 관계 속에서 언제나 새롭게 조직되는 예수 그리스도의 교회는 공동생활을 위한 세 가지 본질적 규정들을 내포하고 있다.

첫째, 그리스도인은 형제를 필요로 한다. 왜냐하면 형제는 내 마음대로 처리할 수 없는 타자로서 구원이 우리 밖에서(extra me) 도래함을 제시하고 보증해 주기 때문이다. 그리스도인은 – 죄의 용서와 은총이라는 하나님의 말씀을 객관적으로 담지하고 선포해 주는 – 형제를 필요로 한다. 그리스도인은 오직 예수 그리스도 때문에 형제에게 의존되어 있다. "자기 마음속에 계시는 그리스도는 형제의 말 속에 계시는 그리스도보다 약하다. 전자는 불확실하지만, 후자는 확실하다."[24] 그리스도인들 가운데 존재하는 공동체의 목표는 그리스도인들이 구원의 메시지를 가져오는 자로서 서로 만날 때 온전히 드러난다.

둘째, 모든 구원이 오직 예수 그리스도로부터 유래하듯이, 그리고 형제자매 공동체가 신체적이 되신 하나님의 가까우심에 대한 표현과 현존방식으로 파악될 수 있듯이, 파괴된 하나님과의 교제, 그리고 파괴된 인

---

24) 본서의 공동체 단락 참조.

간과의 교제는 오직 그리스도를 통해서만 회복될 수 있다. 그리스도는 모든 교제의 근거와 근원으로서 하나님과 인간 사이의 중보자시며, 바로 그 안에서 인간들 사이의 중보자도 되신다.

셋째, 성서에서는 공동체로서의 교회의 본질이 '그리스도의 몸'이라는 형상으로 나타난다. 그러나 이러한 형상은 모든 그리스도인이 새로운 인류의 창시자이시며 대표자이신 그리스도 안에서, 그리고 그를 통해서 선택되고 하나님과의 사귐으로 부름 받았다는 것을 전제한다. 그리스도인들은 로고스의 인성에 참여하는 자로서, 그리고 그의 몸의 지체로서 그분 안에서 삼위일체 하나님과의 교제를 지향한다. 그리스도인들은 그들의 형제애적인 상호 관계 속에서 자유와 사랑의 통일성이라는 희망의 징표가 된다. 이러한 자유와 사랑의 통일성은 개인적 관계의 차이를 사랑의 공동체의 전제로 만드시는 하나님의 본질이기도 하다.

함께하는 날

공동생활의 본질은—한날의 형성에서 공동체성을 규정하는—시간 안배에서 잘 나타난다. 시간은 단지 사건의 외적 틀만이 아니다. 그리스도인은 그의 시간을 형성함으로써 시간 안에서 자신을 형성해 간다.

아침은 제자들이 주님을 맞이하기 위해 주님을 기다리는 자세를 말한다. 따라서 아침은 공동체에 속한다. 공동체는 우리에게 오시는 부활하신 분에 대한 희망을 알리고 인간의 창조주시며 구원자이신 삼위일체 하나님을 찬양하기 위해 함께 모인다. 아침 묵상으로부터 시작되는 공동의 기도회는 3가지 요소들—즉 성서의 말씀과 교회의 찬송, 그리고 공동체의 기도를—로 구성된다. 특히 시편은 여기서 중요한 위치를 차지한다.

아침 기도회를 조명한 후 상이한 유형의 식탁 공동체가 언급된다. 특히 이 식탁 공동체에서 친밀한 방식의 교제가 실현된다. 성서는 식탁 공동체를 매일의 공동식사와 애찬, 그리고 하나님 나라에서의 종말적 만찬으로 이해한다. 여기서 중요한 것은 엠마오로 가는 두 제자들처럼 우리의 눈이 열리고 주님이 우리에게 떡을 떼어 주실 때 그분을 인식하게 되는 것이다. 그분은 모든 시간적인 은사들과 영원한 은사들을 주시는 분으로서 우리를 만나신다. 우리는 그 은사들로 말미암아 산다. 그분은 은사 속에서 우리의 생명이 되시는 당신 자신을 우리에게 주신다.[25] 평일에는 공동체의 식사가 위로가 된다. 이 식사로부터 하나님과 형제들에 대한 그리스도교적 기쁨의 은혜가 자라난다. 그리스도를 생명의 빵으로, 그리고 일용할 양식의 수여자로 인식하는 것은 그리스도인 공동체 안에서 영적이며 신체적인 은사에 대한 갈증을 해소시켜 주는 것을 의미한다.

하나님 안에서 공동의 날을 시작하라고 말하는 아침 시간은 노동의 리듬을 간직하고 있다. "기도하며 일하라"는 말은 서방교회 수도원의 아버지라 할 수 있는 성 베네딕트(St. Benedikt)가 그리스도교적 공동체의 두 축으로 표현했던 표제어였다. 노동은 그리스도인을 하나님에게서 멀어지도록 만들지 않는다. 그리고 그를 세속적인 것으로 인도하지도 않는다. 그리스도인은 사실적인 노동에 대한 요청과 부담, 그리고 의무를 인정하고 그것을 통해 공동체를 섬김으로써 사물의 세계 속에서도 하나님을 만난다.[26] 사실의 세계와 그 세계의 법칙성 안에 존재하는 '무정한'(harte) 하나님 경험은 동시에 자기 자신만을 맴돌며 안락을 추구하려는 성향으로부터, 그리고 '경건한' 무행위성에 대한 환상에 자신을 맡겨버리는 이기적인 행위로부터 우리를 해방시킬 수 있다.

점심 시간에는 그날의 절정이 형제들을 삼위일체 하나님을 찬양하는 공동의 기도회로 초대한다. 이 기도회는 조속한 구원에 대한 간구로 이어진다. 성금요일에 여섯째 시간부터 아홉째 시간까지 땅을 뒤덮었던 어둠

---

25) 눅 22:30, 요 11:25, 빌 1:21 참조.

26) '그것'(Es) 안에서 하나님을 만나는 것에 대해선 참조. WEN 177, 244.

이 십자가 희생의 완성을 예고했기 때문에[27] — 제자들이 주님의 머물러 계심을 간구한다면 — 낮은 이미 낮 시간에 저녁으로 기울기 시작한다.[28]

저녁에는 공동체가 마지막으로 다시 한 번 모여 하나님께 감사하고 영적 직무 속에서 형제들과 박해당하는 사람들, — 중보기도에는 특별한 공적 의미와 정치적인 의미가 주어진다. — 병든 사람들과 버림받은 사람들, 이웃들, 그리고 심지어는 원수들을 위해서도 기도를 드린다. 그리고 죄의 용서를 위한 상호 간의 간구가 특별한 위치를 차지한다. 분리시키는 능력을 가진 죄의 힘이 형제 사이에 남아 있는 한, 화해하지 못한 채 잠자리에 드는 것이 형제들에게는 용납되지 않는다.[29] 고대 교회처럼 본회퍼도 인간의 영혼을 둘러싼 투쟁이 잠자는 시간에도 진행되며 심신이 쉬고 있을 때에도 그리스도인은 하나님의 도우심을 필요로 한다는 사실로부터 출발한다.

홀로 있는 날

본회퍼는 공동의 일과표를 기술하면서 모든 공동체를 위협하는 위험들에 대해 말한다. 그에게 공동체는 고립에서 벗어날 수 있는 그 어떤 도피처가 아니다. 공동체는 혼자 있을 수 없는 사람들이나 수다스럽게 자신을 알리려는 욕망을 만족시키려고 소일거리를 찾는 사람들에게는 그 어떤 도움도 주지 못한다. 그리스도인은 인격이며, 따라서 근원적으로 하나님의 은총의 직접성 안에 자신의 근거를 가지며, 또한 그 안에서 지양된다. 여기서 그리스도인은 동시에 — 인간에게 적합한 자기완성의 공간이 되는 — 그와 함께 사는 사람들의 공동체에 의존되어 있다. 개인(Einzlner-

---

27) 참조. 마 27:45.
28) 참조. 눅 24:29.
29) 참조. 엡 4:26.

Sein)과 공동체 사이에는 변증법적 관계가 적용되기 시작한다. "오직 공동체 안에 있는 사람만이 홀로 설 수 있고, 홀로 있는 사람만이 공동체 안에 설 수 있다는 사실을 우리는 알고 있다."[30] 공동체가 말씀 안에서 자신의 매개를 찾는다면, 침묵은 홀로 있음의 표지가 된다. 여기서 말하는 침묵이란 피조물의 겸손의 심정과 오직 은총만을 희망하는 죄인의 심정에서 우러나오는 침묵을 말한다. 왜냐하면 그는 오직 하나님의 순수하고 분명한 말씀만을 들으려 하기 때문이다. 그가 너무 성급하게 그 사이에 끼어들지 않을 때에만 침묵이 온전히 인식될 수 있다. 침묵은 긴장으로 가득 찬 귀기울임이다.

침묵을 중심에 세우는 그리스도인의 홀로 있음에는 시간과의 정돈된 만남이 존재한다. 홀로 있는 시간은 성서 묵상과 기도, 그리고 중보기도를 위한 시간들로 채워져 있다. 그리스도인은 명상을 통해 성서의 말씀 안에서 하나님과의 인격적 만남을 찾는다. 그리스도인은 마리아처럼 자신의 영과 마음속에서 하나님의 말씀의 개념들과 명제들을 격동시킨다.[31] 공동 기도회의 연독(lectio continua)의 목적이 구속사의 거대한 과정과 하나 되는 것에 있었다면, 여기서는 성서의 기본개념들에 대한 세심한 성찰이 중심을 이룬다. 명상하는 자는 '아버지', '자비', '은혜', '십자가'와 같은 말씀들을 전적으로 자신과 — 즉 자신의 과제와 결단, 그리고 실패와 유혹 등 그의 개인적 삶의 상황과 — 관계시킨다. 여기서 형제회의 성서 묵상(Lesungen)도 개개의 성서 말씀들을 오늘의 직접적인 말씀으로 받아들이는 데 유용한 수단이 된다.

형제자매들을 위한 중보기도는 이웃사랑의 총체로서 기도로부터 자라나온다. 형제는 여기서 십자가 아래 선 자로서, 즉 죄의 용서와 새로운 시작의 은총을 전망하는 죄인으로 나타난다. 특히 교회를 위한 중보기도는

30) 본서의 홀로 있는 날 단락 참조.

31) 눅 2:19.

목사의 목회 직무에 속한다. 낮에 혼자 있는 시간들은 — 비록 공동체 안에 있다 할지라도 — 검증의 시간이 되어야 한다. 여기서는 그리스도인과 공동체적 삶의 진정성이 검증되어야 한다. 홀로 있는 그리스도인은 공동체에서 떨어져 있다고 생각해서는 안 된다. 홀로 있음에서 나올 수 있는 은총이나 약속은 개인과 교회의 상호작용을 암시해 준다. 몰래 숨어 들어오는 악한 생각은 개인뿐 아니라 그가 속해 있는 전체에도 해가 된다. 헌신과 훈육의 은밀한 행위는 그리스도의 몸의 전체적인 삶뿐 아니라 개개 신자에게도 유익이 된다. 홀로 있음과 공동체 모두가 그리스도의 은총으로부터 나오고, 개인이 공동체를 감당하지만 동시에 공동체에 의해 유지되듯이, 양자는 서로에게 축복이 된다. 형제들이 서로 결합되어 있다는 것을 아는 것은 — 본회퍼가 후에 감옥에서 경험했듯이 — 신체적으로 형제와 떨어져 있는 곳에서도 그리스도인을 지탱해 준다.[32)]

섬김

모든 공동체는 인도하심과 권위를 필요로 한다. 여기에 하나의 커다란 위험이 숨어 있다. 성취욕, 명예욕, 교만 등이 공동체를 내부로부터 파괴한다. 특히 하나님의 말씀을 섬기는 사람과 교회 지도자들은 이러한 위험을 반드시 의식하고 있어야 한다. 옛 사람('아담 안에 있는')의 현존재 구조 안에는 사람들을 지배하려는 충동이 도사리고 있다. 이 충동 속에서 인간은 재능과 능력, 교육과 영적 힘을 매개로 — 독재적인 지도자 원리를 찬양하든, 아니면 카리스마적 인격성에 의지하든, 또는 이른바 '감독의 형상들'이 가진 마력에 굴복하든 간에 — 공동체 안에서 흔들리지 않는 지배적 위치를 확보하려 한다. 자기 고양과 자기 정당화를 강요하는 이러한 힘은 공동체 안에서는 모든 것을 해소시켜 버리는 효소와 같은 존재가

---

32) 참조. WEN 147f., 199.

된다. 개인과 공동체를 – 그 어떠한 선행적 공적 없이도 은총만으로 죄인들을 의롭다 하시는 – 하나님께 속박시키는 것만이 그리스도의 영, 즉 섬김의 영을 공동체에 가져다준다. 형제 공동체에서 구성적이고 규범적인 것은 섬김을 받으려 하지 않고 오히려 남을 섬기는 주님의 영이다. 이 공동체에는 오직 한 분의 주와 선생만이 있다.[33] 이러한 영이 그리스도 공동체(Communio Christi)의 진정한 통치자다. 신앙으로부터 나오는 정직한 자기 성찰은 공동체 안에서 섬김으로 다스리는 모든 사람에게 – 본회퍼는 이것을 루터에게 배웠다. – 그가 바로 '가장 큰 죄인'(peccator pessimus)이라고 말한다.[34] 그가 다른 사람들보다 더 용서가 필요한 사람이라는 사실이 전제된다. 여기서 비로소 – 설교자, 교사, 목자, 목사로서의 – 그의 섬김이 인내와 겸손 속에서 들어주는 직무를 시작하게 된다. 이러한 직무는 승려풍의 겸손이나 하나님의 말씀을 왜곡하는 것과는 전혀 다르다.[35] 그 다음으로 필요한 것이 남을 도우려는 섬김의 자세다. 여기서는 자기실현을 위한 고도의 전술이 요구되지 않는다. 그리스도의 종의 자아는 시간을 내달라는 형제의 곤궁과 다른 사람을 감당하고 그 사람의 짐을 짊어지는 행위에 의해 규정된다.[36] 여기서 – 그리스도를 십자가로 인도했던 – '세상의 모든 죄를 대리적으로(stellvertretend) 감당하는 행위'가 공동체 한가운데서 나타난다.

섬김을 통한 지배라는 역설은 형제의 자유를 지향한다. "다른 사람의 짐을 지는 것은 다른 사람의 피조물 현실을 감당하는 것이며 그것을 긍정하고 다른 사람이 고통을 당할 때 기꺼이 그 고통에 동참하는 것을 말한다."[37]

---

33) 마 23:8.

34) 이에 대해서는 본회퍼의 세미나 논문 참조. "Luthers Stimmungen gegenüber seinem Werk," DBW 9(1918–27), 276f., 286.

35) 이에 대해선 본회퍼의 강의 "Seelsorge" 참조.(1935/39 GS V, 364–414)

36) 갈 6:2.

37) 본서의 섬김 단락 참조.

들어줌을 통한 섬김, 실질적인 도움, 형제의 짐을 짊어지는 것은 말씀에 근거하며 말씀을 통해 실현된다. 권면과 용서는 그리스도께 나아가는 데 도움이 되어야지, 결코 형제를 자신의 사고와 이상에 따라 판단하는 수단이 되어서는 안 된다. 공동체의 감독[38]과 관리자에게 중요한 것은 인간적 위엄이 아니다. 신앙 속에서 검증되는 직무 담지자의 권위는 말씀의 종이 되고[39] 선한 목자의 말씀을 통해 예수의 교회를 인도하겠다는 순수하고 깨끗한 마음에 있다. 이로써 그의 행위는 예수의 이름 속에서 교회의 선한 목자이신 예수의 행위를 드러낸다.[40] "자신의 권위를 추구하지 않고 말씀의 권위 아래서 많은 형제 가운데 한 형제가 된 예수의 종만이 목회의 권위를 얻을 수 있다."[41]

고해와 성만찬

형제애는 그리스도의 교제(Koinonia)의 사건으로부터 출발하며, 그리스도의 몸의 성례전적 모습인 교회의 성만찬 속에서 공동체가 완성되는 것을 지향한다. 성례전에서 교제가 절정에 달한다면, 시간적으로나 사실적으로 완성을 가로막는 가장 내적인 장애물을 극복하는 것, 즉 그리스도교적 공동체를 파괴하는 동인으로 작용하는 죄를 극복하는 일이 공동체에 선행되어야 한다. 개인이 자신의 마음 깊은 곳에서 자신이 하나님 앞에서 죄인임을 고백할 뿐 아니라, 주님의 교회 안에서와 교회 앞에서 공

---

38) 딤전 3:1f.

39) 본회퍼의 성서 연구 "Der Diener am Hause Gottes"(1936 GS IV, 344-357) 참조.

40) 시간이 지남에 따라 본회퍼는 성직을 목회직으로 이해하기 시작했다. 목회직에서는 그리스도의 종이 그리스도의 목자 직무를 그의 직무 이해의 척도로 간주한다.(참조. 1941 GS II, 412f. 이에 대해선 참조. G. L. Müller, Bonhoeffers Theologie der Sakramente, 357-455)

41) 본서의 섬김 단락 참조.

공연하게 죄를 고백하는 곳에서 그리스도교적 삶에로의 돌파가 이루어진다. 여기서 고해가 자신의 위치를 갖게 된다. 그리스도께서 육신으로 오셨기 때문에, 그리고 그의 은혜와 용서가 가시적 형태들을 취했기 때문에, 또한 그가 우리의 죄를 감당하고 우리를 하나님과 화해시키기 위해 우리의 형제가 되었기 때문에, 그리스도는 형제 안에서뿐 아니라 형제로서도 내게 다가오신다. "이로써 그리스도는 우리를 공동체로 만들고 공동체 안에서 형제를 은혜로 만드셨다. 형제가 그리스도의 자리에 서 있다. … 그는 그리스도를 대신해서 우리의 죄의 고백을 듣는다. 그리고 그리스도를 대신해서 우리의 죄를 용서해 준다. … 내가 형제에게 고해하러 나갈 때 나는 사실 하나님께 나아가는 것이다."[42] 자기 기만과 자기 의인의 고리가 깨어지는 것은 형제의 현실 속에서 하나님의 현재가 인식되기 때문이다. 형제의 고해와 용서에 대한 축복을 본회퍼는 다음과 같은 루터의 말로 뒷받침해준다. "왜냐하면 내가 고해를 권할 때 나는 그리스도인이 되라고 권하는 것이다."[43] 고해는 여기서 오직 신학적으로만 이해되어야 한다. 고해는 은혜 사건과 용서로서 그리스도에 대한 인식을 전제로 한다. 심리학적 수완이나 인간 이해가 들어설 여지는 전혀 없다.

마지막으로 형제애, 고해, 죄의 용서는 예수 그리스도의 살과 피의 은사, 즉 그리스도 자신이 우리에게 공동체, 용서, 복과 영생을 선사해 주시는 공동의 식탁에서 완성된다. 이 식탁 안에서 하나님과의 교제와 인간과의 교제가 그리스도 안에서 현재하며, 모든 공동체가 그리스도 안에서 갖는 목적, 즉 하나님 나라에서의 결혼 잔치가 예시된다. 공동체는 숨겨진 방식으로는 이미 하나님 나라 결혼 잔치의 상징적 선취로서 존재한다. "여기서 공동체는 목표에 도달한다. 여기서 그리스도와 그의 교회에 대

---

42) 본서의 고해와 성만찬 단락 참조.

43) 참조. M. Luther, Großer Katechismus. Eine kurze Vermahnung zu der Beicht.(BSLK 732)

한 기쁨이 완전해진다. 말씀 아래 이루어지는 그리스도인들의 공동생활은 성례전에서 완성된다."[44]

경건문학의 장르에서 본 『신도의 공동생활』

이와 같이 본회퍼 신학의 중심 사상을 논구해 보면, 『신도의 공동생활』을 본회퍼 신학의 전체 맥락에서 해석해야 한다는 필연성이 드러난다. 물론 이 책은 교계의 소중한 경건문학에 속한다. 본회퍼는 학문적 언어와 학술적 논거형식들을 포기함으로써 실존적이며 인격적으로 말 건네는 영성적 접근에 길을 열어 놓았다. 그러나 종교적 자기 감정의 분위기를 만끽하려는 열광주의나 낭만적인 공동체 감정에 용해되는 것은 예수 그리스도에 대한 열정적 헌신과는 구별되어야 한다.

예수 그리스도와 더불어 시작하는 것은 그리스도교의 – 공동체, 고독, 섬김, 성서 읽기, 기도, 중보기도, 명상, 귀기울이는 능력, 용서, 고해, 사죄, 형제의 식탁 공동체, 영원한 식탁 공동체를 향한 희망과 결합된 그리스도 교회의 성만찬 축제 등과 같은 – 기본 개념들을 이해할 수 있는 근원적인 길을 매개해 준다.

본회퍼는 여기서 그리스도교를 한자 한자 천천히 읽고 배우려는 사람들에게 도움을 주려 했다. 따라서 『신도의 공동생활』을 – 성 베네딕트의 『규칙』[45]이나 토마스 아 켐피스의 『그리스도를 본받아』,[46] 또한 루터의

---

44) 본서의 고해와 성만찬 단락 참조. 그리고 1935/36 GS III, 334 참조. 본회퍼는 그의 소논문 "Morgen"(1935 또는 1936 GS IV, 290–293)에서도 이것을 잘 요약하고 있다.

45) 이에 대해선 참조. H. U. v. Balthasar, Die großen Ordensregeln, 173–259.

46) 참조. 다음의 본회퍼 소장 도서. Thomas a Kempis, Imitatio Christi, hg. v. M. J. Pohl, 1904. 본회퍼는 이 책을 사랑했다. 그는 이 책을 그의 강의 "Seelsorge"의 참고문헌으로 제시했다.(참조. 1935/39 GS V, 364) 이 책은 『신도의 공동생

『성례전에 관한 설교』[47]가 그리스도교적 영성의 고전이 되었듯이－그리스도교적 신앙과 삶의 초등학교로 간주해도 좋을 것이다. 이러한 책들은 그 저자의 신학과 전기에 대한 상세한 지식이 전제되지 않아도 지속적인 효력을 갖는 책들이다.

그러나 『신도의 공동생활』이－본회퍼의 전체 신학에서 배제될 수도 있는－단순한 경건문학으로 규정될 수 있느냐, 아니면 그리스도-교회-세계라는 문제 영역에서 그의 사고의 위대한 주제들을 강조하는 데 있어서 반드시 필요한 것이냐는 물음은 타당한 물음이다.

본회퍼에게 신학과 전기가 분리될 수 없다는 인식은 오래 전부터 본회퍼 해석의 준거가 되어 왔다.[48] 그러나 이러한 공감대가－모든 신학은 어떻게든 신학자의 인격성, 삶의 경험과 능력, 그리고 정신사적 상황과 시대사적 조건들과 무관할 수 없다는－통속적인 관점 이상의 것을 말하는 것이라면, 『신도의 공동생활』에서는 이러한 해석학적 근본규칙을 좀 더 자세하게 설명해야 할 것이다.

활』에서만 세 번 인용되었다. 그리고 테겔에서는 이 책을 라틴어로 읽었다.(WEN 191) 당시 본회퍼가 갖고 있었던 책은 영국 성공회의 벨 주교(Bischof George Bell)가 1945년 10월 말 베를린을 방문했을 때 그에게 건네졌다. 벨 주교가 죽은 후 주교 부인은 1958년 이 책을 런던 'Sydenham'에 있는 디트리히 본회퍼 교회에 기증했다. 이 책은 오늘날까지 그곳에 보관되어 있다. 본회퍼의 소장도서 가운데는 다음의 책도 있었다. Ignatius von Loyola, Geistliche Übungen.(v. A. Felder가 스페인어로 된 원본을 독일어로 번역했으며 1932년에 5판이 나왔다. 그렇지만 몇 군데가 훼손되었다.)

47) WA 2, 742–758. 본회퍼는 초기 논문에서 이 책을 많이 인용했다. 참조. DBW 1 (SC), 117–127(passim), 1932 GS V, 263.

48) 이에 대해서는 참조. G. L. Müller, Für andere da, 13–14.

본회퍼 신학의 논거에서 『신도의 공동생활』

본회퍼 이해를 위한 기본 논거는 특정한 학문적 신학으로부터의 전환, 즉 베트게가 말한 "신학자로부터 그리스도인으로의 전환"과 밀접하게 관련된다.[49] 내적 결단으로부터 수행된 이러한 전환은 정신사적으로는 그리스도교가 – 서구 인간의 관념적 이해와 삶의 수행에 – 지배력을 상실한 것과 무관치 않다.[50] 그리스도교적 사회 속에서 신비의 무한한 특성들에 집중하는 것이 신적 진리를 형상적으로 직관하는 신학적 유형을 가져왔고(토마스 아퀴나스), 실존적 인식이 하나님과 인간의 관계를 은총과 죄의 드라마로 현재화했다면(루터), 본회퍼는 신학을 무엇보다도 세속적 세계 내에서 교회와 그리스도교적 삶의 장소를 규정하는데 도움을 주는 것으로 이해했다.

본회퍼의 이러한 신념은 점점 강해졌다. 그는 1934년 1월 그의 형 칼 프리드리히에게 다음과 같이 썼다. "서구에서 그리스도교는 종말을 맞이하고 있습니다. 물론 이제까지의 형태나 해석으로는 말입니다."[51] 따라서 그에게 '자유주의 신학'의 장소 규정은 불가능한 것이었다. 자유주의 신학은 신학을 대학 교과목의 표준 속에서 학문 이론적으로 경험적 · 일원론적 이념에 맞추어 버렸다. 이로써 자유주의 신학은 신학을 철학, 심리학, 윤리학, 또는 종교철학으로 새롭게 구성하려 했다. 이러한 조건하에서 계몽주의 이후, 특히 슐라이어마허 이후 '종교'는 그리스도교와 현대 문화 사이의 매개 개념이 되었다. 자유주의 신학은 역사적 · 경험적 그리

---

49) DB 246–250.

50) 1931/32 겨울학기 베를린에서 행한 그의 강의 "Die Geschichte der systematischen Theologie des 20. Jahrhunderts"(GS V, 181–227)에서 본회퍼가 시도했던 상황 분석은 매우 중요하다. 세속화에 대한 그의 관점에 대해선 참조. "Erbe und Verfall."(E 94–116)

51) 1934 GS II, 158.

스도교의 근거를 인간 자의식의 '종교적 선험성'에서 찾으려 했고, 그리스도교를 역사적 형성체 가운데 최고의 형식으로 파악하려 했다. 완결된 문화 속에서 '종교'란 합리적이고 정서적이며 초월적이거나 실용적으로 논증되면서도 형이상학, 개인주의, 내면성 속에서 정신의 영역과 관련된다. 따라서 종교는 — 본회퍼의 판단에 의하면 — 결국 인간학이며, 정신의 내재를 극복할 수 없었다.[52)]

그러면 어떻게 진정한 초월에 도달할 수 있는가?[53)] 본회퍼는 늘 이 문제를 고심하고 있었다. 이 물음은 『저항과 복종』에서도 핵심 문제였다. '종교적 선험성'이란 개념의 도움 없이 그리스도교적 신앙의 토대를 마련하려는 시도에 있어서 젊은 본회퍼는 칼 바르트와 견해를 같이한다. 초기 본회퍼의 신학적 논거는 다음과 같다. 하나님과 그의 계시를 선험적이며 직접적으로 파악하는 것은 초월적으로나 존재론적으로 불가능하다. 인간에게 주어진 것은 단지 교회의 신앙 공동체 한가운데서 역사적 그리스도-사실(Christus-Tatsache)과 이 사실을 현재화하시는 성령의 행위 속에서 하나님의 말씀에 의해 우발적이며 후천적으로 말 건네받는 것뿐이다. 이러한 논거는 특히 『행위와 존재』의 신학적 인식론에 잘 나타나 있다.[54)] 위로부터 죄인에게 말 건네지만 내 마음대로 처리할 수 없는 현실로서의 '계시'와 — 경건한 체험과 사고의 추상화를 통해 상승하려는 시도로서의 — '종교'는 모든 면에서 대립되어 있다. 본회퍼는 양자를 마지막까지

52) 참조. 1931/32 GS V, 184-195, 1932 GS V, 231-239, WEN 305f., 312.

53) 참조. 이에 대해선 그의 그리스도론 강의(1933 GS III, 170)와 그의 논문 "Concerning the Christian Idea of God"(1931 GS III, 100-109, 번역본 522-526), 1944 GS IV, 606.

54) 여기서 결정적인 것은 — 원죄 상태 속에 있는 자연적 인간은 공적이나 사고를 통해서는 하나님께 도달할 수 없다는 — 루터교 칭의론의 기본 사상이다. '자신 안에서 구부러진 마음'(das curvatum in se)은 오직 하나님의 행위를 통해서만 자신의 모순을 드러내고 그의 말씀을 통해서만 진리와 현실성 안에 세워질 수 있다.(참조. AS 57, 66-68)

일치될 수 없는 것으로 간주했다.[55] 초월은 오직 밖으로부터 구체적으로 말 건네받는 것 속에서만 성립된다. 『저항과 복종』에서 본회퍼는 "다른 존재를 만나는 인격을 내 마음대로 처리할 수 없는 것(인격의 한계)" (Unverfügbarkeit der dem andern begegnenden Person)에 관해 말한다.[56] 하나님을 향한 초월은 초월적 반성에 의해서도, 그리고 자신을 진리의 자리에 세우는 것에 의해서도 결코 파악되지 않는다. 하나님을 향한 초월은 오직 예수 그리스도의 인격 안에서만 주어진다. 왜냐하면 이러한 만남은 하나님을 향한 존재로서의 '그리스도 안에 있는 존재'를 열어주고, 근원적으로는 예수의 교회 안에 있는 존재를 포괄하기 때문이다.[57] 교회의 주님(머리)과 몸으로서의 그리스도를 만나는 것만이 우리를 하나님의 현실 안으로 인도한다. 왜냐하면 하나님의 자유가 성육신하신 말씀 안에서 우리를 위한 하나님의 존재가, 그리고 이로써 계약과 죄의 용서, 그리고 신생의 은혜가 신앙 속에서 현재화되기 때문이다.[58]

본회퍼는 그리스도교 신앙의 공동체 구조를 지적하면서 (초기) 바르트의 행위주의(Aktualismus)를 넘어서려 한다. 본회퍼는 실제적 공동체가 이미 그리스도의 현실과 활동 안에 근거되어 있으며 말씀과 영에 의해 실제적으로 그리스도로부터 나온다고 보았다. 이로써 본회퍼는 계시 사건의 연속성을 입증하려 한다. 이러한 사상은 그의 글에 자주 나타나는 "공동체로 존재하는 그리스도"(Christus als Gemeinde existierend),[59] 또는 "공동체는 현존하시는 그리스도 자신"[60]이라는 표현 속에 잘 나타

55) 본회퍼의 종교 개념에 대해서는 참조. E. Feil, Die Theologie Dietrich Bonhoeffers, 324-354; E. Feil, Ende oder Wiederkehr der Religion?, 27-49; G. L. Müller, Bonhoeffers Theologie der Sakramente, 65-74.

56) 참조. WEN 421, 414.

57) 참조. AS 81-115, 1931/32 GS V, 236, WEN 308.

58) 참조. 1932 GS V, 245, 247-249.

59) 참조. DBW 1(SC), 76, 87, 126ff.; 1932 GS V, 245.

나 있다. 계시의 형태로서의 교회는 교회에 대한 원자론적 오해, 즉 교회를 처음부터 종교적이거나 윤리적인 동기를 가진 개인들의 이차적 단체(Assoziation)로 오해하는 것을 극복한다. 초월로 나아가기 위해선 교회의 특수한 구조와 과제, 그리고 실현방식들이 받아들여져야 한다.

"공동체로 존재하는 그리스도"라는 교회의 통일성 안에서 교회는 자신의 인격적 특성을 인식하게 된다. 승천하신 주는 교회의 주로서 교회와 마주 서 있다. 승천하신 주는 아버지 곁에서 교회를 위해 간구하며 성령 안에서 말씀과 성례전, 그리고 형제들의 교제를 통해서 공동체에 역사하신다. 그리스도는 인간 존재를 받아들임으로써 그의 대리행위(Stellvertretung) 속에서 우리에게 형제가 되셨다. 따라서 모든 형제가 우리에게는 그리스도가 된다.

이와 같이 본회퍼는 교회의 근거를 계시에 두고 경험적인 인격적 만남으로부터 초월을 드러냄으로써[61] '종교적 공동체'—그것이 개념적으로 거룩의 개념에 의지하든, 아니면 심리학적으로 사귐이나 전달의 충동에 뿌리를 내리든 간에, 또는 역사철학적으로 종교를 통해 문화가 영광을 받게 된다는 이념에 의해 발전되었든 간에—와의 차이도 명백하게 제시할 수 있었다. 종교적 공동체에서는 교회가 언제나 '종교적 선험성'으로부터 도출되며 '종교적 공동체'로 변형된다. "종교 개념으로부터는 그 어떠한 공동체 개념도 획득할 수 없다. 종교 개념은 언제나 개인주의적이며 원자론적이다. 종교적 공동체는 아담 안에 있는 인류의 형식이다. 종교적 공동체는—자신의 잘못 때문에 겪게 되는—고독으로부터 벗어나 스스로 자기 자신을 구원하려는 헛된 시도다. 오늘날 교회, 청년 운동, 에큐메니

60) 참조. 그의 논문 "Was ist die Kirche"(1932 GS III, 288), 1932 GS V, 251, 1932 GS I, 144, 1933 GS III, 292, N 213.

61) 1930년 7월 31일의 베를린대학 교수 취임 강연 "Die Frage nach dem Menschen in der gegenwärtigen Philosophie und Theologie"(GS III, 62-84)를 참조.

컬 운동 등에서 공동체의 갱신과 활성화를 위한 개선안들이 많이 제시되고 있지만, 근본 토대는 어디서나 신앙된 교회가 아니라 경건한 체험이다. 그러나 교회는 우리의 모든 의지에 앞서 존재한다. 교회는 대리적으로 그리스도의 행동이며, 성령에 의한 활성화다. 교회는 경험되지 않는다. 우리가 보는 것은 하나님 안에 있는 인격들이 아니라 그분의 활동뿐이다. 우리는 보는 것이 아니라 신앙 속에서 살아간다."[62)]

여기서 간략하게 살펴본 본회퍼의 신학적 입장은 『신도의 공동생활』에서도 분명하게 나타난다. 초월을 계시의 말씀 성격에 근거시키는 것, 예수 그리스도와 그의 교회에 나타나는 하나님의 인격적 요청, 교회와 공동체 생활을 '종교적으로 오해하는 것'에 대한 비판, 그리고 교회를 자율적 문화 구조와 인간 의식의 내재성의 맥락에서 이해하는 것에 대한 비판 등이 바로 이러한 사실을 입증해 준다.

그러나 교회가 항상 하나님께서 세워 주신 곳, 즉 보편적 선포와 평화의 계명, 그리고 구체적인 형제애를 요청하는 곳에서만 존재했던 것은 아니다. '종교적이' 되어 버린 교회는 삶의 교차점에 선 부르주아의 축제와 소시민 계급이나 교육받은 부르주아 계급의 관습에서 자신의 자리를 찾았으며, 불순한 보수주의에 안주해 왔다. 따라서 교회는 주변으로 밀려났다. 교회가 미움을 받는 것은 하나님의 말씀이 아니라 이러한 편파적 참여 때문이다.[63)] 이러한 교회는 자신을 제도적인 자기목적으로 이해한다. 경

---

62) 1932 GS V, 254; "Sichtbare Kirche im Neuen Testament"라는 강의도 참조하시오(1935/36 GS III, 325-334, 여기서는 330f.): "따라서 새로운 종교가 세워지는 것이 아니라 세계의 일부가 새롭게 창조된다. … 이것이 교회가 세워진 이유다. … 종교적 공동체는 최고의-하나님에 의해 주어진 것이라고도 말할 수 있다.-가치로 간주되는 '종교적인 것' 안에 자기 목적을 가지고 있다. 교회는 하나님의 영에 의해 새롭게 창조된 세계와 인류의 일부로서 (종교적으로나 세속적으로) 새롭게 창조하는 영에 전적으로 복종하는 법에 대해 묻는다. … 종교적 문제나 관심사 일반이 교회를 구성하지 않고, -인간의 관점으로부터 말하자면-은혜로운 새 창조의 말씀에 대한 복종이 교회를 구성한다." 참조. WEN 306.

건주의에서 교회는 종교로 파악되었고, (루터파) 정통주의에서는 구원의 기관으로 이해되었으며, 고백교회에서는 계시실증주의(Offenbarungs-positivismus)적 경향을 가진 계시신학으로 이해되었다. 이 모두에서 교회는 세계와 마주하면서 원칙적으로 공격받을 수 없는 존재가 되었다. 따라서 독재에 항거한 교회 투쟁과 저항의 시기에도 교회는 오직 '사실적'(sachlich)인 것에만 관심을 가졌다. 1944년 본회퍼가 회고하는 가운데 확인했듯이 그곳에는 '인격적'(persönlich)인 그리스도 신앙이 결여되어 있었다.[64] 따라서 교회는 자신의 본래적 섬김에 있어서 "인간과 세계를 위해 화해하고 구원하는 말씀의 담지자"가 될 수 없게 되었다.[65] 이러한 사실은 '기도하며 정의를 행하는 것'[66]에서 교회의 근본적인 기능들을 숙고하고 이 기능들을 '노동과 기도'에 집중적으로 환원시킬 것을 요청한다.

우리는 지금 1931/32년의 논거와 1943/44년의 『저항과 복종』 사이에 연결고리가 놓여 있음을 발견하게 되었다. 사실 본회퍼 신학의 두 극들은 하나의 활로 결합되어 있다. 시간적으로나 내용적으로 그 중심에는 『신도의 공동생활』이 놓여 있다. 그러나 이 책은 화살처럼 활의 중심에 놓여 있는 것인가? 아니면 절망의 경험과 교회투쟁의 실패를 성찰한 이 문서를 — 본회퍼로 하여금 세상의 엄청난 힘 앞에서 경건한 비밀집회로 되돌아가도록 유인했기에 — 옆으로 제쳐놓아야 하는가?

본회퍼의 — 핑켄발데의 경험, 그리고 『나를 따르라』와 『신도의 공동생활』에 의해 각인되었으며, 독일 그리스도인들의 교회 침투와 나치의 독

---

63) 참조. 1932 GS V, 231–234, 253–255, WEN 413.

64) 참조. WEN 413f.

65) WEN 328.

66) Ebd. 기도와 노동의 이중 기능을 본회퍼는 이미 『신도의 공동생활』 공동체 단락에서 말한 바 있다. 이것은 "기도와 노동"(ora et labora)이라는 베네딕트 수도원의 표어를 연상시켜 준다.

재적 교회 탄압에 저항하는 것으로 해석될 수 있는 — 신학적 발전의 중간 단계를 단지 본래의 넓은 폭을 협소화시킨 것으로 파악해야 하는가? 『저항과 복종』에서는 세상에 대한 부정적이고 방어적 관계가 긍정적인 세계 이해로 바뀌지 않았는가?[67] 그러나 본회퍼의 신학에 — 독일 교회의 영적·정치적 역사와 관련된 — 발전 과정이 있다는 것은 논쟁의 여지가 없는 분명한 사실이다.

『신도의 공동생활』로부터 거리를 둔 후기의 본회퍼?

본회퍼는 자신을 되돌아보면서 『나를 따르라』에 대해 주저하는 마음을 표출했다.[68] 『나를 따르라』에 대한 본회퍼의 이러한 심경을 『신도의 공동생활』에도 — 본회퍼가 『신도의 공동생활』에 거리를 둔 적은 없었지만 — 적용할 수 있을까?

본회퍼는 그의 생애 마지막 시기에 경험했던 그리스도교의 깊은 차안성(Diesseitigkeit)을 거론한다. 이러한 경험은 '종교적인 것'에 대한 본회퍼의 저항의식을 강화시켜 주었다.[69] 그는 물론 언제, 그리고 어떤 상황

---

67) H. Müller가 다음의 책에서 이러한 논제를 대변하고 있다. Von der Kirche zur Welt, 352. 그는 최근에 이러한 논제를 수정했다. H. Müller, Stationen auf dem Wege zur Freiheit, 221-242. 또한 본회퍼 신학의 발전 과정 속에서 『나를 따르라』를 본회퍼의 전기 신학으로 분류해 놓은 Müller의 초기신학을 비판한 T. R. Peters, Die Präsenz des Politischen, 57-60의 비판도 참조.

68) 본회퍼의 약혼녀 Maria von Wedemeyer-Weller가 그의 책 The Other Letters from Prison, 23-29에서 전해주는 이야기는 『신도의 공동생활』에 대한 — 옥중 시기의 — 본회퍼의 입장을 이해하는데 커다란 도움이 된다. "나는 『성도의 교제』로부터 시작되는 그의 책들을 의무적으로 읽으려 했습니다. 내가 나의 좌절감을 인정했을 때 그는 매우 즐거워했습니다. 그는 당시 그의 유일한 관심이 『신도의 공동생활』이었다고 주장했으며, 그가 시간을 내 그 책을 읽을 때까지 기다려줄 것을 요청했습니다."(27)

69) 참조. WEN 401f., 154. 이미 1942년에 그는 다음과 같이 말한 적이 있다. "그러

에서 이러한 경험을 하게 되었는지를 말하고 있지 않다. 그러나 『윤리학』을 고려해 보면, 정치적이며 군사적인 저항 인사들과의 만남, 그리고 이로써 교회적 사고와 직접 관련이 없는 사람들과의 만남이 본회퍼로 하여금 법, 경제, 과학, 윤리, 정치 등 현대 문화의 문제들을 더욱 진지하게 숙고하도록 만드는 결과를 가져왔을 것이라고 추측할 수 있다.[70] 그리스도교의 차안성에 대한 경험은 종교적 인간(homo religiosus)과 종교적 선험성에 대한 이전의 비판과 결합된다. 이러한 경험은 그리스도교가 최고의 종교적 형식이 아니며 전세계의 모든 영역을 요구하시는 그리스도 안에 나타난 하나님의 현실성과 연관된 것이라는 논거에 도달하게 된다. 따라서 그리스도인이 된다는 것은 세상과 세상의 현존재에 대한 하나님의 긍정으로부터 사는 것이며, 세상 안에서 하나님의 고통에 동참하는 것을 의미한다. "예수는 새로운 종교가 아니라 삶으로 부르셨다."[71]

종교적 개인주의, 부분적 요소들에 한정시키는 것, 경건한 내면성으로 후퇴하는 것, 제도적 자기 안정에 대한 관심은 극복되고, 그 대신 – 그리스도의 타자를 위한 존재(Für–Sein)와 그의 교회 안에 나타난 – 계시 내

나 나는 내 안에서 모든 것 … '종교적인 것'에 대한 저항이 자라나고 있음을 감지한다. 물론 좋은 일은 아니지만, 종종 본능적인 혐오감도 느꼈다. 나는 종교적 본성을 가진 인간이 아니다. 그러나 나는 하나님과 그리스도를 생각하고 있으며, 진정함과 삶, 자유와 자비 등을 매우 중요하게 생각하고 있다. 내게 불쾌한 것은 단지 종교적인 가식뿐이다." 1941년(GS II, 397) 그는 몇 주 동안 성서를 거의 읽지 않았음을 고백한다. 무엇인가가 그 일을 방해했다. 그러나 그 후 그가 다시 성서를 손에 잡았을 때 말씀도 그를 더욱 강하게 사로잡았다. 그는 이러한 '인간적인 것들'도 하나님의 말씀에 의해 유지되는지를 물었다. 그리고 WEN에서 본회퍼는 '비종교적' 그리스도교에서 예전과 제의가 갖는 역할에 대해 묻는다. 본회퍼에게 기도, 예배, 성례전은 – 그것들이 그리스도교의 모든 요소처럼 '종교적인' 옷을 입고 나타난다 할지라도 – '종교적인 것'과 일치되지 않는다. 이러한 사실을 간과하지 않는 것이 매우 중요하다.

70) 참조. E 200–226.

71) WEN 396.

의 하나님의 타자를 위한 존재(Für-Sein)에 참여하는 삶을 향해 나아가게 된다.[72] 이로써 본회퍼가 이미 – 1932년 7월 26일 체르노호르스케 쿠펠레(Cernohorske Kupele)에서 행한 강연의 여덟 가지 논제 가운데 한 논제에서 – 도식화했던 "교회의 영역은 전세계다."[73]라는 말의 의미가 더욱 분명해진다. 세계의 자연적 자율성 속에 아직 남아 있는 틈새를 메우는 일이 하나님에게는 이제 필요 없다.[74]

시대적 요청의 변화 속에 나타난 신학적 논거의 연속성

주제 선택에서는 본회퍼의 초기 신학과의 연관성이 명백하게 드러난다. 본회퍼는 – 세상을 위한 예수의 존재 속에 나타난 하나님의 자유로운 자기 해명에 대립되는 – '종교적' 해석을 거부함으로써 세계연관성(Welt-bezogenheit)에 대한 전망을 열어 놓았다. 본회퍼는 평화, 교회일치 운동, 국제 관계 등의 영역에서 교회의 구체적 형태를 얻기 위해 고군분투했으며, 이러한 참여 – 이러한 참여는 계시, 교회, 세계에 대한 본회퍼의 초기 이해의 소진점(消盡點)에 기초하고 있다. – 속에서 세계연관성이 관철되었다. 하나님의 나라와 교회가 동일시될 수 없다는 종말론적 차이는 여전히 존재한다.[75]

교회는 세상에 대해서 전체성을 요구하지 않는다. 교회는 하나님의 말씀의 전체성으로부터 출발하지만, 그럼에도 불구하고 국가, 노동계, 문화, 가정 등의 상대적 현실을 인정한다. 하나님은 이러한 상대적 현실을 통해 자신만의 방식으로 세계 지배를 실현해 가신다. 바로 이러한 교회와 세계의 연관성 속에서 교회의 독특한 양극성이 생겨난다. 첫째, 교회

72) WEN 306, 312, 375, 394, 414f.

73) 참조. 1932 GS I, 159.

74) 참조. WEN 307, 341.

75) 참조. DBW 1(SC), 193-199, 1932 GS V, 272-275, E 220-226.

는 세계 안에서 그리스도를 통해 나타난 하나님의 궁극적 현재의 장소다. 둘째, 교회는 바로 이 점에서 세상을 향해 역사하시는 하나님의 도구로서 하나님에게 봉사한다. 이것이 바로 교회에 대한 기능적 규정이다. 1932년의 교회론 강의에서 본회퍼는 이러한 양극성을 교회의 **세상성**(Weltlichkeit)과 **그리스도교성**(Christlichkeit)이라는 표제어로 제시한 바 있다.[76] 그는 『윤리학』에서 교회를 세상에 그리스도를 선포하는 **목적을 위한 수단**(Mittel zum Zweck)으로 말한다. 그리고 바로 그 안에서(하나님의 행동의 목적으로서) **자기목적**(Selbstzweck)으로서의 교회에 관해서도 말하고 있다.[77] 『저항과 복종』에서는 교회가 드디어 **타자를 위한 교회**(Kirche für andere)와 — 예배와 기도, 그리고 신앙고백 등에 나타나는 — **신앙의 비밀**(Arkanum)로 나타난다.[78] 내용상으로 여기에는 그 어떤 모순도 존재하지 않는다. 다만 이러한 규정에 상응하는 보완적인 것만이 존재할 뿐이다. 즉 하나님의 현재 안에 있는 내적 존재와 하나님의 세계를 위한 봉사 기능만이 보완되었을 뿐이다. 여기서 초기의 교회론으로부터 『신도의 공동생활』을 거쳐 『윤리학』과 『저항과 복종』에 이르는 연속성의 노선이 드러난다. 그러나 '차안성에로의 돌파', 즉 — 형식적으로만 하나님의 활동의 장소로 규정되는 것이 아니라, 오히려 그것의 다차원적 현상 속에서 신학적 사고와 연관된 '차안성에로의 돌파' — 가 간과되어서는 안 된다.[79]

1944년 8월 21일 베트게에게 보낸 분실되지 않은 편지 가운데 마지막 두 번째 편지에서 본회퍼는 그의 신학을 모든 측면에서 각인했던 그의

76) 1932 GS V, 270-272.

77) 참조. E 318f.

78) 참조. WEN 306, 415.

79) 본회퍼가 말하는 기도와 예전, 즉 신앙의 비밀훈련을 — 경건한 내면성을 돌본다는 의미의 — **경건의 실천**(praxis pietatis)으로 이해해서는 안 된다. 세상성과 신앙의 비밀훈련은 오히려 밀접하게 연관되어 있다.

사상의 세 가지 구성 요소—첫째, 예수 그리스도의 삶, 수난, 죽음, 부활에 나타난 충만하면서도 배타적인 하나님의 현존, 둘째, 하나님의 가까우심과 현재 속에서 새로운 삶을 수행하는 신도들의 확신, 셋째, "모든 것 안에서 우리를 감당해 주는 공동체 안에 서 있는 것"[80]—들에 관해 말하고 있다.

『신도의 공동생활』에 의하면, 그리스도인은 수도원적 삶의 은둔성이나 경건한 비밀집회에 매몰되어서는 안 된다. 그리스도인의 위치는 원수들 한가운데 있다. 따라서 공동생활의 실험은 일상에서 입증되어야 한다.[81] 물론 여기서는 『윤리학』처럼—심지어는 경건하고 종교적인 것처럼 보이는—하나님을 적대시하는 무신성과—세계의 자율성과 그 안에서 계시의 하나님께 가까이 나아갈 수 있는 가능성을 예시하는—희망으로 가득 찬 무신성을 아직 구분하고 있지 않다.[82]

전기적으로 볼 때, 오래 전부터 생각해 왔던 공동체 생활이 드디어 핑켄발데에서 가능성으로 등장했다. 실제로 그것은 1932년의 휴식 시간에 이미 어느 정도 준비되어 있었다. 그는 1935년 1월 14일 런던에서 칼 프리드리히에게 다음과 같이 말한 바 있다. "교회의 복구는 일종의 수도원주의로부터 올 것입니다. 이것은 그리스도를 따르는 가운데 산상설교에 기초한 비타협적인 삶에서만 옛 수도원주의와 같을 것입니다. 내 생각으로는 지금이 바로 그 일을 위해 사람들을 모을 때입니다."[83] 이러한 생각 끝

---

80) WEN 426.

81) 참조. 본서의 공동체 단락.

82) 참조. E 109f.

83) 1935 GS III, 25. 그는 1934년 9월 11일에도 비슷하게 말하고 있다. "전체적인 신학생 양성 교육은 오늘날 순수한 교리와 산상설교, 그리고 예전을 진지하게 받아들이는 교회적-수도원적 학교가 맡아야 한다. 이러한 세 가지는 모두 현상태의 대학에서는 불가능하다."(1934 GS I, 42) 핑켄발데에서도 수도원 서약들이 존재했지만, 실현되지는 않았다. 때가 아직 무르익지 않았기 때문이다.(참조. DB 527-539, 특히 535) 수도원적인 삶에 대한 긍정적인 입장에도 불구하고 수도원

에 본회퍼는 공동체 생활의 새로운 형식들을 배우기 위해 인도의 간디를 방문하려는 계획을 세운다.[84] 그리고 본회퍼는 드디어 영국 치체스터의 벨 주교의 중재로—베네딕트 영성으로 새롭게 다시 설립된—성공회 수도원(Canterbury, Cowley, Kelham, Mirfield, Oxford)을[85] 방문할 수 있었다. 이러한 방문들은 본회퍼로 하여금 교회 갱신을 위해 봉사할 수 있는 공동체 생활을 시도하도록 만들었다. 오랜 전통 속에서 형성된 수도원 생활의 요소들이 『신도의 공동생활』에 받아들여졌다. 노동과 기도의 양극성에서 시간을 배분한 것, 명상, 묵상, 성서 읽기, 중보기도, 식탁 공동체, 상호 간의 고해와 성만찬 공동체 등에 시간을 할애한 공동체 질서들이 바로 이러한 것들이다.[86] 그러나 『신도의 공동생활』을 단지 제1차 세

에 대한 본회퍼의 판단은 다양하다. N 16–18, 238, E 209, 271f.에서 본회퍼는 고전적이며 종교개혁적인 의미로 수도원을 세계도피, 율법성, 공적 신앙으로 해석한다. 사실적이며 중립적으로 기술된 다음의 비평은 본회퍼의 전체적 관점을 조망하는데 도움이 된다. Fr. Parpert, Das Mönchtum und die evangelische Kirche(1930 GS III, 130–132) 1940년과 1941년 바이에른에 있는 베네딕트 수도원 에탈(Etal)에 본회퍼가 체류한 것에 대해선 참조. GS II, 377–407과 GS VI, 484–526. 수도원에 대한 본회퍼의 평가는 다음 문헌을 연상시켜 준다. A. von Harnack, Was wir von der römischen Kirche lernen und nicht lernene sollten, 257.

84) 인도 방문을 위한 본회퍼의 계획과 새로운 형태의 그리스도인 공동체를 찾으려는 시도의 연관성에 대해선 다음 문헌 참조. E. Feil, Die Theologie Dietrich Bonhoeffers, 276의 각주 30과 389. 또한 참조. Altenähr, Dietrich Bonhoeffer-Lehre des Gebets, 24.

85) 이에 대해서는 1934년 10월 24일자 벨 주교에게 보낸 편지.(GS II, 177, 독어판: GS II, 615) 또한 참조. DB 474, 528f.

86) 『신도의 공동생활』을 이해하기 위해선 모든 편지와 설교, 명상과 고해와 성만찬, 그리고 핑켄발데의 신학적 연구들과 강의들을 살펴보아야 한다.(참조. 1935–42 GS II, 447–598, 1935–42 GS III, 294–454, 1935–39 GS IV, 183–465, 1935/41 GS V, 561–583, 1935–40 GS VI, 360–475) 이 논문들은 DBW 14 (1935–1937)와 DBW 15(1937–1939)에 주제별로 함께 실려 있다.

계대전 이후 등장한 공동체 운동의 유행으로 받아들이거나 일종의 수도원 낭만주의로 파악하는 것은 적절한 해석이 아니다. 본회퍼는 '베르노이허 운동'(Berneucher Bewegung)이나 '지도베르 형제회'(Sydower Bruderschaft) 운동 같은 공동체 운동을 반대했다.[87] 본회퍼는 이미 『신도의 공동생활』 서문에서 그의 시도를 '사적 영역의 문제'와 구별했다.[88] 그에게 중요한 것은 운동, 교단, 또는 연합체나 경건의 집단(collegium pietatis)이 아니었다.[89] 그는 오히려 공동체 형태의 다양성을 하나의 거룩하고 보편적인 그리스도적 교회의 삶과 결합시켰다.[90] 따라서 그는 『신도의 공동생활』이 포괄적 물음에 기여하고 실천에 도움이 될 수 있는 책으로 파악되기를 소원했다.[91]

그리스도인의 공동생활의 그리스도론적 근거

본회퍼는 '머리와 몸, 한 그리스도'[92]라는 바울과 아우구스티누스의 사상을 장대하게 해명해 놓은 루터의 설교(1519년)[93]를 지속적으로 언급하

---

87) 참조. DB 528. 다음 문헌은 양자의 공통점과 차이를 분명하게 제시해 준다. J. Halkenhäuser, Kirche und Kommunität, 210-205.

88) 참조. 본서의 머리말.

89) 참조. 본서의 공동체 단락.

90) Ebd.

91) 참조. 본서의 머리말.

92) 참조. DBW 1(SC), 85-87, 1932 GS V, 250f. 본회퍼가 강의를 위해 제시한 참고 문헌들도 참조하시오.(1932 GS V, 229 각주 1)

93) 1932 GS V, 263 각주 12는 마르틴 루터의 다음과 같은 설교들을 인용하고 있다. Sermon von der Bereitung zum Sterben. 1519(WA 2, 685-697); Sermon von dem hochwürdigen Sakrament der Taufe. 1519(WA 2, 727-737); Sermon von dem hochwürdigen Sakrament des heiligen wahren Leichnams Christi und von dem Bruderschaften. 1519(WA 2, 742-758); Tessera decas consolatoria pro laborantibus et oneratis. 1520.(WA 6,104-134)

면서 신약성서의 코이노이아 개념을[94] 다시 받아들인다. 그는 이로써 '공동체'를 그리스도론적이며 교회론적인 맥락에 위치시킨다. 하나님의 말씀만이 공동체와 회집을 그리스도 안에 존재하는 새로운 인류로 세우시기 때문에 말씀과 교회는 여기서 하나가 된다. 본회퍼는 그가 단호하게 논박하려 했던 관점, 즉 루터의 칭의론이 종교적 개인주의에 토대를 마련해 주었다는 해석을 극복하려 한다. 루터는 오히려 "말씀과 교회를 하나"로 본다는 것이다.[95]

따라서 구체적인 공동체는 신앙 속에서 받아들여진 그리스도와의 관계를 대표적으로 실현한 것이다. 그리스도와의 관계는 언제나 그리스도 안에서 새로운 인류로 세워진 교회와의 관계를 내포하고 있다. 즉 "그리스도교적 공동체는 예수 그리스도에 의한, 그리고 그 안에 존재하는 공동체다."[96] 이러한 기본명제는 비복음적 사고들이 핑켄발데를 지배했었다는 비판[97]에 쐐기를 박고, 본회퍼의 시도를 '가톨릭화', '열광주의', '율법주의', '수도원풍' 등의 말로 상대화하려는 비판도 무력화시킨다.[98] 그리

---

94) 본회퍼의 교회 개념에 대한 아우구스티누스의 영향력에 대해선 참조. DBW 1 (SC), 114f. 본회퍼는 그의 스승들을 통해 아우구스티누스를 알게 되었다. 참조. R. Seeberg, Lehrbuch der Dogemengeschichte II, 363-567과 A. v. Harnack, Lehrbuch der Dogmengeschichte III, 59-236.

95) 참조. 1932 GS V, 256. 여기서부터 본회퍼는 서로 함께하고 서로를 위하는 만인사제직에 대한 비개인주의적 관점을 획득한다.(희생, 중보기도, 죄의 용서)[참조. DBW 1(SC), 117-128, 1932 GS V, 261-270]

96) 본서의 공동체 단락 참조.

97) 이에 대해선 DB 535 참조.

98) 칼 바르트는 - 물론 본회퍼가 아니라 베트게에 의해 기초된 명상에 대한 서문을 보고 - "수도원적 에토스와 파토스의 정의내리기 힘든 냄새"에 관해 말한다. (1936 GS II, 290) H. Müller(Von der Kirche zur Welt, 257-260)는 『신도의 공동생활』에 유보적인 자세를 취한다. 그는 핑켄발데의 시도를 가톨릭적이며 율법적이라고 생각한다. 본회퍼는 『신도의 공동생활』(공동체 단락)에서 그의 시도가 율법적이라는 비난을 반박한다.

스도인 공동체는 예수 안에 존재하는 하나님의 선물과 은총이기 때문에 교회는 총체적인 구원과 마찬가지로 믿는 자에게 '밖으로부터' 주어지는 그리스도의 의(Gerechtigkeit)에서 자신의 토대를 갖는다.

하나님의 말씀은 인간의 입을 통해 나오기 때문에 우리는 하나님의 구원의 말씀을 선포하는 형제를 필요로 한다. 따라서 본회퍼는 오직 은혜에 의한 칭의 안에서 공동체의 근원과 공동체에 대한 소망의 토대를 찾는다.

그리스도는 하나님과 인간 사이의 중보자시다. 그리스도는 '그리스도 인류'(Christusmenschheit) 안에서 칭의된 죄인의 새로운 인격 존재를 가능하게 만들어 준다. 따라서 그는 '아담 안에 있는 존재' 속에서 서로 단절된 삶을 살며 절망적인 자기중심주의에 사로잡혀 있는 인간들의 만남에서 중심과 중보자로 존재하신다. 그러나 우리는 그리스도의 몸의 지체로서 우리의 – 개인적 존재(Einzelner-Sein)는 아닐지라도 – 홀로 있음(Allein-Sein)이 극복되었음을 인식한다. 본회퍼는 개인주의를 극복하기 위해 반대방향으로, 즉 집단주의로 내닫지 않는다. 새로운 인류의 근거인 그리스도는 자신을 인간과 인간, 그리고 하나님과 인간 사이를 연결하는 다리로 제시한다. 그러나 이것은 내가 형제 안에서 비로소 그리스도를 만나고 형제를 통해서 그리스도 안에 계신 하나님을 만난다고 말하려는 것이 아니다. 신앙의 공동체와 사랑의 공동체는 하나다. 양자는 하나님의 사랑에 뿌리를 내린 공동체의 수평적인 차원과 수직적인 차원을 제시할 뿐이다. 신앙은 통일의 바탕이며, 사랑은 공동체의 토대다.[99] 공동체 사

99) 루터교 칭의론의 이러한 측면은 본회퍼로 하여금 교회를 아래로부터(자연 질서들, 피의 음성들) 도출해 내려는 독일 그리스도인들과 다른 개신교인들의 시도를 신학적으로 거부하도록 만드는 데 기여했다. "교회 공동체란 무엇인가? 성령에 의해서 창출된 하나의 공동체이며 말씀과 성례전에서 존재하는 공동체인가, 아니면 그것은 선하고 진지하며 경건한 모든 그리스도인의 공동체, 독일 그리스도교적 공동체, 교회법과 신앙고백을 잘 지키는 자들의 공동체인가?"(1936 GS II,

상에 대한 그리스도론적이며 교회론적인 해석은 하나님의 말씀 대신에—다른 것에 대한—경건하며 '종교적인' 갈망으로부터 출발하거나 독특한 공동체 체험의 꿈을 중심에 세우는 공동체 구성을 결코 허용하지 않는다.

영적 현실로서의 공동체

본회퍼는 이미 1932년의 교회론 강의 서론에서 "교회적 유행", 즉 "공동체를 모든 삶의 기초로" 보는 청년 운동에서 비롯된 교회 표상들을 언급하고 있다.[100] 본회퍼는 교회를—체험 공동체, 같은 생각을 가진 사람들의 공동체, 민족 공동체라는 이상을 지향하는—'종교적 공동체'로 간주하는 당시 널리 확산된 오해에 대항해 신앙의 현실로서의 교회를 제시했다. 『신도의 공동생활』에서는 하나님의 현실과 인간적 이상의 근본적 차이가 기준으로 제시된다. 이로써 본회퍼는 '영적' 공동체와 '정신적' 공동체를 구분한다.[101] 행복한 경험들과 장대한 분위기를 추구하는 공동체 이상은 몰락하고 만다. 형제에게 자신의 소원을 요구하고 형제를 자신의 이상에 따라 고발하고 심판할 때 공동체는 파괴되고 만다. 여기서 공동체 몽상가들의 위험한 폭정이 시작된다. 오직 공동체를 선사된 하나님의 현실로 받아들이는 곳에서만 죄 가운데서 실패한 형제가 형제로 받아들여지고, 이로써 인간을 해방시키는 하나님의 진리가 드러난다.

---

261) "우리가 꼭 지켜야 할 것이 하나 있다면, 그것은 그의 말씀, 그의 성례전, 그의 약속이다. 우리는 다른 것에 대해서는 아무것도 묻지 않는다. 왜냐하면 이러한 은사로부터—신앙, 기도, 중보기도, 형제적 섬김, 사죄, 고해, 양육과 죄의 인식, 그리고 예수 그리스도의 자비에 대한 인식 속에 존재하는—진정한 공동체라는 소중한 선물이 주어지기 때문이다."

100) 참조. 1932 GS V, 229.

101) 참조. 본서의 공동체 단락.

그리스도 안에 있는 인간을 '타자를 위한 존재'(Dasein-für-andere)로 파악하고 '아담 안에' 있는 인간을 자신 안에 사로잡힌 존재로 서술하는 그의 인간학적 관점에서 보면, 그리스도 안에 있는 공동체는 하나님의 진리에 기초하지만 종교적·정신적 공동체는 다른 사람들에게 가하는 경건하면서도 간교한 폭력이나 거친 폭력에 근거하고 있다.[102] 전자에서는 사랑과 섬김이 지배하지만, 후자에서는 형제를 종교적 이상이나 교육적 방법으로 통제하려는 의지가 지배한다.[103] 영적 공동체는 그리스도 안에서 형제를, 그리고 형제 안에서 그리스도를 찾는다. 이러한 상호적 중재는 신비적 일치 안에서 직접적인 정신의 통일과 융합을 추구하는 모든 행위를 지양시킨다. 따라서 그리스도 안에 세워진 인격 존재로서의 타자는 나의 지배 의지에 좌우되지 않는다. 왜냐하면 나는 그를 나의 공동체상과 '종교적' 이상에 따라 조각할 수 없기 때문이다. 나는 오히려 그를 그리스도의 형상에 따라 – 그를 위해 하나님께서 인간이 되셨고, 십자가에서 수난을 당하셨으며, 죽은 자들로부터 부활하신 – 하나님의 사랑을 받는 형제로 인식한다. "정신적 사랑은 자신을 위해 다른 사람을 사랑하지만, 영적 사랑은 그리스도 때문에 다른 사람을 사랑한다."[104]

---

102) 참조. 본서의 공동체 단락.

103) 폭력적 사랑과 해방하는 사랑의 차이에 대해선 다음 문헌 참조. A. Nygren, Eros und Agape. Gestaltwandlungen der christlichen Liebe.(I 1930, II, 1937) 이 문헌은 양자를 극단적으로 대립시키는데, 이것은 변증법적 신학에서 말하는 신앙과 종교의 대립을 연상시켜 준다. 이러한 입장에 대한 비판으로는 다음 문헌 참조. K. Pieper, Über die Liebe, 67-91. 그는 이 책에서 '자연'에 대한 다른 신학적 평가에 근거해 에로스의 모독에 관해 말할 수 있었다. 그는 물론 여기서 다음 문헌을 참조한다. E. Brunner, Eros und Liebe, 26.

104) 참조. 본서의 공동체 단락. **'영적-정신적'(preumatisch-psychisch)**이라는 본회퍼의 개념은 오해를 불러일으킬 수도 있다. 그가 말하는 성서적 의미의 육(Sarx)이란 개념은 단지 '타락 상태'(status corruptionis)에 있는 인간의 '본성'(Natur)을 말할 뿐이다. 즉 자신의 의지를 하나님에게 맞서도록 만드는 것과 구원하시는 하나님과 교제할 수 없음을 말한다. 그러나 가톨릭 교리에 의하면,

본회퍼에게 그리스도 안에서 자유롭게 된 자들의 공동체는 그리스도 자신 안에 근거되어 있다. 여기서는 그리스도가 형제 안에서 다른 사람을 위한 중재자로 등장하고, 형제도 그리스도를 위한 중재자와 사제로 등장한다. 그러나 그리스도는 다른 인격을 자기 마음대로 처리할 수 없는 한계로서도 나타난다. 그때마다 주어진 도달 가능한 이웃이 초월자라는 『저항과 복종』의 표제어가 여기서 가장 잘 이해될 수 있다.[105)]

그리스도교적 공동체 생활의 형식들

본회퍼는 그리스도교적 공동체를 말씀 아래서 형성되며 말씀으로부터 나오는 형제적 삶으로 규정한다. 따라서 그리스도교적 공동체는 언제나 "하나의, 거룩하고, 보편적인 그리스도교적 교회의 일부"가 되며, "행동하고 고난 당하면서" 전체 그리스도 교회의 곤궁과 약속, 그리고 투쟁에

인간의 '본성'은 인간의 구성적 기본요소(정신성, 신체성, 사회성 등)를 의미한다. 개개의 능력들이 해체 상태 속에 있다 할지라도 이러한 본성 그 자체는 상실되지 않는다는 것이다. 인간의 공동체적 삶의 자연적 기본형식들은－본회퍼가 공동체의 구성 요건으로 부각시켰던(참조. 본서의 공동체 단락)－하나님의 말씀의 성육신 속에서 구원의 관점으로부터 파악되며 공동체의 삶을 위해 결실을 맺는다. 이미 『성도의 교제』에서 본회퍼는 인격과 공동체에 대한－서로 상응하는－그리스도교적 개념을 발전시켰다. [참조. DBW 1(SC), 25-76] 『윤리학』에서는 자연적인 것이란 개념을 포괄적으로 새롭게 평가하고 있다.(E 128-199) 그리고 그는 칼 바르트의 '계시실증주의'와 고백교회를 비판하면서(WEN 359) 세상적이고－실제적인 것(Weltlich-Realen)을 지향하며 자유주의 신학의 실증적 유산을 다시 받아들였다.(WEN 411, 413f.) 세속적 형태의 목회에 거리를 두는 것은 물론 그대로다.(참조. 본서의 섬김 단락과 1935-1939 GS V, 370, WEN 377) 그러나 본회퍼를－보수주의자들과 근본주의자들의 맥락 속에서－심리학적 인식과 사회학적 인식을 신학에 끌어들이는 것에 저항한 사람으로 보는 것은 분명 잘못된 해석이다. 이에 대해선 참조. E. Bethge, Nachwort(1979) zu GL, 112.

105) WEN 414.

참여한다.[106)]

교회는 신앙의 비밀훈련을 통해 타자를 "지배하지 않고, 돕고 섬기면서" 인간의 사회적 삶의 세상적 과제들에 참여할 수 있게 된다.[107)] 본회퍼는 적극적인 세계참여와 밖을 향한 섬김을 강조함으로써 그의 공동체 표상을 자신의 경건에만 관심을 갖는 경건의 집단(collegium pietatis)과 분리시킨다. 대리(Stellvertretung)에 대한 이중규정 — 한편으로는 하나님의 모든 길의 목적이 되고, 다른 한편으로는 전세계가 존재해야 할 곳에 존재하는 것 — 은 교회를 주의 공동체와 주를 따르는 삶으로 인도한다. 이 주님은 "자신을 위해서가 아니라 전적으로 세상을 위해서 존재하셨던 그리스도였다."[108)]

교회 내의 다양한 공동체들은 후기 그리스도교적 사회발선 속에서도 말씀과 성례전, 그리고 형제애 속에서 — 그리스도교적인 것의 — 근원과의 만남을 모색하는 공동체 형태라는 점에서 중요한 의미를 갖는다.[109)] 이러한 공동체들은 소외의 위기 앞에 선 그리스도인을 선포로 부르며, 그리스도의 영 안에서 사회적이며 자율적 삶에 동참할 것을 권면한다. 그리스도교 신앙의 비밀훈련과 세상성이라는 양극성은 그리스도교적 계시의 종말론적 구조에 뿌리를 두고 있다. 본회퍼는 단지 그것을 새롭게 발견했으며, 그가 발견한 것을 후기 그리스도교적 상황에서 구체화시키려 했다고 말할 수 있다.

---

106) 참조. 본서의 공동체 단락.

107) WEN 415.

108) E 318.

109) 참조. 본서의 공동체 단락. 여기서는 가족과 같은 영적-자연적 혼합형식들도 존재한다.

III

『성서의 기도서』는 그리스도인들을 "기도를 가르치는 위대한 학교"인 시편으로 인도하려는 책이다.[110] 이 책은 본회퍼의 시편 주석 부분에 포함된다.[111]

그러나 『성서의 기도서』는 핑켄발데 시절 구약성서의 주제들을 탐구해 나갔던 일련의 중요한 성서 연구들과도 분리될 수 없다.[112] 당시에는 구약성서와 이 성서의 하나님 백성이 그리스도교적 교회에서도 의미를 가질 수 있느냐는 논쟁이 치열하게 전개되었다. 이 문제는 특히 독일 그리스도인들의 반유대주의와 이데올로기적으로 무장한 그들의 시도, 즉 그리스도교 안에서 유대적 유산을 제거하려는 시도를 통해 더욱 첨예화되었다. 이러한 대결은 원리적인 성서해석의 장으로 자리를 옮겨 계속 진행되었다. 당시 '중립적인 사람들'은 순수 학문적 연구와 교회 정치적 입장을 이론적으로 구별함으로써 몸을 사렸지만, 결국에는 구약성서를 포기하고 말았다.

구약성서에 대한 순수 역사적 · 문학적 주석이 사실적이고 학문적인 관심만을 허용할 수 있을까? 혹은 포괄적인 신학적 의미 해명도 – 구속력을 갖지 않은 신앙으로 간주되어 폐지되지 않으면서 – 자신의 권리

110) 본서의 함께하는 날 단락. 기도 이해에 대해서는 참조. A. Altenähr, Dietrich Bonhoeffer-Lehrer der Gebets ; E. Bethge, Der Ort des Gebets, 159-177. 본회퍼가 제시한 기도의 삼위일체적 기본 형식은 주목할 만하다. 참조. 본회퍼의 "Morgengebet" : Weihnachten 1943.(WEN 158-160)

111) 시 42편 : 1935 GS IV, 391-399, 시 58편 : 1937 GS IV, 413-422, 시 119편에 대한 명상 : 1939/40 GS IV, 505-543.

112) "König David"(1935 GS IV, 294-320), "Der Wiederaufbau Jerusalems nach Esra und Nehemia"(1936 GS IV, 321-336) 등의 논문들이 이러한 것에 속한다.

를 가질 수 있는가?[113] 본회퍼는 역사비평 방법이 "계시의 완전한 역사성(Historizität)을 타당한 것으로" 만드는 한, 그 방법이 가진 상대적 권리를 부정하지 않는다.[114] 하나님의 말씀으로서의 계시가 오직 인간의 말을 통해서만 나타난다면, 이러한 인식은 계시가 인간적 동기 범위와 결합되어 있음을 드러낸다. 따라서 이러한 인식은 문화적 배경과의 연관성들을 밝히고, 역사적 조건들과 결단들을 존중하며, 성서 저자들의 심리적 상태를 조명할 수 있다. 그러나 하나님의 말씀을 들은 자는 하나님이 의도했던 진술의 의지와 의미 맥락을 신앙 속에서 받아들이고 신학적으로 작업할 수 있다.[115] 이러한 전조하에서 본회퍼는 시편에 대한 신학적 해석을 신중하게 시도한다.[116] 그는 가장 중요한 해석의 원칙들을 이미 "시편에 나타난 그리스도"[117]라는 그의 강연에서 피력한 바 있으며, 『신도의 공동생활』[118]에서 자세하게 요약해 놓았다. 그는 순수 역사적·문학적 해석을 넘어섬으로써 – 시편들을 그리스도론적으로, 유형론적으로, 목적론적으로 해석했던[119] – 아우구스티누스[120]와 루터[121]의 서방교회 시편 해석 전

113) 역사적 해석과 신학적 해석의 문제에 대해선 본회퍼의 다음 논문 참조. "Vergegenwärtigung neutestamentlicher Texte."(1935 GS III, 303–324)

114) 1935 GS III, 299.

115) 본회퍼는 이를 넘어서서 대표적인 구약성서 학자들과 논쟁을 벌인다. 이에 대해서는 참조. F. Baumgärtel, Die Kirche Eine–die alttestamentlich–jüdische Kirche und die Kirche Jesu Christi?, 1936 ; E. Baumann과의 서신교환(1936 GS IV, 335–343), 그리고 K. L. Schmidt, H. Strathmann und G. Kittel과의 서신교환.(1936 GS VI, 401f.)

116) 이에 대해서는 참조. M. Kuske, Das Alte Testament als Buch von Christus, 1971.

117) 1935 GS III, 294–300.

118) 참조. 본서의 함께하는 날 단락.

119) 참조. E. Iserloh, "Existentiale Interpretation," Lutjhers erster Psalmenvorlesung?, 209–221. '비유적' 해석은 개인의 행동 지침에 따라 텍스트에 물음을 제기하고, '유형론적' 해석은 텍스트의 인물과 사건들을 후대의 구속사적 인물

통을 이어받는다. 본회퍼는 다음과 같은 해석학적 기본 규칙을 주장했다.

기도의 그리스도론적 중재

그리스도교적 기도는 하나님을 향해 자연적으로 자신의 말을 늘어놓는 것이나 영혼의 욕구들을 표현하는 것이 아니라, 하나님께 나아가는 길이다. 오직 예수 그리스도만이 이 길을 가실 수 있다. 예수 그리스도는 그의 신-인성(Gott-Menschheit)으로 말미암아 우리를 향한 하나님의 말씀과 하나님께 응답하며 드리는 우리의 기도를 하나로 만드셨다. 그리스도도 받아들여진 인성 안에서 시편을 기도하셨다. 따라서 우리는 오직 그리스도에게서만 기도를 배울 수 있다. 오직 그분 안에서만 우리는 하나님에게 말할 수 있다. 기도는 본질적으로 예수와 더불어 드리는 기도다. 그리스도인은 그의 머리이신 그리스도 안에서 새로운 인류가 되신 그리스도의 몸의 한 지체로서 기도한다. 이와 같이 '머리와 몸, 한 그리스도'라는 아우구스티누스의 사상이 다시 한번 적용된다.

성서적 기도

예수는 그의 인성에서 인간 현존재의 모든 곤궁과 기쁨, 그리고 무거운 짐과 희망을 받아들였다. 따라서 인간의 기도들을 수록해 놓은 시편이 성서 가운데 들어올 수 있었고, 동시에 우리를 향한 하나님의 말씀이 될 수 있었다. 시편 안에서 인간의 말은 하나님의 말씀이 되었고, 하나님의

들과 사건들의 모상으로 해석한다.

120) 본회퍼는 아우구스티누스의 저서(Über die Psalmen, 1936)를 갖고 있었다. 시 118(119)편에는 밑줄이 많이 그어져 있다.

121) 참조. K. Holl, Luthers Bedeutung für den Fortschritt der Auslegungskunst, 544-582.

말씀은 인간의 말이 되었다. 예수는 바른 기도를 가르쳐 달라는 제자들의 간구에 주기도문을 주셨다. 따라서 성서의 모든 기도와 시편도 주기도문 안에서 그들의 방향과 해석을 발견할 수 있다. 그리스도인이라면 그의 주관적인 영과 감정에 따라 기도해서는 안 된다. 그리스도인 안에 있는 그리스도의 영은 그리스도인에게 어떻게, 그리고 그가 왜 기도해야 하는지를 가르쳐 준다.

시편의 기도자들

시편에서 기도하는 사람은 다윗이다. 그러나 그가 예언자적이며 메시아적으로 메시아를 담지하고 있었다는 사실을 받아들인다면, 다윗 안에서 기도하시는 분은 예수 그리스도라고 말할 수 있다. 그리스도는 그의 몸인 교회와 그 지체로부터 분리될 수 없기에 그리스도 안에서 교회와 개개 그리스도인들도 시편을 기도한다.

본회퍼는 이러한 해석학적 근본원칙들을 시편의 장르와 주제 영역을 고려하며 적용한다. 여기서는 무엇보다도 보복의 시편에 대한 본래적인 해석이 도움이 될 것이다. 그는 이 시편들을 극복되어야 할 '종교적 전 단계'로 해석하지 않는다.[122] 본회퍼는 이 시편의 주제가 결코 자신의 원수에 대한 개인적 보복이 아니라 하나님의 일을 반대하는 원수들에 대한 보복임을 밝힌다. 그러나 하나님은 죄와 죄인에 대한 진노를 그리스도에게 발하심으로써 당신의 보복을 완수하신다. 그는 무죄한 자를 "죄인으로 삼았다."[123] 시편의 기도자가 요구하는 하나님의 보복은 이와 같이 그리스도의 십자가의 비밀로 나아간다. 십자가에서는 동시에 원수에 대한 사랑과 모든 죄책에 대한 자비로운 용서가 나타난다.

---

122) 참조. 본서의 분류(원수) 단락.

123) 고후 5:21.

시편 기도에서 중요한 것은 다른 기도와 구분되는 그리스도교적 기도다. 이러한 의미에서 – 시편은 근본적으로 주기도문의 일곱 가지 간구 외에는 그 어떤 것도 내포하고 있지 않다는 – 외팅어(Friedrich Christoph Ötinger 1702–1782)의 말은 본회퍼의 시편 해석에서도 결정적인 역할을 수행한다. 본회퍼에게 이 말은 다음의 사실을 의미한다. 시편은 그리스도로부터 해석되지만 동시에 그리스도 사건을 해석해 준다. "우리의 모든 기도에는 오직 – 약속을 주시고, 우리를 이방인들의 수다로부터 해방시켜 주시는 – 예수 그리스도의 기도만이 존재한다. 우리가 시편 속으로 깊이 들어가면 갈수록, 그리고 우리가 시편을 자주 기도하면 할수록, 우리의 기도는 한층 더 간결해지고 풍요로워질 것이다."[124)]

---

124) 참조. 본서의 함께하는 날 단락.

참고문헌

1. 본회퍼가 사용한 문헌

Augustinus, Aurelius, Über die Psalmen. Ausgewählt und übertr. v. H. U. v. Balthasar, Leipzig 1936(NL–Bibl.1 C 1).

Barth, Karl, Der Römerbrief(2. Abdr. der neuen Bearbeitung von 1922), München [3]1923.

Die *Bekenntnisschriften* der evangelisch–lutherischen Kirche, hg. im Gedenkjahr der Augsburgischen Konfession 1930, Bd. II, Göttingen 1930(NL–Bibl. 2 C 3)(zitiert : BSLK).

Bezzel, Hermann, Bezzel–Brevier. Worte zur Besinnung und Vertiefung, Stuttgart 1933(NL–Bibl. 5 F 2).

Die *Bibel* oder die ganze Heilige Schrift des Alten und Neuen Testaments nach der deutschen Übersetzung D. Martin Luthers. Durchgesehen im Auftrag der Deutschen Evangelischen Kirchenkonferenz. Mitteloktav–Ausgabe, Stuttgart 1911(NL–Bibl. 1 A 6)(zitiert : LB).

Bizer, Ernst, Evangelisches Abendmahlsbüchlein. Das Heilige Abendmahl auf Grund von Luthers Lehre, München 1937(NL–Bibl. 5 D 3).

Bultmann, Rudolf, Das christliche Gebot der Nächstenliebe, in: Ders., Glauben und Verstehen(I), Tübingen 1933(NL-Bibl. 3 B 20).

Delitzsch, Franz, Biblischer Kommentar über die Psalmen, 3. verb. Aufl. Leipzig 1873(NL-Bibl. 1 C 2).

______, Die Psalmen, 5. überarb. Aufl. Leipzig 1894(Nachdr. Gießen 1984).

Duhm, Bernhard, Die Psalmen(KHC 8), Freiburg 1899(NL-Bibl. 1 C 8).

Evangelisches Gesangbuch für Brandenburg und Pommern, hg. v. den Provinzialräten von Brandenburg und Pommern, Berlin/Frankfurt a. d. Oder 1931(zitiert: EG.BP).

Gebete, hg. v. der Deutschen Christlichen Studenten-Vereinigung, Berlin-Lichterfelde, o. J.(NL-Bibl. 5 F 7).

Gebete der Väter. Eine Auswahl aus dem Gebetsschatz der Kirche für die Gegenwart, Leipzig 1930(NL-Bibl. 5 F 9).

Gunkel, Hermann, Die Psalmen(HK 2/2), Göttingen 1926(NL-Bibl. 1 C 9).

Harnack, Adolf von, Lehrbuch der Dogmengeschichte,3 Bde., 4. neu durchgearbeitete u. verm. Aufl. Tübingen 1909f(NL-Bibl. 2 C 17) (Nachdr. Darmstadt 1983).

______, Was wir von der römischen Kirche lernen und nicht lernen sollten, in: Ders., Reden und Aufsätze II, Gießen [2]1906, 247-264.

Heiler, Friedrich, Das Gebet. Eine religionsgeschichtliche und religionspsychologische Untersuchung, München 1921(NL-Bibl. 7 B 8 a).

Hello, Ernest, Worte Gottes, Leipzig 1935(NL-Bibl. 5 F 10).

Herntrich, Volkmar(Hg.), Ihr sollt meine Zeugen sein. Andachtsbuch der Bekennenden Kirche, Gütersloh 1935(NL-Bibl. 5 F 12).

Holl, Karl, Luthers Bedeutung für den Fortschritt der Auslegungskunst, in: Ders., Gesammelte Aufsätze zur Kirchengeschichte I: Luther, 4. u. 5. Aufl. Tübingen 1927.

Ignatius von Loyola, Geistliche Übungen. Nach dem spanischen Urtext übertr. v. A. Felder, Regensburg [5]1932(NL-Bibl. 6 B 26).

Jung, Carl Gustav, Die Beziehung der Psychotherapie zur Seelsorge, Zürich 1932(NL-Bibl. 5 E 7).

———, Seelenprobleme der Gegenwart, Zürich/Leipzig/Stuttgart 1931(NL-Bibl. 11, 9).

Köberle, Adolf(Hg.), Das Brot des Lebens. Evangelische Abendandachten für jeden Tag nach der Ordnung des Kirchenjahres, Berlin 1933 (NL-Bibl. 5 F 4).

Kohlbrügge, Hermann Friedrich, Quellwasser. Tägliche Andachten, Duisburg-Meiderich 1931(NL-Bibl. 5 F 13).

Die *Komplet* nach dem Benediktinischen und Römischen Brevier, Beuron [4]1927(NL-Bibl. 5 F 14).

Liber Usualis Missae et Officii pro Dominicis et Festis cum cantu Gregoriano quem ex editione typica in reccentioris Musicae, Paris 1924(NL-Bibl. 5 F 16).

Lippert, Peter, Einsam und gemeinsam, Freiburg [3]1932(NL-Bibl. 5 C 30).

Luther, Martin, Der 118. Psalm(Klassische Erbauungsschriften des Protestantismus 5), München [2]1934.

———, Die Psalmen nach der deutschen Übersetzung Martin Luthers, Stuttgart 1936(NL-Bibl. 1 A 3).

———, Sämtliche Werke(Erlanger Ausgabe), 3. Abt.: Exegetische deutsche Schriften, Bde. 5-10, Erlangen 1845-1847(NL-Bibl. 2 C 3, 21)(zitiert: EA).

———, Von der Bruderschaft Christi. Eine Predigt Luthers über das Wort des Auferstandenen an Maria Magdalena, Bad Saltuflen 1935(NL-Bibl. 2 C 3, 23).

———, Werke. Kritische Gesamtausgabe(Weimarer Ausgabe), Weimar 1883ff(zitiert: WA).

Ein neues Lied, hg. v. 0. Riethmüller, Berlin–Dahlem [2]1933.

Novum Testamentum Graece et Cermanice. Das Neue Testament griechisch und deutsch, hg. v. Eberhard Nestle u. neu bearb. v. Erwin Nestle, Stuttgart [13]1929(NL–Bibl. 1 A 4).

Nygren, Anders, Eros und Agape. Gestaltwandlungen der christlichen Liebe, 2 Bde., Genf 1930/1937.

Oetinger, Friedrich Christoph, Die Psalmen Davids nach den sieben Bitten des Gebets des Herrn in sieben Klassen dargebracht. Ein Wort zur Erbauung, in: Ders., Sämtliche Schriften II/3, hg. v. K. C. E. Ehmann, Stuttgart 1860(NA hg. v. E. Beyreuther, Stuttgart 1977).

Parpert, Friedrich, Das Mönchtum und die evangelische Kirche. Ein Beitrag zur Ausscheidung des Mönchtums aus der evangelischen Soziologie, München 1930(NL–Bibl. 2 C 16).

Die Pommersche Kirchen–Ordnung und Agenda nebst den Legibus Praepositum, Statutis synodicis und der Visitations–Ordnung von 1736, hg. v. Superintendent Otto, Greifswald 1854(NL–Bibl. 5 D 16).

Sasse, Hermann, Kirche und Herrenmahl. Ein Beitrag zum Verständnis des Altarsakaments, München 1938(NL–Bibl. 3 B 61).

Schott, Anselm, Volk–Schott. Meßbuch für die Sonn– und Feiertage im Anschluß an das größere Meßbuch, hg. v. der Erzabtei Beuron, Freiburg 1935(NL–Bibl. 11, 7).

Seeberg, Reinhold, Lehrbuch der Dogmengeschichte, 4 Bde., 3. verb. Aufl. Leipzig 1917–1923(NL–Bibl. 2 C 44).

Die *täglichen Losungen und Lehrtexte der Brüdergemeine* für das Jahr 1936–1944, hg. v. der Direktion der Deutschen Brüderunität, Herrnhut 1936–1944(NL–Bibl. 5 F 17).

Taube, Emil, Praktische Auslegung der Psalmen zur Anregung und Förderung der Schrifterkenntniß, Berlin 1892(NL–Bibl. 1 C 24)

Thomas a Kempis, Imitatio Christi(Werke II, hg. v. M. J. Pohl), Freiburg

1904(NL-Bibl. 11, 8).

Vogelsang, Erich, Unbekannte Fragmente aus Luthers zweiter Psalmenvorlesung 1518(AKG 27), Berlin 1940.

Witte, Karl, Nun freut euch lieben Christen gmein. Luthers Wort in täglichen Andachten, Berlin 1934(NL-Bibl. 5 F 23).

2. 편집자들이 사용한 문헌

Balthasar, Hans Urs von, Die großen Ordensregeln(Lectio Spiritualis 12), Einsiedeln 1974.

Barth, Karl, Die Kirchliche Dogmatik, 4 Bde., München/Zürich 1932-1970(zitiert : KD).

Baumgärtel, Friedrich, Die Kirche ist Eine-die alttestamentlichjüdische Kirche und die Kirche Jesu Christi? Eine Verwahrung gegen die Preisgabe des Alten Testaments, Greifswald 1936.

Bethge, Eberhard, Dietrich Bonhoeffer. Theologe-Christ-Zeitgenosse. Eine Biographie, Gütersloh [8]1994(zitiert : DB).

________, Dietrich Bonhoeffer mit Selbstzeugnissen und Bilddokumenten dargestellt(rororo 236), Reinbek b. Hamburg 1989.

________, Dietrich Bonhoeffer und die Juden, in : Konsequenzen. Dietrich Bonhoeffers Kirchenverständnis heute, hg. v. E. Feil u. I. Tödt(IBF 3), München 1980, 171-214.

Bonhoeffer, Dietrich, Dietrich Bonhoeffer Werke, hg. v. E. Bethge, E. Feil, Chr. Gremmels u. a., München 1986ff, Gütersloh 1994ff.(zitiert : DBW).

1 : Sanctorum Communio. Eine dogmatische Untersuchung zur Soziologie der Kirche(1930), hg. v. Joachim von Soosten, München 1986(auch zitiert : SC).

2 : Akt und Sein. Transzendentalphilosophie und Ontologie in der systematischen Theologie(1931), hg. v. Hans-Richard Reuter, München 1988(auch zitiert : AS).

3 : Schöpfung und Fall. Theologische Auslegung von Genesis 1-3 (1933), hg. v. Martin Rüter und Ilse Tödt, München 1989(auch zitiert : SF).

4 : Nachfolge(1937), hg. v. Martin Kuske(†) und Ilse Tödt, München 1989, 2. Auflage Gütersloh 1994(auch zitiert : N).

5 : Gemeinsames Leben(1938). Das Gebetbuch der Bibel(1940), hg. v. Gerhard Ludwig Müller und Albrecht Schönherr, München 1987(auch zitiert : GL bzw. GB).

6 : Ethik(Manuskripte 1940-1943), hg. v. Ernst Feil, Clifford Green, Heinz Eduard Tödt(†) und Ilse Tödt, München 1992, 2. Auflage Gütersloh 1998.

7 : Fragmente aus Tegel, hg. von R. Bethge und I. Tödt, Gütersloh 1944.

8 : Widerstand und Ergebung. Briefe und Aufzeichnungen aus der Haft(1943-1945), hg. v. Christian Gremmels, Eberhard Bethge und Renate Bethge in Zusammenarbeit mit Ilse Tödt, Gütersloh 1998.

9 : Jugend und Studium 1918-1927, hg. v. Hans Pfeifer in Zusammenarbeit mit Clifford Green und Carl J. Kaltenborn, München 1986.

10 : Barcelona, Berlin, Amerika 1928-1931, hg. v. Hans Christoph von Hase und Reinhart Staats in Zusammenarbeit mit Holger Roggelin und Matthias Wünsche, München 1991.

11 : Ökumene, Universität, Pfarramt 1931-1932, hg. v. Eberhard Amelung und Christoph Strohm, Gütersloh 1994.

12 : Berlin 1932-1933, hg. v. Carsten Nicolaisen und Ernst-Albert

Scharffenorth, Gütersloh 1997.

13 : London 1933–1935, hg. v. Hans Goedeking, Martin Heimbucher und Hans Walter Schleicher, Gütersloh 1994.

14 : Illegale Theologenausbildung : Finkenwalde 1935–1947, hg. v. Otto Dudzus und Jürgen Henkys in Zusammenarbeit mit Sabine Bobert-Stützel, Dirk Schulz und Ilse Tödt, Gütersloh 1996.

15 : Illegale Theologenausbildung : Sammelvikariate 1937–1940, hg. v. Dirk Schulz, Gütersloh 1998.

16 : Konspiration und Haft 1940–1945, hg. v. Jørgen Glenthøj(†), Ulrich Kabitz und Wolf Krötke, Gütersloh 1996.

17 : Register und Ergänzungen, hg. von H. Anzinger und H. Pfeifer unter Mitarbeit von W. Anzinger und I. Tödt, Gütersloh 1999.

Bonhoeffer, Dietrich, Dietrich Bonhoeffer Works, General Editor Wayne Whitson Floyd, Jr., Minneapolis 1996ff.(DBW Englisch, zitiert : DBWE).

5 : Life Together(1938). Prayerbook of the Bible(1940), English Edition Edited by Geffrey B. Kelly, Translated by Daniel W. Bloesch and James H. Burtness, Minneapolis 1996.

Bonhoeffer, Dietrich, Opere di Dietrich Bonhoeffer, Edizione italianaa cura di Alberto Gallas, Brescia 1991ff(DBW Italienisch, zitiert : ODB).

5 : Vita Commune(1938). Il libro di preghiera della Bibbia(1940), Brescia 1991.

Feil, Ernst, Die Theologie Dietrich Bonhoeffers. Hermeneutik-Christologie-Weltverständnis(GT.S 6), München [4]1991.

_______, Ende oder Wiederkehr der Religion? Zu Bonhoeffers umstrittener Prognose eines, 'religionslosen Christentums,' in : Die Präsenz des verdrängten Gottes. Glaube, Religionslosigkeit und Weltverantwortung nach Dietrich Bonhoeffer, hg. v. Chr. Gremmels u. I. Tödt(IBF 7), München 1987, 27–49.

______, Zur Problematik der gegenwärtigen Renaissance des Religionsbegriffs in: StZ 99(1974), 672–688.

Gremmels, Christian(Hg.), Bonhoeffer und Luther. Zur Sozialgestalt des Luthertums in der Moderne(IBF 6), München 1983.

Grunow, Richard, Dietrich Bonhoeffers Schriftauslegung, in: MW I, 62–76.

Harrelson, W., Bonhoeffer and the Bible, in: M. E. Marty(Ed.), The Place of Bonhoeffer. Problems and Possibilities in His Thought, New York 1963, 115–142.

Iserloh, Erwin, 'Existentiale Interpretation' in Luthers erster Psalmenvorlesung?, in: Ders., Kirche–Ereignis und Institution. Aufsätze und Vorträge II(RGST.S 3), Münster 1985, 205–221.

Iwand, Hans-Joachim, Von der Gemeinschaft christlichen Lebens, Zwei Reden zur Feier der Beichte und des Heiligen Abendmahls (TEH 52), München 1937.

Kuske, Martin, Das Alte Testament als Buch von Christus. Dietrich Bonhoeffers Wertung und Auslegung des Alten Testaments, Berlin 1970 und Göttingen 1971.

Lange, Ernst, Kirche für andere. Dietrich Bonhoeffers Beitrag zur Frage nach einer verantwortbaren Gestalt der Kirche in der Gegenwart, in: EvTh 27(1967), 513–546(jetzt in: Ders., Kirche für die Welt. Aufsätze zur Theorie kirchlichen Handelns, hg. v. R. Schloz, München/Gelnhausen 1981, 19–62).

Leibholz-Bonhoeffer, Sabine, Vergangen, erlebt, überwunden, Schicksale der Familie Bonhoeffer, Gütersloh [8]1995.

Müller, Gerhard Ludwig, Für andere da. Christus–Kirche–Gott in Bonhoeffers Sicht der mündig gewordenen Welt(KKTS 44),

Paderborn 1980.

Müller, Hanfried, Stationen auf dem Wege zur Freiheit, in: Die Präsenz des verdrängten Gottes. Glaube, Religionslosigkeit und Weltverantwortung nach Dietrich Bonhoeffer, hg. v. Chr. Gremmels u. I. Tödt(IBF 7), München 1987, 221–241.

Nachlaß Dietrich Bonhoeffer. Archiv–Sammlung–Bibliothek, erstellt von Dietrich Meyer in Zusammenarbeit mit Eberhard Bethge, München 1987(zitiert: NL).

Peters, Tiemo Rainer, Die Präsenz des Politischen in der Theologie Dietrich Bonhoeffers. Eine historische Untersuchung in systematischer Absicht(GT.S 18), München 1978.

Phillips, John A. T., The Form of Christ in the World, A Study of Bonhoeffer's Christology, London 1967.

Pieper, Josef, Über die Liebe, München ^{5}1984.

Wedemeyer-Weller, Maria von, The Other Letters from Prison, in: USQR 23(1967), 23–29.

3. 『신도의 공동생활』에 관한 참고문헌

Altenähr, Albert, Dietrich Bonhoeffer – Lehrer des Gebets. Grundlagen für eine Theologie des Gebets bei Dietrich Bonhoeffer(STGL 7), Würzburg 1976.

Bethge, Eberhard, Gottesdienst in einem säkularen Zeitalter–wie Bonhoeffer ihn verstand, in: Ders., Ohnmacht und Mündigkeit. Beiträge zur Zeitgeschichte und Theologie nach Dietrich Bonhoeffer, München 1969, 114–134.

______, Beten und Tun des Gerechten. Dietrich Bonhoeffers umstrittenes Erbe, in: Ders., Am gegebenen Ort. Aufsäze und Reden

1970-1979, München 1979, 39-47.

———, Nachwort(1979) zu: D. Bonhoeffer, Gemeinsames Leben, München [21]1986, 106-113.

———, Der Ort des Gebets in Leben und Theologie Dietrich Bonhoeffers, in: Ders., Bekennen und Widerstehen. Aufsätze-Reden-Gespräche, München 1984, 159-177.

Glenthøj, Jørgen, Was hat Dietrich Bonhoeffer zur Frage des Gottesdienstes im säkularen Zeitalter gesagt?, Kopenhagen [2]1969.

Günther, Walther, Dietrich Bonhoeffer und die Brüdergemeine, in: Unitas fratrum. Zeitschrift für Geschichte und Gegenwartsfragen der Brüdergemeine, H. 7, hg. v. W. Erbe, D. Meyer u. H. -B. Motel, Hamburg 1980, 62-70.

Halkenhäuser, Johannes, Kirche und Kommunität. Ein Beitrag zur Geschichte und zum Auftrag der kommunitären Bewegung in den Kirchen der Reformation(KKTS 42), Paderborn 1978, 182- 209.

Kanitz, Joachim/Büsing, Wolfgang/Sutz, Erwin, Finkenwalde, in: Wie eine Flaschenpost. Ökumenische Briefe und Beiträge für Eberhard Bethge, hg. v. H. E. Tödt, München 1979, 48-53.

Kuske, Martin, Weltliches Christsein. Dietrich Bonhoeffers Visionnimmt Gestalt an, München 1984.

Meier, Jörg Martin, Weltlichkeit und Arkandisziplin bei Dietrich Bonhoeffer(TEH.NF 136), München 1966.

Meuß, Gisela, Arkandisziplin und Weltlichkeit bei Dietrich Bonhoeffer, in: MW III, 68-115.

Müller, Gerhard Ludwig, Bonhoeffers Theologie der Sakramente(FTS 28), Frankfurt 1979, bes. 195-355.

———, Wiederversöhnung in der Gemeinde. Das streitbare Engagement Dietrich Bonhoeffers für die Erneuerung der Einzelbeichte, in:Cath(M) 33(1979), 292-328.

Müller, Hanfried, Von der Kirche zur Welt. Ein Beitrag zu der Beziehung des Wortes Gottes auf die societas in Dietrich Bonhoeffers theologischer Entwicklung, Leipzig 1961 u. Hamburg – Bergstedt [2]1966, bes. 197–260.

Schijndel, H. J. J. van, Religie, Geloof, Disciplina Arcani, Kampen 1979.

Schönherr, Albrecht, Lutherische Privatbeichte, Göttingen 1938.

______, Bonhoeffers Satz 'Unser Christsein wird heute nur in zweierlei bestehen: Im Beten und Tun des Gerechten unter den Menschen.' Versuch einer Auslegung, in: Kirche für andere. Vorträge und Ansprachen im Bonhoeffer-Gedenkjahr 1970 in der DDR, hg. v. W. Pabst, Berlin(Ost) [2]1974, 19–37.

Schroer, Hennig, Besteht Christsein heute nur im Beten und Tun des Gerechten? Überlegungen zu einem Liturgie und Diakonie verbindenden Grundmotiv der Theologie Dietrich Bonhoeffers, in: Solidarität und Spiritualität. Diakonie. Gottesdienst als Menschendienst. Ein ökumenisches Symposion, hg. v. H. G. v. Hase, Stuttgart 1971, 13–25.

Wendel, Ernst Georg, Studien zur Homiletik Dietrich Bonhoeffers. Predigt-Hermeneutik – Sprache(HUTh 21), Tübingen 1985.

Zimmermann, Wolf-Dieter(Hg.), Begegnungen mit Dietrich Bonhoeffer, München [4]1969.

약어표

편집자 자료의 축약은 S. Schwertner가 작성했던 Theologischen Realenzyklopädie(TRE)의 약어표기법을 따랐다. 그 외에는 다음과 같다.

BSLK	Die Bekenntnisschriften der evangelisch-lutherischen Kirche(s. Lit.-Verz. a)
DB	E. Bethge, Dietrich Bonhoeffer(s. Lit.-Verz. b)
DBW	Dietrich Bonhoeffer Werke,16 Bde., hg. v. Eberhard Bethge u. a., München 1986ff, Gütersloh 1994ff
DBWE	Dietrich Bonhoeffer Works Englis Edition(s. Lit.-Verz. b)
Dt.	Deutsche Übersetzung
EA	Erlanger Ausgabe der Werke Martin Luthers
EG	Evangelisches Gesangbuch(seit 1994)
EG.BP	Evangelisches Gesangbuch für Brandenburg und Pommern(s. Lit.-Verz. a)
GB	D. Bonhoeffer, Das Gebetbuch der Bibel(s. Lit.-Verz. b)
GL	D. Bonhoeffer, Gemeinsames Leben(s. Lit.-Verz. b)
GS	D. Bonhoeffer, Gesammelte Schriften(s. Lit.-Verz. b)

hg. v.	herausgegeben von
IBF	Internationales Bonhoeffer Forum 1ff, München 1976ff
KD	K. Barth, Die Kirchliche Dogmatik(s. Lit.–Verz. b)
LB	Die Bibel nach der Übersetzung Martin Luthers(s. Lit.–Verz. a)
MW	Die Mündige Welt I–V, München 1955–1969
NA	Neuausgabe
NL–Bibl.	Restbibliothek Bonhoeffers, in: Nachlaß Dietrich Bonhoeffer(s. Lit.–Verz. b)
ODB	Opere di Dietrich Bonhoeffer(s. Lit.–Verz. b)
s.	siehe
vgl.	vergleiche
VKL	Vorläufige Kirchenleitung der Deutschen Evangelischen Kirche
WA	Weimarer Ausgabe der Werke Martin Luthers

색인

1. 성서 색인

구약성서

신약성서

마태복음

마가복음

누가복음

요한복음

2. 인명 색인

3. 내용과 장소 색인

편집자 소개

■ **알브레히트 쉔헤어**(Albrecht Schönherr 1911~)
독일의 카처(오버슐레지엔)에서 출생하여, 튀빙엔과 베를린에서 신학을 수학함. 그곳에서 본회퍼를 알게 되었고, 1934년 고백교회에 가입해 핑켄발데 목사후보생 훈련원의 첫 과정에 참여함. 1936년 목사 안수를 받음. 1951~1963년까지 브란덴부르크 목사후보생 훈련원 원장으로 일함. 1967년 베를린 브란덴부르크 개신교회 동부지역 감독 대행으로 일했고, 1973년 이 교단의 감독으로 취임함. 동독의 개신교연맹 설립 후 1969년부터 1981년까지 동독의 개신교연맹 지도부인 교단협의회 의장으로 일함. 그라이프스발트 대학 명예박사(1963), 데브레켄 대학 명예박사(1967), 본 대학 명예박사(1986) 학위를 받음.

저서로는 Rede, Herr, denn dein Knecht hört. Ein Jahrgang Predigten, Berlin 1955; Horizont und Mitte. Vorträge, Aufsätze, Reden, Berlin u. München 1980. 이 외에도 본회퍼 신학에 관한 다수의 논문을 발표함. 쉔헤어는 디트리히 본회퍼 전집(DBW)의 총 편집인 가운데 한 사람이다.

■ **게하르트 루트비히 뮐러**(Gerhard Ludwig Müller 1947~)

마인츠에서 출생하여, 마인츠, 뮌헨, 프라이부르크 등에서 철학과 가톨릭 신학을 수학함. 1977년 박사학위를 받았고, 1978년 사제서품 후 목회를 함. 1985년 프라이부르크에서 교의학과 에큐메니컬 신학 교수 자격을 취득했고, 1986년 이후 뮌헨 대학 가톨릭 신학부에서 교의학 교수로 활동함.

저서로는 Bonhoeffers Theologie der Sakramente, Frankfurt 1979 ; Für-andere-da. Christus-Kirche-Gott in Bonhoeffers Sicht der mündig gewordenen Welt, Paderborn 1980 ; Gemeinschaft und Verehrung der Heiligen, Freiburg I. Br. 1986. 이 외에도 다수의 본회퍼 연구 논문을 발표함.

역자 후기

기도와 정의는 본회퍼 신학의 두 축을 이룬다. 본회퍼는 한편으로는 그리스도의 몸으로서의 교회와 그리스도교 영성에 깊은 관심을 표명한다. 다른 한편으로는 세상에서 정의를 행하는 것, 세상의 깊은 차안성과 고난에 참여하는 것을 신앙의 책임으로 말한다. 그러나 본회퍼가 이미 말했듯이, 어느 하나만을 강조하는 것은 그의 신학을 오해하는 결과를 초래한다. 본회퍼는 항상 신앙의 비밀훈련과 세상의 깊은 차안성을 동시에 강조한다. 어느 것이 더 근원적이냐는 물음은 잘못된 물음이다. 양자는 오히려 공동의 근원인 예수 그리스도로부터 나오면서 상호적으로 관계한다.

따라서 기도는 예수 그리스도의 현실로부터 나오면서 세상에서 정의를 행하는 삶으로 이어지고, 세상에서 정의를 행하는 삶 또한 예수 그리스도의 부르심으로부터 나오면서 기도로 흘러들어간다. 사실 본회퍼의 사회 참여는 그 어떤 윤리적 이념을 실현하는 것이 아니라, 현존하시는 그리스도의 현실에 동참하는 성례전적 성격을 갖는다. 본회퍼를 알면 알수록 그의 신학의 깊이는 살아 계신 그리스도의 부르심을 감지하고 그 부르심에 순종하는 능력에 있음을 깨닫게 된다. 단적으로 말하자면, 본회퍼의 신학은 당신을 드러내면서도 감추시는 예수 그리스도의 현실에 집중한다.

수도원적 영성을 연상케 하는 본회퍼의 『신도의 공동생활』은 찬양과 성서읽기, 그리고 기도를 통해 신앙의 실재에 다가서려 한다. 이러한 전통적인 신앙훈련은 섬김과 고해, 그리고 성만찬에서 절정을 이룬다. 그러나 이러한 영성훈련은 결코 그리스도의 신비 안에 침잠하도록 만드는 신비주의적 영성이 아니라 그리스도가 우리를 어떻게 부르고 인도하시는지를 깨닫게 만드는 성서적이며 인격주의적인 영성에 기초하고 있다. 이 점에서 본회퍼는 성서적 전통과 종교개혁적 전통의 담지자라 할 수 있다.

『신도의 공동생활』은 1960년대 고 문익환 목사님께서 영어판을 절제되고 감동적인 필체로 옮겨 놓으신 바 있다. 그분의 번역은 독자에게 감동을 주고 독자를 신앙의 세계로 불러들이는 살아 있는 메시지였다. 시간의 흐름 속에서 신학 일반이나 본회퍼 사상에 대한 이해가 전보다 더욱 깊어진 오늘의 상황에서는 독자의 이해보다 독일어 원본에 좀 더 충실할 필요가 느껴졌다. 그래서 훌륭한 번역본이 있음에도 불구하고 다시 한 번 독일어 신판에서 완역을 시도하게 되었다.

이 책에는 『신도의 공동생활』에 본회퍼가 발간한 마지막 저서인 『성서의 기도서』가 덧붙여졌다. 이 책은 "시편 개론"이란 부제를 달고 있지만, 시편을 성서비평학적으로 주석하지는 않았다. 해석학적 관점에서 보면 『성서의 기도서』는 주석이라기보다는 교의학적 전제에 따라 시편과 기도, 그리고 그리스도를 상호 조명한 책으로서 본회퍼의 깊은 신학적 인식이 숨겨져 있는 책이다. 시편과 그리스도, 그리고 기도는 신앙의 현실에서 결코 분리될 수 없는 하나의 전체를 이룬다. 이러한 신학적 인식하에서 본회퍼는 무엇보다도 성서적인 기도가 이방인의 기도와 어떤 의미에서 다른지를 분명하게 보여 주고, 그리스도교가 유대교와 상호보완적 관계 속에 있음도 암시해 준다.

이 책을 통해 본회퍼의 신학과 신앙이 독자들에게 새로운 감동으로 새겨지기를 기대하며, 탁월한 번역으로 후학들에게 신학의 깊이를 일깨워 주신 고 문익환 목사님께 다시 한 번 감사한다. 그리고 이 책의 출판을 위해 수고해 주신 많은 분께 감사의 마음을 전한다.

정지련

역자 소개

■ 정지련

연세대학교 문과대학과 감리교신학대학교 대학원 졸업 후 스위스 바젤대학에서 신학박사(Dr. theol.) 학위를 받았다.

현재 안산에서 목회하며 감리교인천성서신학원 등에서 강의하고 있다.

저서로는 『본회퍼 신학 연구: 하나님의 인격성에 대한 물음』과 『교회론』, 역서로는 『교회』, 『신학의 고전 I, II』 외 다수가 있다.

■ 손규태

한국신학대학과 대학원 졸업 후 독일 하이델베르크 대학에서 신학박사(Dr. theol.) 학위를 받았다. 성공회대학교 교수와 대학원장, 한국본회퍼학회 회장, 한국기독교윤리학회 회장을 역임했고, 현재 성공회대학교 명예교수이다.

저서로는 『사회윤리학의 탐구』, 『개신교 윤리사상사』, 『세계화 시대 기독교의 두 얼굴』, 역서로는 『기독교 윤리』(본회퍼), 『개신교 사회론 입문』(슈라이), 『평화윤리』(볼프강 후버) 외 다수가 있다.